A HISTÓRIA NÃO CONTADA DOS ESTADOS UNIDOS

Oliver Stone & Peter Kuznick

A HISTÓRIA NÃO CONTADA DOS ESTADOS UNIDOS

Tradução de
Carlos Szlak

Diretor editorial **PEDRO ALMEIDA**
Preparação **TUCA FARIA**
Revisão **GABRIELA DE AVILA**
Capa **OSMANE GARCIA FILHO**
Projeto gráfico e diagramação **OSMANE GARCIA FILHO**
Imagem de capa **EVERETT HISTORICAL | SHUTTERSTOCK**
Ilustrações internas **SFERDON | SHUTTERSTOCK**

Dados Internacionais de Catalogação na Publicação (CIP)
(Câmara Brasileira do Livro, SP, Brasil)

Stone, Oliver
A história não contada dos Estados Unidos / Oliver Stone & Peter Kuznick ; tradução de Carlos Szlak. — São Paulo : Faro Editorial, 2015.

Título original: The untold history of the United States.
ISBN 978-85-62409-48-6

1. Estados Unidos - História - Século 20 2. Estados Unidos - História - Século 21 3. Estados Unidos - Política e governo - Século 20 4. Estados Unidos - Política e governo - 2001-2009 I. Kuznick, Peter. II. Título.

15-05039 CDD-973.91

Índice para catálogo sistemático:
1. Estados Unidos : Política e governo : História 973.91

1ª edição brasileira: 2015
Segunda reimpressão: 2019
Direitos de edição em língua portuguesa, para o Brasil, adquiridos por FARO EDITORIAL

Avenida Andrômeda, 885. Sala 310.
Alphaville – Barueri – SP – Brasil
CEP: 06473-000 – Tel.: +55 11 4208-0868
www.faroeditorial.com.br

Para nossos filhos — Tara, Michael, Sean, Lexie, Sara e Asmara — e o mundo melhor que eles e todas as crianças merecem.

SUMÁRIO

AGRADECIMENTOS 9

CAPÍTULO 1 13

Início do século XIX. A visão expansionista. Os princípios da Grande Depressão. Guerra contra a Espanha. A apropriação de Cuba. Anexação de territórios estratégicos. McKinley, Theodore Roosevelt e Woodrow Wilson. Primeira Guerra Mundial. Armas químicas. Fim da Primeira Guerra. Desintegração da Rússia. Ascenção de Lênin.

CAPÍTULO 2 44

Warren G. Harding é eleito. Nova onda de moralismo. Proibição de fabricação e venda de bebidas alcoólicas, surgimento da Ku Klux Klan, antissemitismo nos EUA. Esterilização à força. Surgimento de Hitler. Os escritores rebeldes: T. S. Eliot, Hemingway, Faulkner, Ezra Pound e muitos outros. Dívida alemã a leva à falência. Surgimento do Nazismo. Franklin Roosevelt. Stálin.

CAPÍTULO 3 69

A criação da bomba atômica. O estopim para a Segunda Guerra. Sentimento de vingança alemã cresce. Ascenção do fascismo italiano (Mussolini) e espanhol (Franco). Japão invade brutalmente a costa da China. Stálin se vê isolado na luta contra o nazismo. Churchill. Holocausto.

CAPÍTULO 4 92

Batalha na Normandia. Fim da Segunda Guerra Mundial. O bom negócio da guerra: rejuvenescimento do capitalismo norte-americano. Crescem as tensões raciais. Surge Martin Luther King Jr. Truman é eleito. Acordo entre Churchill e Stálin sobre controle da Europa. Cai o Terceiro Reich. Hitler e Eva Braun cometem suicídio.

CAPÍTULO 5 118

Hiroshima e Nagasáki. Nipo-americanos são expulsos da Califórnia. Início da corrida pelo desenvolvimento de armas nucleares. A propaganda interna sobre o uso de bombas.

CAPÍTULO 6 148
Contabilizando os mortos. O lucro dos grandes financiamentos às nações. Churchill é alçado a grande estadista. O plano Marshall. A Alemanha e o Japão. A criação da CIA. O problema do pós-guerra. As ameaças do comunismo.

CAPÍTULO 7 173
Eisenhower é eleito. Teste da bomba de hidrogênio. Morte de Stálin. O ataque com napalm à Coreia do Norte. Táticas extremistas: o totalitarismo de direita. Forte investigação de civis. Luta pelos direitos: negros, mulheres e homossexuais. O controle do petróleo. Vietnã. Envio de satélites para o espaço. Fidel Castro assume o governo de Cuba.

CAPÍTULO 8 200
John Kennedy é eleito. A perda do prestígio da CIA e do estado-maior nos EUA. As duas Alemanhas. O Pacto de Varsóvia. A Guerra Fria esquenta. Mísseis russos em Cuba. O risco de uma guerra fatal. Revitalização do cristianismo.

CAPÍTULO 9 227
Martin Luther King Jr. ganha o Prêmio Nobel da Paz. O Brasil reconhece a independência de Cuba. O presidente Goulart é derrubado. 15 mil pessoas são presas no primeiro mês no Brasil. Apoiando regimes ditatoriais na América Latina. A batalha no Vietnã. Nixon. A revolta interna se estabelece. Estudantes vão às ruas. Watergate.

CAPÍTULO 10 262
O fortalecimento de grupos extremistas internos. Eleição de Jimmy Carter. As ditaturas na América Latina começam a enfraquecer. O agravamento da crise no Oriente Médio. Estilo Ronald Reagan versus *Mikhail Gorbachev. O crescimento do extremismo no Oriente Médio.*

CAPÍTULO 11 295
Prenúncio de paz. Gorbachev assume a dianteira no fim da Guerra Fria. Governo Bush. Fim do Muro de Berlin. A invasão do Kuwait. Colocando o Oriente em guerra. Clinton é eleito em tentativa de mudança. Bóris Yéltsin e Putin. Talibã assume o poder no Afeganistão. A eleição da fraude: George W. Bush. Word Trade Center. Os EUA como uma nova Roma.

CAPÍTULO 12 325
A guerra global contra o mal. A campanha contra todos os não aliados. Prisões secretas da CIA ao redor do mundo. Guantánamo. Os crimes de guerra. EUA decidem começar a guerra sem o apoio da ONU. Katrina expõe crise racial nos EUA. Barack Obama é eleito. As escutas ilegais da NSA. Uma guerra de mais de 700 bilhões de dólares. A queda de Saddam. O uso desastroso de drones. O que aprender com a história.

CRÉDITOS DAS IMAGENS 355

AGRADECIMENTOS

UM PROJETO dessa envergadura exigiu o apoio, a ajuda e a paciência de inúmeras pessoas. Em relação ao filme, desejamos agradecer a: Fernando Sulichin, que conseguiu o financiamento e manteve a calma em tempos difíceis; Rob Wilson e Tara Tremaine, que nos apoiaram desde o início, selecionando arquivos em todo o mundo; Alex Marquez, que editou o material durante quatro anos e ao longo de muitas noites insones, auxiliado em diversos intervalos por Elliot Eisman, Alexis Chavez e Sean Stone. Em relação ao som, somos gratos a Craig Armstrong, Adam Peters, Budd Carr e Wylie Stateman. Do lado administrativo, nossos agradecimentos a Evan Bates, Suzie Gilbert e Steven Pines, que foram capazes de multiplicar os escassos recursos. Muito obrigado a Showtime, por meio de duas administrações distintas: David Nevins, por sua visão; e a ajuda de Bryan Lourd, Jeff Jacobs, Simon Green e Kevin Cooper.

Concernente ao livro: agradecemos aos colegas de Peter e aos estudantes de pós-graduação do Departamento de História da *American University*. Max Paul Friedman ofereceu seu conhecimento em história da política externa dos Estados Unidos lendo todo o original com extremo cuidado, contestando algumas das nossas interpretações e nos salvando de erros grandes e pequenos. Como as relações entre Estados Unidos e União Soviética e entre Estados Unidos e Rússia figuram de maneira tão destacada na história norte-americana, recorremos amplamente ao conhecimento do historiador russo Anton

Fedyashin, que sempre se dispôs a responder a perguntas e verificar as fontes linguísticas russas, para garantir que entendemos as coisas direito. Entre os outros colegas de Peter que responderam generosamente as perguntas com respeito aos seus campos de estudos históricos destacaram-se os professores: Mustafa Aksakal, Richard Breitman, Phil Brenner, Ira Klein, Allan Lichtman, Eric Lohr e Anna Nelson.

Entre os estudantes de pós-graduação, Eric Singer e Ben Bennett foram indispensáveis. Eles colaboraram em diversas tarefas de pesquisa, deixando de lado as suas próprias atividades de investigação e escrita. Eric foi responsável pela localização de informações obscuras que ninguém mais foi capaz de encontrar. Ben, entre suas muitas contribuições, encarregou-se de achar os recursos visuais que adicionaram uma importante dimensão a este livro. Entre outros estudantes de doutorado, atuais e antigos, que trabalharam muito neste projeto, incluem-se Rebecca DeWolf, Cindy Gueli, Vincent Intondi, Matt Pembleton, Terumi Rafferty-Osaki e Jay Weixelbaum. O auxílio adicional de pesquisas e orientações fecundas foi oferecido por Daniel Cipriani, Nguyet Nguyen, David Onkst, Allen Pietrobon, Arie Serota e Keith Skillin.

Diversos amigos e colegas também proporcionaram auxílio inestimável ao longo do caminho. Daniel Ellsberg foi muito generoso com seus lampejos, sugestões, leituras críticas e apoio empolgado. Seu conhecimento de muita coisa dessa história permanece sem igual. Entre outros acadêmicos que puseram generosamente à disposição seu tempo e sua qualificação, responderam a perguntas e sugeriram documentos, incluem-se Gar Alperovitz, Robert Berkowitz, Bill Burr, Bob Dreyfuss, Carolyn Eisenberg, Ham Fish, Michael Flynn, Irena Grudzinska Gross, Hugh Gusterson, Anita Kondoyanidi, Bill Lanouette, Milton Leitenberg, Robert Jay Lifton, Arjun Makhijani, Ray McGovern, Roger Morris, Satoko Oka Norimatsu, Robert Norris, Robert Parry, Leo Ribuffo, Jonathan Schell, Peter Dale Scott, Mark Selden, Marty Sherwin, Chuck Strozier, Janine Wedel e Larry Wittner.

Como o projeto levou muito tempo, encaramos a tristeza de perder quatro dos nossos maiores apoiadores ao longo do caminho: Howard Zinn, Bob Griffith, Charlie Wiener e Uday Mohan.

Barbara Koeppel ofereceu ajuda adicional com os recursos visuais e as legendas. Erin Hamilton proporcionou visões valiosas do Chile. Matt Smith e Clement Ho, da biblioteca da *American University*, prestaram grande auxílio para a descoberta de fontes e a oferta de outras assistências.

À equipe da Gallery Books que fez todo o possível para atender aos nossos pedidos de última hora, enquanto corríamos para concluir os dois projetos no prazo. Somos especialmente gratos ao nosso editor, Jeremie Ruby-Strauss, e à sua assistente, Heather Hunt. Também queremos agradecer a Louise Burke, Jen Bergstrom, Jessica Chin, Emily Drum, Elisa Rivlin, Emilia Pisani, Tricia Boczkowski, Sally Franklin, Jen Robinson, Larry Pekarek e Davina Mock.

Lexie e Simki Kuznick, respectivamente, filha e mulher de Peter, que ajudaram na pesquisa e na preparação das notas de rodapé, e Simki que também leu atenta e pacientemente diversos rascunhos deste original com a habilidade de uma editora e o olhar de uma poetisa.

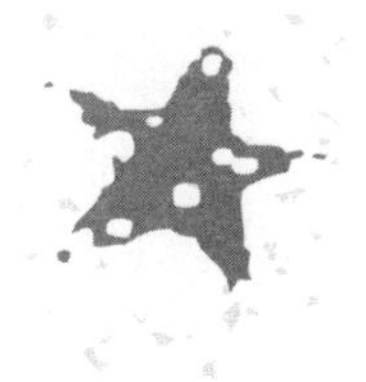

CAPÍTULO 1

EM 2000, a eleição presidencial entre George Bush e Al Gore colocou os norte-americanos diante de uma escolha clara entre duas visões distintas de futuro. Poucos recordam que exatamente cem anos antes os norte-americanos foram convocados a fazer uma escolha semelhante: os eleitores tiveram de decidir se os Estados Unidos deviam ser uma república ou um império.

A visão do futuro norte-americano do presidente William McKinley, candidato à reeleição pelo Partido Republicano, se concentrava no "livre comércio" e no império no exterior. Em contraste, o democrata William Jennings Bryan era um anti-imperialista sincero.

Poucos notaram uma terceira opção: Eugene V. Debs, candidato socialista à presidência. O movimento socialista representava a nova classe trabalhadora. Para os socialistas, o império significava apenas uma única coisa: exploração.

McKinley concorreu apregoando a economia em crescimento e a vitória contra a Espanha na guerra de 1898. Ele acreditava que os Estados Unidos deviam se expandir para sobreviver.

Bryan, populista de Nebraska conhecido como "o Grande Plebeu", era inimigo dos magnatas da indústria e dos banqueiros e tinha certeza de que a visão de McKinley provocaria uma catástrofe. Ele chegou a citar o comentário de Thomas Jefferson: "Se há um princípio mais profundamente enraizado do que qualquer

A eleição presidencial de 1900 colocou o republicano William McKinley (à esquerda), patrocinador do império norte-americano e defensor convicto do *establishment* da costa leste, contra o democrata William Jennings Bryan (à direita), populista da região centro-oeste e anti-imperialista sincero. Com a vitória de McKinley, as advertências de Bryan contra o império norte-americano seriam ignoradas de forma trágica.

outro na mente de cada norte-americano é o de que não devemos ter nada a ver com a conquista."

Naquele momento, após ter anexado diversas colônias estrangeiras — Filipinas, Guam, Pago Pago, Ilha Wake, Atol Midway, Havaí e Porto Rico — e reivindicado controle prático sobre Cuba, os Estados Unidos estavam a ponto de trair sua contribuição mais preciosa para a humanidade.

Embora a maioria dos norte-americanos achasse que os Estados Unidos tinham cumprido seu "destino manifesto", expandindo-se através da América do Norte, foi William Henry Seward, secretário de Estado de Abraham Lincoln e Andrew Johnson, que articulou uma visão muito mais grandiosa do império norte-americano. Ele visou a aquisição do Havaí, do Canadá, do Alasca, das Ilhas Virgens, do Atol

Midway e de partes da República Dominicana, do Haiti e da Colômbia. De fato, muito desse sonho iria se realizar.

No entanto, enquanto Seward sonhava, os impérios europeus agiam. A Grã-Bretanha deu o tom nos últimos trinta anos do século XIX, abocanhando 12,2 milhões de quilômetros quadrados de território; uma área significativamente maior que os Estados Unidos. Os britânicos, como os romanos de outrora, acreditavam que sua missão era levar civilização à humanidade. A França adicionou 9 milhões de quilômetros quadrados. A Alemanha, começando tarde, acrescentou 2,6 milhões de quilômetros quadrados. Somente o império espanhol estava em declínio.

Em 1878, os impérios europeus e suas ex-colônias controlavam 67% da superfície terrestre do planeta. E, em 1914, controlavam surpreendentes 84%. Na década de 1890, os europeus tinham dividido 90% da África; a maior parte reivindicada pela Bélgica, pela Grã-Bretanha, pela França e pela Alemanha.

Os Estados Unidos estavam ansiosos para recuperar o atraso, e, embora a ideia de império fosse um conceito hostil para os norte-americanos — a maioria dos quais de origem imigrante —, aquele era um tempo dominado pelos *robber barons* (literalmente, barões ladrões; pejorativamente, designa os grandes industriais norte-americanos) — em particular, uma aristocracia conhecida como "os Quatrocentos", com seus enormes patrimônios, exércitos privados e batalhões de funcionários. Homens como J. P. Morgan, John D. Rockefeller e William Randolph Hearst detinham imenso poder.

Os burgueses, assombrados com visões dos operários revolucionários que criaram a Comuna de Paris de 1871, imaginaram visões apavorantes similares de radicais subvertendo o sistema nos Estados Unidos. Esses radicais, ou partidários da Comuna, também eram chamados de comunistas mais de cinquenta anos antes da Revolução Russa de 1917.

A rede ferroviária de 24 mil quilômetros de Jay Gould simbolizou o pior dos barões ladrões. Gould, talvez o homem mais odiado dos Estados Unidos, certa vez alardeou que podia "contratar metade da classe trabalhadora para matar a outra metade".

Em 1893, o pânico financeiro da "Black Friday" atingiu Wall Street e desencadeou a pior depressão dos Estados Unidos até hoje. Oficinas, fábricas, fornos de fundição e minas fecharam por toda parte e em grande quantidade. Quatro milhões de pessoas perderam seus empregos. O desemprego alcançou 20% da população.

O American Railway Union — sindicato dos ferroviários norte-americanos —, liderado por Eugene Debs, reagiu às demissões e às reduções salariais da Palace Car Company, de George Pullman, e paralisou as ferrovias do país. As tropas federais foram enviadas a pedido dos magnatas proprietários das estradas de ferro. Dezenas de trabalhadores foram mortos e Debs passou seis meses na cadeia.

Os socialistas, os sindicalistas e os reformistas norte-americanos protestavam, afirmando que as depressões cíclicas do capitalismo resultavam do subconsumo da classe trabalhadora. Com suas fotos pioneiras, Jacob Riis chocou os Estados Unidos documentando a miséria dos pobres de Nova Iorque. Os líderes da classe trabalhadora defendiam a redistribuição da riqueza, de modo que os trabalhadores tivessem condições de comprar os produtos que produziam nas fazendas e fábricas norte-americanas.

No entanto, os Quatrocentos — os oligarcas — reagiram, dizendo que aquilo era uma forma de socialismo. Afirmaram que poderia haver um bolo maior para todos, sustentando que os Estados Unidos tinham de concorrer com impérios estrangeiros e dominar o comércio mundial, de modo que os demais países absorvessem os crescentes excedentes norte-americanos. Sem dúvida, o lucro estava no exterior: no comércio, na mão de obra barata e nos recursos baratos.

O prêmio principal era a China. Para explorar esse imenso mercado, os Estados Unidos precisariam de uma marinha de guerra moderna, movida a vapor, e de bases em todo o mundo, para concorrer com o Império Britânico e sua importante concessão no porto de Hong Kong. A Rússia, o Japão, a França e a Alemanha também estavam brigando para entrar.

Os homens de negócios começaram a reivindicar um canal através da América Central que ajudaria a abrir a porta para a Ásia.

Em 1898, nesse clima de concorrência global, os Estados Unidos anexaram o Havaí. Quase cem anos depois, uma resolução do Congresso norte-americano pediu desculpas "aos nativos havaianos" pela privação do direito "à autodeterminação".

Cuba, a menos de 150 quilômetros das costas da Flórida, tinha se revoltado contra o corrupto domínio espanhol, e a Espanha reagiu, prendendo grande parte da população em campos de concentração, onde 95 mil pessoas morreram de doenças. Com o recrudescimento do conflito, poderosos banqueiros e homens de negócios, como os Morgan e os Rockefeller, que tinham milhões de dólares investidos na ilha, exigiram uma ação do presidente para proteger seus interesses.

O presidente McKinley enviou o encouraçado *USS Maine* para o porto de Havana como sinal para os espanhóis de que os Estados Unidos estavam atentos aos interesses norte-americanos.

Certa noite, em fevereiro de 1898, num calor tropical de mais de 37 graus Celsius, o *Maine* explodiu e afundou, supostamente sabotado pelos espanhóis, matando 254 marinheiros. A imprensa marrom norte-americana — encabeçada pelo *New York Journal*, de William Randolph Hearst, e pelo *New York World*, de Joseph Pulitzer — comandou uma reação histérica, criando um clima em favor da guerra.

O *New York Journal* apregoava: "Lembrem-se do *Maine*. Para o inferno com a Espanha!" Milhões de leitores liam isso, certos de que a Espanha, aquele decadente poder católico, era capaz de qualquer ação diabólica para preservar seu império. Quando McKinley declarou guerra, Hearst reivindicou o crédito: "O que vocês acham da guerra do *Journal*?", ele perguntou.

Frequentemente lembrada pela batalha da colina de San Juan, sob o comando de Teddy Roosevelt, a Guerra Hispano-Americana durou três meses. O Secretário de Estado John Hay classificou-a como uma "esplêndida pequena guerra". Entre os quase 5,5 mil mortos norte-americanos, menos de quatrocentos morreram em combate; o resto foi vítima de doenças.

Smedley Darlington Butler, de 16 anos, mentiu sua idade e se alistou no corpo de fuzileiros navais. Ele se tornaria um dos heróis militares norte-americanos mais famosos e ganhador de duas Medalhas de

ACIMA: Arando a terra num canavial cubano.

À ESQUERDA: A sede da United Fruit Company, em New Orleans. A Guerra Hispano-Americana foi bastante lucrativa para os homens de negócios norte-americanos. Depois que a guerra em Cuba terminou, a United Fruit adquiriu 770 mil hectares de terras cubanas, pagando cinquenta centavos de dólar por hectare.

Honra do Congresso numa carreira que abarcaria a conversão inicial dos Estados Unidos em império global.

Com a vitória, os homens de negócios norte-americanos apropriaram-se dos ativos de que foram capazes, transformando Cuba num protetorado. A United Fruit Company tomou posse de quase 800 mil hectares de terras para a produção de açúcar. Em 1901, a Bethlehem Steel e outras empresas norte-americanas controlavam 80% dos minérios cubanos.

Em 1976, ou seja, mais de setenta anos depois da ocorrência, uma pouco divulgada investigação oficial da marinha descobriu que a causa mais provável do naufrágio do *Maine* foi a explosão de uma caldeira, devido ao calor tropical, que provocou a combustão das munições da embarcação. Assim, como na guerra do Vietnã e nas duas guerras do Iraque, os Estados Unidos, baseando sua reação em informações falsas, entraram em guerra porque quiseram.

No brilho da vitória, porém, os Estados Unidos se viram diante de um problema muito maior. No Extremo Oriente, o país conquistara da Espanha uma quantidade imensa de terras, mas em ruínas — as Ilhas Filipinas —, que eram vistas como parada ideal de reabastecimento para os navios cujo destino era a China. Como na invasão de Bagdá, em 2003, a luta ali começou com êxito. Em maio de 1898, o comodoro George Dewey havia destruído a frota espanhola na Baía de Manila. Um comentarista anti-imperialista observou: "Dewey conquistou Manila com a perda de um único homem e de todas as nossas instituições."

A Liga Anti-Imperialista, fundada em Boston em 1898, procurou obstruir a anexação das Filipinas e de Porto Rico pelos Estados Unidos. Entre seus membros, incluía-se Mark Twain que fez uma pergunta memorável: "Vamos continuar concedendo nossa civilização aos povos que vivem nas trevas ou só iremos dar uma sobra para aqueles coitados?".

O presidente McKinley escolheu a segunda opção, optando pela anexação: "Não restava mais nada a fazer a não ser submeter e educar os filipinos, elevá-los e civilizá-los, e, pela graça de Deus, envidar nossos melhores esforços por eles, por quem Cristo também morreu", ele declarou.

No entanto, McKinley se deparou com um problema sério: os próprios filipinos. Sob a liderança impetuosa de Emilio Aguinaldo, os filipinos tinham proclamado sua própria república em 1899, após se libertarem da Espanha, e, como os rebeldes cubanos, esperavam que os Estados Unidos reconhecessem essa liberdade. Eles, porém,

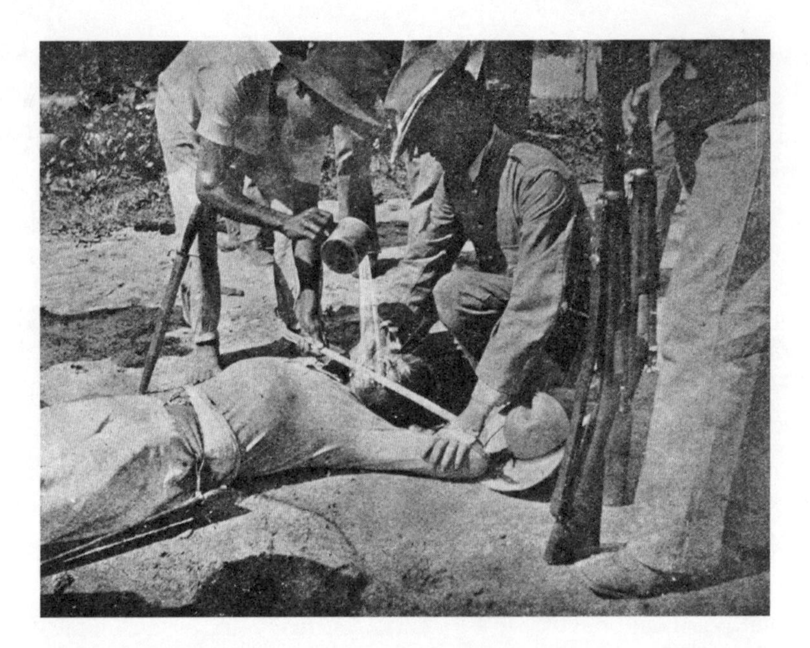

Durante a Guerra Hispano-Americana, nas Filipinas, as atrocidades eram comuns. As tropas norte-americanas utilizaram a tortura que agora denominamos afogamento simulado. Um jornalista escreveu que "nossos soldados forçam os inimigos a engolir água salgada para obrigá-los a falar".

superestimaram seu suposto aliado. E, naquele momento, resistiram. Houve um protesto, e norte-americanos caíram mortos nas ruas de Manila. A imprensa marrom norte-americana clamou por vingança contra os bárbaros. A tortura, incluindo o afogamento simulado, tornou-se rotina. Os insurgentes, ou "nossos pequenos irmãos morenos" como William Howard Taft, governador-geral das Filipinas, denominava-os, eram forçados a engolir água salgada até incharem como sapos, para "obrigá-los a falar". Um soldado escreveu para casa: "Todos nós queremos matar os 'pretos'. [...] Caçar seres humanos é muito melhor que caçar coelhos."

Era uma guerra de atrocidades. Depois que os rebeldes emboscaram as tropas norte-americanas na ilha de Samar, o coronel Jacob Smith ordenou que seus homens matassem todos os filipinos maiores de dez anos e transformassem a ilha num "imenso deserto".

Cadáveres de filipinos. Um jornalista da Filadélfia relatou que os soldados colocavam os filipinos sobre uma ponte e os executavam. Os corpos caíam na água e flutuavam rio abaixo para que todos vissem.

Mais de quatro mil soldados norte-americanos não voltaram dessa guerra de guerrilha que durou três anos e meio. Vinte mil guerrilheiros filipinos foram mortos e cerca de 200 mil civis morreram - muitos de cólera. No entanto, por causa dos informes jornalísticos distorcidos, os norte-americanos se confortavam com a ideia de que tinham difundido a civilização para um povo atrasado.

A sociedade norte-americana se tornou mais insensível depois dessa guerra. A doutrina da superioridade anglo-saxã, que justificava um império nascente, também ia envenenando as relações sociais no país à medida que os racistas sulistas, recorrendo a argumentos similares, intensificavam sua campanha para reverter o resultado da Guerra de Secessão e aprovavam novas leis de Jim Crow, impondo a supremacia branca e a segregação.

Na China, uma aspiração semelhante por independência levou a autóctone Guerra dos Boxers, que durou de 1898 a 1901. Chineses nacionalistas rebelaram-se com fúria, mataram missionários e expulsaram todos os invasores estrangeiros. McKinley enviou cinco mil soldados para ajudar os europeus e os japoneses a derrotar os rebeldes.

O tenente Smedley Butler estava na força invasora, comandando seus fuzileiros navais até Pequim, onde viu pessoalmente a maneira como os europeus vitoriosos tratavam os chineses. Ele ficou enojado.

Dessa maneira, como em 2008, a eleição presidencial norte-americana de 1900 ocorreu com as tropas norte-americanas presentes em diversos países, neste caso: China, Cuba e Filipinas. E, mesmo assim, McKinley, regozijando-se com o brilho da vitória contra a Espanha, derrotou Bryan por uma margem maior do que a obtida em 1896. Eugene Debs, o candidato socialista, alcançou menos de 1% dos votos. Os eleitores tinham, evidentemente, endossado a visão de McKinley de "livre comércio" e império.

Em 1901, no auge de sua popularidade, McKinley foi assassinado por um anarquista. O assassino lamentara as atrocidades norte-americanas nas Filipinas. O novo presidente, Theodore Roosevelt, imperialista ainda mais despudorado, deu sequência às políticas expansionistas de McKinley. E Roosevelt, articulando uma revolução no Panamá, uma província da Colômbia, assinou um tratado com o recém-criado governo panamenho para arrendamento da Zona do Canal, com o qual recebeu os mesmos direitos que os Estados Unidos impuseram sobre Cuba. O canal foi construído com grande dificuldade e foi, finalmente, aberto em 1914.

Os países que, naquele momento, eram chamados de "Repúblicas das Bananas", considerados atrasados e com necessidade de lideranças fortes, passaram a ser governados por ditadores brutais, capazes de empurrar garganta abaixo dos trabalhadores e camponeses mais resistentes os interesses empresariais dos Estados Unidos. Para isso, contaram com o auxílio dos fuzileiros navais norte-americanos que passaram a ser enviados a esses países repetidas vezes, ano após ano.

Cuba. Honduras. Nicarágua. República Dominicana. Haiti. Panamá. Guatemala. México. Frequentemente, as ocupações norte-americanas duravam anos; às vezes, décadas.

O general Smedley Butler lutou nas Filipinas, na China e na América Central. Ele afirmou que era "um capanga de alto nível para as grandes empresas, para Wall Street e para os banqueiros. [...] Um gângster a serviço do capitalismo".

Ninguém teve mais experiência direta na intervenção em outros países do que Smedley Butler, naquele momento, general de divisão do Corpo de Fuzileiros Navais. Ele era adorado por seus homens que começaram a chamá-lo de "Old Gimlet Eye" [velho de olhar penetrante] depois de ele ter sido acometido por uma febre tropical em Honduras que deixou seus olhos injetados. E, no final de sua carreira longa e cheia de condecorações, Butler refletiu sobre seus anos na ativa. Em seu livro, *War Is a Racket*, ele revelou: "Passei 33 anos e quatro meses no serviço ativo como membro do Corpo de Fuzileiros Navais, a força militar mais ágil dos Estados Unidos. Servi em todos os postos, desde segundo-tenente até general. E, nesse período, passei a maior parte do meu tempo como capanga de alto nível para as grandes empresas, para Wall Street e para os banqueiros. Em resumo, eu era um escroque, um gângster a serviço do capitalismo. Na ocasião, suspeitei que fizesse parte de um negócio ilícito. Agora, tenho certeza. Como todos os membros da profissão militar, jamais tive um pensamento próprio até deixar o serviço. [...] Em 1914, ajudei a tornar o México, principalmente Tampico, um lugar seguro para os interesses petrolíferos norte-americanos. Ajudei a converter o Haiti e Cuba em lugares decentes para os rapazes do National City Bank poderem auferir lucros. Ajudei no estupro de meia dúzia de repúblicas centro-americanas em benefício de Wall Street. A folha corrida de negociatas é longa. De 1909 a 1912, ajudei a 'limpar' a Nicarágua em nome dos interesses da casa bancária internacional dos Brown Brothers. Em 1916, na República Dominicana, trabalhei em favor dos interesses açucareiros norte-americanos. Na China, ajudei a assegurar que a Standard Oil continuasse a agir sem ser molestada. Naqueles anos, fazia, como as pessoas que agem nas sombras diriam, negociatas excelentes. Olhando para trás, acho que poderia ter dado algumas sugestões para Al Capone. O melhor que ele poderia fazer era explorar seu negócio ilegal em três distritos. Eu atuava em três continentes."

Ao longo dos anos, a franqueza custaria caro a Butler: ele foi preterido como comandante do Corpo de Fuzileiros Navais, que deixou em 1931 sob a sombra da discórdia.

Se "a guerra [era] um negócio ilícito", como Butler dizia, a Primeira Guerra Mundial esteve entre os episódios de negociatas mais deploráveis da história. Um dos fatos menos conhecidos desse episódio é que, às vésperas da Primeira Guerra Mundial, os bancos do Império Britânico estavam em crise. O modelo econômico da Grã-Bretanha, de canibalizar as economias de um número cada vez maior de regiões do mundo a fim de sobreviver e de não investir em seu próprio setor industrial, estava fracassando. Os ciclos de depressão iam e vinham.

Em contraste, o recém-unificado Império Alemão vinha liderando os países da Europa continental, afastando-se do livre comércio e adotando medidas protecionistas que estimulavam o crescimento de uma base industrial doméstica não tão dependente da colonização.

A Alemanha estava competindo na produção de aço, energia elétrica, energia química, agricultura, ferro, carvão e têxteis. Seus bancos e suas ferrovias estavam se desenvolvendo, e, na batalha por petróleo, o mais novo combustível estratégico, que era necessário para mover os navios modernos, a marinha mercante alemã se aproximava rapidamente da britânica. A Inglaterra, naquele momento bastante dependente das importações de petróleo dos Estados Unidos e da Rússia, estava desesperada para descobrir novas reservas potenciais no Oriente Médio, que era parte do cambaleante Império Otomano.

E quando os alemães começaram a construir uma ferrovia para importar esse petróleo de Bagdá para Berlim mediante suas alianças com o Império Otomano, a Grã-Bretanha se opôs de forma intensa. Os interesses de seus impérios egípcio e indiano viram-se ameaçados. Uma imensa agitação nos Bálcãs, especialmente na Sérvia, ajudou a impedir a conclusão da ferrovia Berlim-Bagdá.

De fato, foi um assunto secundário na Sérvia que finalmente deflagrou a cadeia de acontecimentos da Primeira Guerra Mundial, quando o arquiduque Francisco Ferdinando, herdeiro do Império Austro-Húngaro, e sua mulher foram assassinados nas ruas de Sarajevo, no quente verão de 1914. A situação se deteriorou rapidamente e uma série de alianças complexas entre impérios econômicos concorrentes levou à maior guerra da história até então.

A guerra foi uma carnificina do início ao fim, num nível incompreensível para o público. Em 1915, na Primeira Batalha do Marne, os britânicos, os franceses e os alemães sofreram 500 mil baixas, cada um. A guerra durou além de todas as expectativas. Em um único dia brutal, na região do rio Somme, os britânicos perderam 60 mil homens. Em 1916, a França e a Alemanha sofreram quase um milhão de baixas durante a Batalha de Verdun.

A França, ao ordenar repetidas vezes que seus soldados enfrentassem o poder das metralhadoras e da artilharia alemã, acabou perdendo metade dos seus jovens entre 15 e trinta anos. Em abril de 1915, na Segunda Batalha de Ypres, a Alemanha utilizou gás tóxico, depois de uma tentativa fracassada em Bolimów, na linha de frente oriental, atingindo as tropas francesas ao longo de seis quilômetros de trincheiras. O *The Washington Post* relatou que os soldados franceses enlouqueceram ou morreram asfixiados, com seus corpos ficando pretos, verdes ou amarelos.

Em Camp Dix, New Jersey, soldados norte-americanos passam por treinamento contra gases tóxicos. Apesar de ser proscrita por séculos, a guerra química tornou-se comum na Primeira Guerra Mundial. Milhares de homens morreram em consequência de ataques com gases tóxicos.

Em setembro, em Loos, os britânicos retaliaram com gás, mas a direção do vento mudou e o gás voltou, atingindo as trincheiras britânicas, o que resultou em mais baixas britânicas do que alemãs. Em 1917, a Alemanha soltou contra os britânicos armas ainda mais potentes contendo gás mostarda, novamente em Ypres.

O escritor Henry James afirmou: "O mergulho da civilização nesse abismo de sangue e escuridão é uma coisa que trai todo o longo período em que tínhamos achado que o mundo estava melhorando gradualmente."

Woodrow Wilson era a encarnação do ideal pré-guerra de esperança e civilização imaginado por Henry James. Eleito presidente pela primeira vez em 1912, ele ecoou a maior parte da afinidade dos norte-americanos pelos Aliados (Grã-Bretanha, França, Itália, Japão e Rússia) contra as Potências Centrais (Alemanha, Áustria, Hungria e Turquia), mas ele não ingressou na guerra, explicando: "Temos de ser neutros, já que nossas populações mistas fariam guerra umas contra as outras."

Em 1916, Wilson conquistou a reeleição usando o *slogan* "Ele nos manteve fora da guerra". No entanto, em pouco tempo, mudaria de ideia.

Wilson era um homem interessante. Fora reitor da Universidade de Princeton e governador de New Jersey. Descendente de ministros presbiterianos dos dois lados da família, exibia um forte traço moralista e, às vezes, uma inflexibilidade fanática.

Wilson compartilhava a noção missionária do papel global dos Estados Unidos e acreditava na exportação da democracia — mesmo para países relutantes em recebê-la. Também compartilhava a noção dos seus ancestrais sulistas da superioridade racial branca e tomou medidas para ressegregar o governo federal. Quando uma delegação de afro-americanos entregou-lhe um abaixo-assinado, ele respondeu: "A segregação não é uma humilhação, mas um benefício."

O velho anti-imperialista William Jennings Bryan, então atuando como secretário de Estado de Wilson, procurou manter a neutralidade norte-americana na guerra, mas Wilson rejeitou suas iniciativas de impedir os cidadãos norte-americanos de viajar em navios dos países beligerantes.

A Grã-Bretanha, que por quase um século controlara o Atlântico Norte com seu poder naval, lançara um bloqueio da Europa Setentrional. A Alemanha retaliou com uma campanha bastante eficaz envolvendo submarinos que pareceu inclinar o equilíbrio de poder em alto-mar. Em maio de 1915, um submarino alemão afundou o transatlântico britânico *Lusitania*, deixando 1,2 mil mortos, incluindo 128 norte-americanos. Foi um choque. Muitas vozes exigiram a entrada dos Estados Unidos na guerra. No entanto, apesar dos repúdios iniciais, descobriu-se que o navio tinha, de fato, violado as leis de neutralidade e transportava um grande carregamento de armas para a Grã-Bretanha.

Bryan exigiu que Wilson condenasse o bloqueio britânico da Alemanha e também o ataque alemão, considerando ambos violações dos direitos de neutralidade. Quando Wilson se recusou, Bryan renunciou em protesto, receando que o presidente estivesse caminhando na direção da guerra. Ele tinha razão. Wilson acreditava cada vez mais que se os Estados Unidos não entrassem na guerra ficariam de fora da formação do mundo do pós-guerra.

Assim, em janeiro de 1917, Wilson, de maneira dramática, fez o primeiro discurso presidencial formal ao Senado desde os dias de George Washington. Ele pregou uma "paz sem vitória", com base nos princípios básicos norte-americanos de autodeterminação, liberdade de navegação nos mares e um mundo aberto sem alianças emaranhadas. O aspecto principal desse mundo seria uma liga das nações para impor a paz. O idealismo de Wilson sempre foi duvidoso, pois parecia ser solapado sistematicamente por sua política. A neutralidade norte-americana naquela guerra foi, de fato, mais um princípio do que uma prática.

J. P. Morgan e Rockefeller, da Standard Oil, foram os dois gigantes das finanças norte-americanas desde a Guerra de Secessão. Morgan morreu em 1913, mas seu filho, J. P. Morgan Jr., atuou eficazmente como banqueiro norte-americano para o Império Britânico entre 1915 e 1917, quando os Estados Unidos entraram na guerra.

Inicialmente, o governo dos Estados Unidos não permitiu que seus banqueiros fizessem empréstimos aos países beligerantes, por saber que isso solaparia a declarada neutralidade norte-americana. Mas, em setembro de 1915, em seu primeiro mandato, Wilson, ignorando o conselho de Bryan, fez o contrário. E naquele mês, Morgan emprestou 500 milhões de dólares para a Grã-Bretanha e para a França. Em 1917, o Departamento de Guerra britânico tomou emprestado 2,5 bilhões de dólares do House of Morgan e de outros bancos de Wall Street. Somente 2,7 milhões de dólares foram emprestados para a Alemanha.

Em 1919, depois da guerra, a Grã-Bretanha se viu devendo aos Estados Unidos a espantosa soma de 4,7 bilhões de dólares (61 bilhões de dólares em moeda atual). Morgan também se tornou o único representante de compras do Império Britânico nos Estados Unidos. Ele emitiu cerca de 20 bilhões de dólares em pedidos de compras e ganhou uma

Robert "Fighting Bob" La Follette, de Wisconsin, foi um dos seis senadores que votaram contra a entrada dos Estados Unidos na Primeira Guerra Mundial.

comissão de 2% sobre o preço de todos os produtos, favorecendo amigos como os donos da Du Pont Chemical, Remington e Winchester Arms.

Sistematicamente, o socialista Eugene Debs incitava os trabalhadores a se oporem à guerra, observando: "Deixem os capitalistas cuidarem da sua própria briga e fornecerem seus próprios cadáveres e jamais haverá outra guerra na face da terra."

Quer por motivos financeiros, quer idealistas, em abril de 1917, Woodrow Wilson pediu ao Congresso uma declaração de guerra, afirmando: "O mundo deve se tornar seguro para a democracia." Seis senadores votaram contra, incluindo Robert La Follette, de Wisconsin, assim como cinquenta deputados, entre eles Jeannette Rankin, de Montana, a primeira mulher eleita para o Congresso.

Os adversários atacaram Wilson, acusando-o de instrumento de Wall Street. "Estamos colocando o símbolo do dólar na bandeira norte-americana", acusou o senador George Norris, de Nebraska. A oposição foi firme, mas Wilson conseguiu o que queria.

No entanto, apesar dos apelos do governo por um milhão de voluntários, os relatos dos horrores da guerra de trincheiras refreou o entusiasmo e apenas 73 mil homens se alistaram nas primeiras seis semanas, o que forçou o Congresso a instituir o serviço militar obrigatório.

No início de 1918, parecia que as Potências Centrais poderiam ganhar a guerra e derrotar os Aliados, o que ameaçava deixar os banqueiros norte-americanos num enorme apuro financeiro. Os Estados Unidos se restabeleceram com a campanha do patriótico *Liberty Bond* [bônus de guerra]. E muitos dos principais líderes progressistas do país, incluindo John Dewey e Walter Lippmann, apoiaram Wilson. No entanto, foram republicanos do centro-oeste, como La Follette e Norris, que entenderam que a guerra era uma sentença de morte para reformas significativas no país.

E o Congresso confirmou isso aprovando algumas das leis mais repressivas da história do país — a *Espionage Act* [lei de espionagem], de 1917, e a *Sedition Act* [lei de sedição], de 1918 —, que reprimiram a liberdade de expressão e criaram um clima de intolerância contra as discordâncias.

Os professores universitários que se opunham à guerra eram demitidos ou calados. Centenas de pessoas foram presas por se expressar, incluindo "Big Bill" Haywood, líder do sindicato Industrial Workers of the World (IWW). Eugene Debs protestou seguidamente e em junho de 1918, finalmente detido, afirmou: "Ao longo da história, as guerras foram travadas para conquista e pilhagem, e isso é a guerra, em poucas palavras. [...] A classe dominante sempre declarou as guerras; a classe subalterna sempre travou as batalhas."

Antes de ser sentenciado, Debs se dirigiu de modo eloquente para a sala do tribunal: "Meritíssimo, anos atrás reconheci minha ligação com todos os seres vivos e decidi que eu não era nem um pouco melhor que o mais ínfimo ser do mundo. Eu disse, então, e digo agora, que enquanto existir uma classe inferior, a ela pertencerei; enquanto existir um elemento criminoso, dele serei parte; enquanto existir uma criatura na prisão, não serei livre."

O juiz sentenciou Debs a dez anos de prisão. Ele cumpriu três, de 1919 a 1921.

Devido à *Espionage Act*, de 1917, foram presos centenas de manifestantes contrários ao serviço militar obrigatório, incluindo "Big Bill" Haywood, líder do IWW, e o socialista Eugene Debs. Debs (retratado aqui discursando para uma multidão em Chicago, em 1912) incitou os trabalhadores a se oporem à guerra, proclamando: "Deixem os capitalistas cuidarem da sua própria briga e fornecerem seus próprios cadáveres e jamais haverá outra guerra na face da terra."

Com a permissão de Wilson, o Departamento de Justiça extinguiu o IWW. Enquanto alguns norte-americanos marchavam para a guerra sob a melodia da música de sucesso *Over There* [Lá adiante], os membros do IWW, os Wooblies, respondiam com uma paródia da música *Onward Christian Soldiers* [Avante, soldados cristãos] intitulada *Christians at War* [Cristãos em guerra], que terminava com a seguinte frase: "*History will say of you: 'That pack of God damned fools'*." [A história dirá a seu respeito: "Aquele bando de malditos idiotas."].

Cento e sessenta e cinco de seus líderes foram acusados de conspiração para impedir o serviço militar obrigatório e estimular a deserção. Big Bill Haywood fugiu para a Rússia revolucionária; outras lideranças fizeram o mesmo.

Os alemães-americanos foram tratados com animosidade particular. As faculdades, muitas das quais, naquele momento, exigiram juramentos de lealdade dos professores, baniram o idioma alemão dos currículos e as orquestras excluíram os compositores alemães de seus repertórios. Da mesma forma que, em 2003, as *French fries* [batatas fritas] foram renomeadas como *freedom fries* [batatas de liberdade] por congressistas xenófobos, por causa da oposição francesa à invasão do Iraque, durante a Primeira Guerra Mundial os hambúrgueres foram renomeados como "sanduíches da liberdade", e o *sauerkraut* [chucrute] foi chamado de "repolho da liberdade". A *German measles* [rubéola] se tornou o "sarampo da liberdade", e os pastores alemães viraram "cães policiais".

Os anos da guerra geraram um conluio sem precedentes entre as grandes corporações e o governo, numa tentativa de estabilizar a economia, controlar a concorrência irrestrita e garantir lucros para os fabricantes de munição, que eram, às vezes, caracterizados como "mercadores da morte".

Só mais de um ano após a declaração de guerra, as tropas norte-americanas chegaram à Europa, em maio de 1918, seis meses antes do final da guerra, quando ajudaram as tropas francesas cercadas a mudar as coisas ao longo do rio Marne. Com seus recursos humanos e poder industrial, a presença norte-americana teve um imenso efeito psicológico sobre o rumo da guerra e desmoralizou os alemães, que finalmente se renderam.

A longa e triste guerra terminou em 11 de novembro de 1918. As perdas foram descomunais. Dos 2 milhões de soldados norte-americanos que chegaram à França, mais de 116 mil morreram e 204 mil ficaram feridos. As perdas europeias foram além do entendimento, com a morte estimada de 8 milhões de militares e de 6 a 10 milhões de civis — estes muitas vezes devido a doenças e fome. No entanto, como na Segunda Guerra Mundial, nenhum povo sofreu mais naquela guerra do que o russo, com 1,7 milhão de mortos e quase 5 milhões de feridos.

Aqueles que sobreviveram passaram a viver sob uma nova ordem mundial. A Grã-Bretanha e a França se enfraqueceram muito. O Império Alemão desmoronou. O Império Austro-Húngaro, com mais de cinquenta anos, desapareceu, e o resultado foi uma reestruturação caótica da Europa Oriental. E o grande e cosmopolita Império Otomano

Vladimir Lênin e os bolcheviques assumiram o controle da Rússia em 7 de novembro de 1917, alterando radicalmente o curso da história mundial. A visão de Lênin da revolução comunista mundial incendiou a imaginação dos operários e camponeses de todo o mundo, apresentando um desafio direto à visão de Woodrow Wilson referente à democracia liberal capitalista.

de árabes, turcos, curdos, armênios, muçulmanos, cristãos e judeus, que durara seiscentos anos, se desintegrou.

Na Rússia, um grupo misterioso de revolucionários conhecidos como bolcheviques, prometendo pão, terra e paz, assumiu o poder em novembro de 1917, no reino em ruínas do czar Nicolau II, que perdera o exército na matança da Primeira Guerra Mundial e com ela a confiança de soldados e trabalhadores, fartos da brutalidade daquela guerra.

Os bolcheviques eram muito influenciados por Karl Marx, intelectual judeu-alemão, que pregava a igualdade social e econômica do homem. E, de imediato, eles começaram a reorganizar a sociedade russa em suas raízes, nacionalizando bancos, distribuindo terras e propriedades rurais para os camponeses, colocando operários no controle das fábricas e confiscando as propriedades da Igreja.

Assim, em março de 1918, oito meses antes do fim da Primeira Guerra Mundial e quase dois meses antes da entrada em ação das tropas norte-americanas na França, Vladimir Lênin, o líder bolchevique, assinou um tratado de paz com a Alemanha, tirando as tropas russas da guerra. Woodrow Wilson e os Aliados se enfureceram.

Os bolcheviques juravam destruir os antigos hábitos sigilosos do capitalismo e da construção de impérios, lançando-os na lata de lixo da história. Eles prometiam, de maneira inacreditável, a revolução mundial, e insurreições se sucederam em Budapeste, Munique e Berlim. Os impérios europeus remanescentes — belga, britânico e francês — tremeram.

Desde a Revolução Francesa, cerca de 125 anos antes, a Europa não era tão abalada e alterada de modo tão profundo. Com inspiração na Revolução Russa, uma onda de esperança varreu os povos colonizados e oprimidos dos seis continentes.

Num gesto incomum, os Guardas Vermelhos de Lênin revistaram o antigo Ministério das Relações Exteriores e divulgaram o que acharam: um conjunto de acordos secretos entre os Aliados europeus dividindo o mundo do pós-guerra em zonas de influência exclusivas. Da mesma forma que os Estados Unidos reagiram às mensagens diplomáticas confidenciais divulgadas pelo Wikileaks, em 2010, os Aliados se indignaram com aquela violação do antigo protocolo diplomático que revelou a falsidade da pregação de Woodrow Wilson por "autodeterminação" após a guerra.

Wilson, apesar de estarrecido com as ações de Lênin, tomou conhecimento de que a França e a Grã-Bretanha tinham firmado acordos secretos e ficou desgostoso com aquilo. No entanto, enviou as tropas norte-americanas no interesse dos impérios francês e britânico.

A contrarrevolução conservadora em oposição aos bolcheviques foi violenta. Exércitos distintos atacaram a nova Rússia de todas as direções: russos nativos e cossacos, a legião checa, sérvios, gregos, poloneses pelo oeste, a França pela Ucrânia, e cerca de 70 mil japoneses pelo Extremo Oriente. Em reação, Leon Trótski, líder revolucionário junto com Lênin, criou o Exército Vermelho com aproximadamente 5 milhões de homens. Winston Churchill, franco e influente ex-Primeiro Lorde do Almirantado, afirmou: "O bolchevismo deve ser sufocado no berço."

Segundo as estimativas, 40 mil soldados britânicos foram enviados à Rússia, com uma parte deles deslocada para o Cáucaso, para proteger as reservas de petróleo, em Baku. Apesar do término da maior parte dos combates em 1920, bolsões de resistência persistiram até 1923. Num prenúncio do que viria a acontecer cerca de sessenta anos depois, a resistência muçulmana na Ásia Central durou até a década de 1930.

Inicialmente, Wilson hesitou em se juntar às forças invasoras, rejeitando a ideia de derrubar o novo regime, mas acabou por enviar mais de 13 mil soldados e ajudou a armar e financiar as forças antibolcheviques. O senador Robert La Follette lamentou essa ação, considerando-a uma zombaria em relação ao idealismo de Wilson.

Para negar aos contrarrevolucionários seu principal ponto de convergência, em julho de 1918, num choque devastador em relação aos costumes da Europa de antes da guerra, Lênin ordenou a execução do czar e de sua família. Exilados no interior da Rússia, eles foram brutalmente mortos com golpes de baionetas e sumariamente fuzilados num porão.

A Tcheka, polícia secreta de Lênin, foi bem-sucedida em eliminar muitos dos inimigos restantes dos bolcheviques. Histórias sobre o "Terror Vermelho", muitas vezes exageradas, foram difundidas no Ocidente. E a atitude de Wilson em permitir que as tropas norte-americanas permanecessem na Rússia até 1920 envenenou muito o começo de qualquer relação entre Estados Unidos e Rússia. Os Estados Unidos só viriam a reconhecer a Rússia soviética na presidência de Franklin Roosevelt, em 1933.

Em dezembro de 1918, quando Wilson desembarcou na Europa para participar da Conferência da Paz de Paris, foi recebido por multidões entusiasmadas. Dois milhões de pessoas o saudaram em Paris. Ao chegar à Roma, as ruas foram polvilhadas com areia dourada, de acordo com uma antiga tradição. Os italianos o aclararam como "o Deus da Paz".

Em 12 de janeiro de 1919, 27 países se reuniram em Paris. Wilson era a estrela. O mundo seria refeito. O presidente norte-americano considerou-se o "instrumento pessoal de Deus" e a Conferência da Paz

O presidente Woodrow Wilson discursando no Greek Theatre, em Berkeley, na Califórnia, em setembro de 1919. Reeleito presidente em 1916 usando o *slogan*: "Ele nos manteve fora da guerra", Wilson entrou na Primeira Guerra Mundial em 1917, esperando pôr os Estados Unidos na formação do mundo do pós-guerra. Por meio dessa e de outras ações, Wilson deixou sua marca pessoal no cargo e no país num grau muito maior que seu predecessor imediato ou seus sucessores.

foi o momento supremo de sua missão divina. Foi, de fato, seu momento mais glorioso, mas, assim como Alexandre na Babilônia, César em Roma e Napoleão nas fronteiras da Europa, o auge do sucesso fora alcançado.

Ao reinterpretar ideologicamente a Primeira Guerra Mundial, no sentido das guerras relativas à Revolução Francesa um século antes, Wilson estava dizendo que aquela era uma guerra para mudar a humanidade, uma guerra para acabar com todas as guerras. Num discurso ao Senado norte-americano naquele ano, declarou que o caminho dos Estados Unidos no cenário mundial "se dava não por meio de algum plano de nossa concepção, mas sim pela mão de Deus... Foi isso que sonhamos em nosso nascimento. Os Estados Unidos deviam, de fato, mostrar o

Da esquerda para a direita: David Lloyd George, primeiro-ministro britânico; Vittorio Orlando, primeiro-ministro italiano; Georges Clemenceau, primeiro-ministro francês; e Wilson, na Conferência de Paz de Paris. Na conferência, a maior parte da grandiosa retórica dos 14 Pontos de Wilson foi rejeitada pelos outros Aliados, que estavam em busca de vingança, novas colônias e domínio naval no mundo do pós-guerra.

caminho". Na visão de Wilson, o destino manifesto norte-americano não era mais um caso de expansão continental. Era, naquele momento, uma missão ordenada de modo divino para a humanidade. Essa ideia de salvação da humanidade tornou-se essencial para o mito nacional norte-americano em todas as guerras subsequentes.

Numa tentativa de se opor ao apelo revolucionário de Lênin, Wilson tinha, um ano antes, enquanto a guerra ainda era intensa, anunciado um conjunto de princípios democráticos internacionais, incluindo livre comércio, liberdade de navegação nos mares e acordos transparentes entre países, que se tornariam a base de uma nova paz internacional. Ele denominou isso de: Os 14 Pontos.

Os alemães se renderam com base nos 14 Pontos de Wilson, acreditando que o presidente norte-americano os protegeria do desmembramento pelos Aliados. Até mesmo mudaram a forma de governo, adotando uma república e se opondo ao kaiser, que logo desapareceu no exílio. Os Estados Unidos eram a nova força dominante do mundo — apesar de em 1914 serem um país devedor, com uma dívida de 3,7 bilhões de dólares, em 1918 haviam se tornado um país credor, com um crédito de 3,8 bilhões de dólares sobre seus aliados.

No entanto, os antigos impérios multinacionais, que existiam desde a Idade Média, não tinham interesse no idealismo de Wilson: queriam vingança, dinheiro e colônias. Lloyd George, primeiro-ministro britânico, comentou que nos Estados Unidos "nenhum barraco" fora destruído. George Clemenceau, primeiro-ministro francês — a França perdera mais de um milhão de soldados —, comentou: "O senhor Wilson me aborrece com seus 14 Pontos; por que Deus, o Todo-Poderoso só tem dez?" Como resultado dessa atitude, diversos dos 14 Pontos mal definidos de Wilson foram removidos do Tratado de Versalhes.

A Grã-Bretanha, a França e o Japão dividiram as ex-colônias alemãs na Ásia e na África e, apoiando da boca para fora a prometida autodeterminação dos árabes que se revoltaram contra o Império Otomano, Winston Churchill e o Ministério de Relações Exteriores britânico dividiram o império, criando novos estados-clientes, como a Mesopotâmia, que recebeu, arbitrariamente, o novo nome de Iraque.

A perspectiva de um futuro lar judaico na Palestina também foi estabelecida numa carta de Arthur Balfour, ministro das Relações Exteriores britânico, ao lorde Rothschild, banqueiro judeu. Um protetorado foi criado pela Liga das Nações na Palestina. Cerca de 85% da população nativa era árabe e menos de 8% era judia.

Os antigos impérios tornaram mais palatáveis suas ações chamando essas novas colônias de "mandatos", e Wilson concordou com isso, afirmando que os alemães tinham explorado brutalmente suas colônias, ao passo que os Aliados haviam tratado suas colônias de modo humano; uma avaliação que foi recebida com incredulidade pelos habitantes da Indochina Francesa.

O jovem Ho Chi Minh alugou um *smoking* e um chapéu-coco e visitou Wilson, portando uma petição em favor da independência vietnamita. Como outros líderes do Terceiro Mundo presentes, Ho

Ho Chi Minh, da Indochina Francesa, na Conferência da Paz de Paris.

aprendeu que a libertação só viria por meio da luta armada, e não mediante uma benesse de Woodrow Wilson.

Embora Lênin não tivesse sido convidado para ir a Paris, o espectro da Rússia assombrou as reuniões. Lênin chamou Wilson de "escorregadio" e afirmou: "Somente os revolucionários de verdade são confiáveis!" E, enquanto os delegados deliberavam, os comunistas assumiram o controle da Bavária e da Hungria e ameaçaram Berlim e Itália.

O apelo de Lênin pela revolução mundial foi ouvido no Terceiro Mundo, em terras tão distantes quanto a China e a América Latina.

Concentrado atentamente na sua Liga das Nações, que considerava essencial para impedir uma guerra futura, Wilson não conseguiu assegurar o tipo de tratado não punitivo que ele defendia publicamente.

A Grã-Bretanha e a França aplicaram perversamente o conceito de Wilson de autodeterminação contra a Alemanha, deixando fora das novas e encolhidas fronteiras milhões de cidadãos abandonados. Em sua famosa cláusula de responsabilidade pela guerra, o Tratado de Versalhes pôs toda a culpa pelo início da guerra na Alemanha, não nos

THE GAP IN THE BRIDGE.

Como revela essa charge de Punch de dezembro de 1919, a rejeição do Congresso pela participação dos Estados Unidos na Liga das Nações tornou a Liga bastante ineficaz. Wilson ajudara a garantir a derrota da Liga silenciando os possíveis aliados anti-imperialistas durante a guerra.

outros impérios coloniais, e exigiu que ela pagasse quase 33 bilhões de dólares aos Aliados em reparações de guerra; mais do que o dobro do esperado pela Alemanha.

Figura importante na delegação de Wilson, Thomas Lamont, sócio da House of Morgan e homem de confiança do presidente norte-americano, garantiu que os pagamentos da Alemanha para a Grã-Bretanha e para a França permitiriam que estes dois países reembolsassem a fortuna que tinham tomado emprestada de Wall Street para sobreviver à guerra. Na realidade, portanto, toda a nova estrutura das finanças internacionais foi construída sobre a instável base das reparações de guerra da Alemanha, que, em pouco tempo, contribuiria para o colapso econômico alemão, do qual Adolf Hitler emergiria.

Nos anos seguintes, o Congresso norte-americano investigaria as maquinações dos assim chamados mercadores da morte — os industriais e banqueiros que tinham obtido lucros obscenos com a guerra.

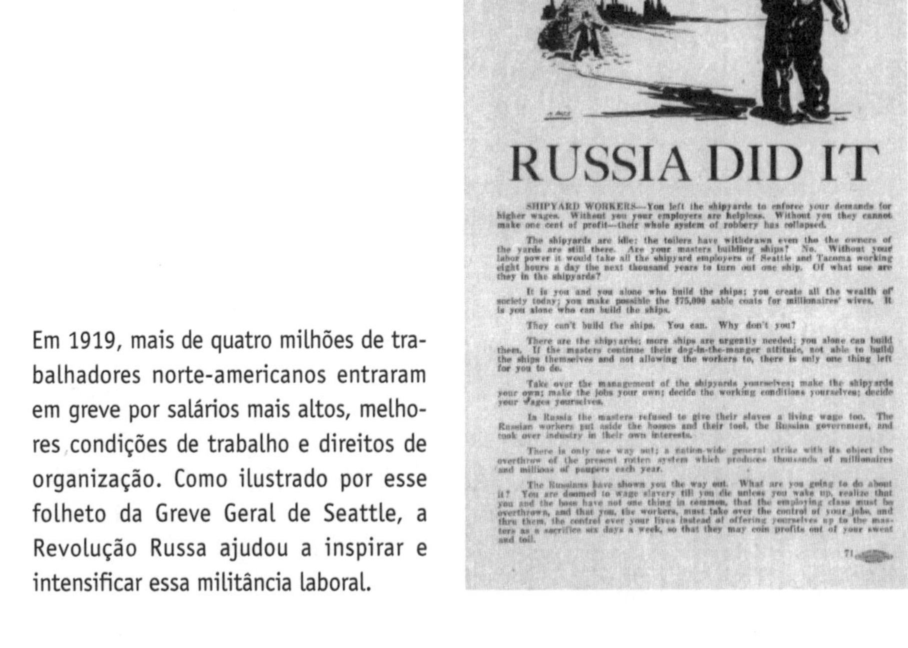

RUSSIA DID IT

SHIPYARD WORKERS—You left the shipyards to enforce your demands for higher wages. Without you your employers are helpless. Without you they cannot make one cent of profit—their whole system of robbery has collapsed.

The shipyards are idle; the toilers have withdrawn even tho the owners of the yards are still there. Are your masters building ships? No. Without your labor power it would take all the shipyard employers of Seattle and Tacoma working eight hours a day the next thousand years to turn out one ship. Of what use are they in the shipyards?

It is you and you alone who build the ships; you create all the wealth of society today; you make possible the $75,000 sable coats for millionaires' wives. It is you alone who can build the ships.

They can't build the ships. You can. Why don't you?

There are the shipyards; more ships are urgently needed; you alone can build them. If the masters continue their dog-in-the-manger attitude, not able to build the ships themselves and not allowing the workers to, there is only one thing left for you to do.

Take over the management of the shipyards yourselves; make the shipyards your own; make the jobs your own; decide the working conditions yourselves; decide your wages yourselves.

In Russia the masters refused to give their slaves a living wage too. The Russian workers put aside the bosses and their tool, the Russian government, and took over industry in their own interests.

There is only one way out; a nation-wide general strike with its object the overthrow of the present rotten system which produces thousands of millionaires and millions of paupers each year.

The Russians have shown you the way out. What are you going to do about it? You are doomed to wage slavery till you die unless you wake up, realize that you and the boss have not one thing in common, that the employing class must be overthrown, and that you, the workers, must take over the control of your jobs, and thru them, the control over your lives instead of offering yourselves up to the masters as a sacrifice six days a week, so that they may coin profits out of your sweat and toil.

71

Em 1919, mais de quatro milhões de trabalhadores norte-americanos entraram em greve por salários mais altos, melhores condições de trabalho e direitos de organização. Como ilustrado por esse folheto da Greve Geral de Seattle, a Revolução Russa ajudou a inspirar e intensificar essa militância laboral.

Ninguém foi condenado e nada foi provado. No entanto, ficou um sentimento populista persistente de desconfiança em relação à Primeira Guerra Mundial. Muitas pessoas, incluindo líderes do Congresso, acharam que milhões de vidas foram sacrificadas numa fraude financeira em favor de banqueiros e outros aproveitadores da guerra. O amargor desse sentimento foi intenso.

Wilson voltou para os Estados Unidos e encontrou um país em que os trabalhadores estavam bastante descontentes e desesperados por reformas. Em 1914, por exemplo, cerca de 35 mil operários morreram em acidentes de trabalho. Em 1919, mais de quatro milhões de trabalhadores entraram em greve; entre eles, 365 mil metalúrgicos, 450 mil mineiros e 120 mil trabalhadores da indústria têxtil. Em Seattle, uma greve geral paralisou toda a cidade. Em Boston, até a polícia entrou em greve, levando o *Wall Street Journal* a advertir: "Lênin e Trótski estão a caminho".

O presidente Wilson, em resposta, quis desqualificar a mensagem de Lênin. O comunismo era uma loucura europeia, ele insistiu, não norte-americana.

No assim chamado Verão Vermelho de 1919, violentas revoltas raciais ocorreram em Chicago e diversas outras cidades, incluindo Washington, onde tropas federais foram utilizadas para restaurar a ordem.

O presidente Wilson continuou viajando pelo país, sustentando que os Estados Unidos precisavam ratificar o Tratado de Versalhes e instituir a Liga das Nações para assegurar sua visão relativa à paz mundial. A ala progressista do Partido Republicano denunciou a Liga das Nações de Wilson como uma liga de imperialistas, empenhada em derrotar revoluções e defender seus próprios desejos imperiais. Os críticos exigiam mudanças, mas nenhuma modificação era aceitável para Wilson.

A saúde de Wilson começou a declinar, e, em setembro de 1919, num discurso final em Pueblo, no Colorado, ele desmaiou. Sofreu um derrame grave e ficou incapacitado para o resto da vida.

Em novembro de 1919, o procurador-geral A. Mitchell Palmer convocou agentes federais — a primeira de uma série de ações contra organizações radicais e laborais de todo o país. A operação foi conduzida por J. Edgar Hoover, um jovem de 24 anos, então diretor da Radical Division do Departamento de Justiça. Entre três e dez mil dissidentes foram presos, muitos deles encarcerados sem acusações por meses. Centenas de radicais nascidos no exterior, como Emma Goldman, russa de nascença, foram deportados conforme as liberdades civis iam sendo cada vez mais desconsideradas e a discordância era identificada com antiamericanismo.

O Senado rejeitou o Tratado de Versalhes por sete votos. A Liga das Nações nasceu, mas ficou seriamente prejudicada sem a participação dos Estados Unidos. Wilson morreu em 1924; um homem arruinado.

No início da década de 1920, os Estados Unidos de Jefferson, Lincoln e William Jennings Bryan deixaram de existir. Foram substituídos pelo mundo de Morgan, dos banqueiros de Wall Street e das megacorporações. Wilson teve a esperança de transformar o mundo, mas sua folha de serviços é muito menos positiva. Embora apoiando a autodeterminação e se opondo formalmente ao império, interveio diversas vezes nos assuntos internos de outros países, incluindo os da Rússia, do México e de toda a América Latina. Apesar de estimular reformas, manteve profunda desconfiança do tipo de mudança fundamental, e às vezes revolucionária, que realmente melhoraria a vida das pessoas. Embora defendendo a fraternidade humana, acreditava que os não brancos eram inferiores e ressegregou o governo federal. Apesar de exaltar a democracia e o primado da lei, foi negligente em relação a abusos graves contra as liberdades civis.

As deficiências de Wilson coroaram um período em que a mistura única norte-americana de idealismo, militarismo, cobiça e diplomacia impeliu o país rumo à transformação num novo império. Em 1900, os eleitores rejeitaram William Jennings Bryan e aprovaram a visão de William McKinley de comércio e prosperidade e, dessa maneira, legitimaram as conquistas imperiais norte-americanas. De fato, a eleição de 1900 colocou os Estados Unidos numa trajetória em que não houve como voltar atrás.

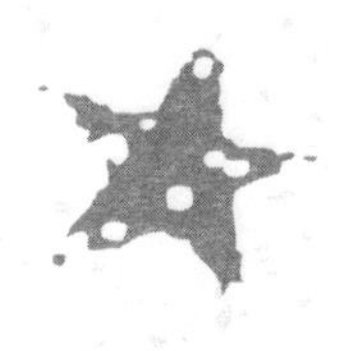

CAPÍTULO 2

QUANDO AS TROPAS voltaram do exterior, depois da guerra, Warren G. Harding, o candidato republicano à presidência, prometia um "retorno à normalidade" — o que deu início a um dos períodos mais conservadores da história norte-americana. No entanto, o escândalo de *Teapot Dome* subjugou seu governo e revelou que seu secretário do Interior era subornado pelas grandes empresas petrolíferas que tinham pilhado terras públicas. E a década de 1920 revelaria anos de experimentação cultural arrojada misturada com conservadorismo político: uma antiga cultura de escassez *versus* uma nova cultura de abundância. Isso receberia o nome de *The Roaring Twenties* [Os loucos anos 20].

Os reformistas morais temiam que os *doughboys* [termo para designar os soldados do Exército norte-americano da Primeira Guerra Mundial], após terem descoberto o que alguns denominavam como "French Way" [cunilíngua], impingiriam seu novo apetite por sexo oral e também suas doenças às inocentes garotas norte-americanas. Afinal de contas, as licenciosas francesas tinham se oferecido para criar bordéis para os soldados norte-americanos, como aqueles que atendiam aos próprios soldados franceses, com a ideia de que isso manteria os padrões de saúde e a moral. No entanto, os funcionários norte-americanos recusaram a oferta terminantemente. E, de volta ao lar, os cruzados morais exploraram as ansiedades do tempo de guerra para fechar as zonas de meretrício em todo o país, o que levou as prostitutas para o subterrâneo e as forçou a buscar a proteção de gângsteres e cafetões.

Em 1919, a aprovação da 18ª emenda baniu a fabricação e a venda de bebidas alcoólicas nos Estados Unidos; uma reforma apoiada por grupos femininos de temperança, certas denominações protestantes, a renascida Ku Klux Klan e alguns progressistas. No entanto, assim como em relação à futura guerra contra as drogas, a bebida alcoólica permaneceu prontamente disponível para todos que a queriam e a guerra contra o álcool acabou rendendo lucros fantásticos para um novo grupo de criminosos dominado por gangues de imigrantes italianos, irlandeses e judeus.

Smedley Butler vira o pior da violência da Primeira Guerra Mundial e da corrupção resultante. No entanto, naquele momento de licença do exército e incumbido da segurança das ruas da Filadélfia, Butler fechou seiscentos *speakeasies* [estabelecimentos que vendiam bebidas ilegais], entre eles dois frequentados pela elite da cidade, o que acabou gerando sua demissão. "Limpar a Filadélfia foi mais difícil do que qualquer batalha de que já participei", ele observou.

Outros aspectos repressivos da nova vida norte-americana incluíram leis de reforma da imigração que impunham cotas rígidas para indivíduos da Europa Meridional e Oriental e baniam totalmente a imigração do Japão, da China e da Ásia Oriental.

O antissemitismo assolou os Estados Unidos do pós-guerra. Algumas pessoas associaram os judeus ao comunismo e ao radicalismo. Outras achavam que os judeus exerciam muita influência em Hollywood, nos negócios e no meio acadêmico. Harvard reduziu a admissão de calouros judeus de 28%, em 1925, para 12%, em 1933. Outras universidades do mesmo nível seguiram o exemplo.

Outras medidas foram tomadas para eliminar os "indesejáveis". Em 1911, como governador de New Jersey, Woodrow Wilson, entusiasta da eugenia, assinara uma lei autorizando a esterilização de criminosos, epilépticos e débeis mentais. Nas décadas seguintes, cerca de sessenta mil norte-americanos foram esterilizados, mais de um terço deles na Califórnia. As mulheres sexualmente ativas eram especialmente visadas. O futuro líder alemão Adolf Hitler seguiu atentamente esses desenvolvimentos, declarando que modelou algumas das suas estratégias de "raça superior" com base nos programas norte-americanos, que ele elogiava, mas também criticava por irem só até a metade do caminho. Ele iria além. Muito além.

Entre 1920 e 1925, de 3 a 6 milhões de norte-americanos se associaram à Ku Klux Klan (KKK), organização racista, antissemita e anticatólica, que dominava a política em Indiana, Colorado, Oregon, Oklahoma e Alabama, e enviou centenas de delegados para a convenção democrata de 1924. É espantoso pensar que, em 1925, 250 mil pessoas assistiram a 35 mil membros da KKK desfilar e se reunir em Washington.

O ódio se espalhava na região central dos Estados Unidos. O futuro astro do cinema Henry Fonda, na ocasião com 14 anos, lembra-se de um enforcamento que viu em Omaha, no Nebraska, da janela da gráfica do seu pai: "Foi a visão mais terrível que eu já havia tido. Fechamos a gráfica, descemos para o térreo e rumamos para casa em silêncio. Minhas mãos estavam úmidas, meus olhos, cheios de lágrimas. Tudo o que eu conseguia pensar era naquele jovem negro pendurado na extremidade de uma corda."

Centenas de outros afro-americanos sofreram um destino semelhante. Muitas vezes divulgados amplamente e com antecedência e comemorados em cartões-postais e gravações sonoras, os linchamentos se tornaram rituais perversos de profanação, com desmembramentos e castrações, e preservações de partes do corpo como lembranças.

Os estabelecimentos de ensino superior religioso afastados dos grandes centros urbanos proliferavam. O anti-intelectualismo abundava. Em 1925, um professor do Tennessee, chamado John Thomas Scopes, foi processado, condenado e multado por ensinar as teorias de evolução de Darwin.

A Primeira Guerra Mundial marcou a supremacia dos Estados Unidos e do Japão, os dois vencedores verdadeiros da guerra. Criou nos Estados Unidos um conluio sem precedentes entre banqueiros, homens de negócios e servidores públicos numa tentativa de manipular a economia e garantir lucros. Em 1925, os Estados Unidos produziam mais de 70% do petróleo mundial, o que alimentou os navios, os aviões, os tanques e outros veículos motorizados dos aliados do tempo de guerra. Nova Iorque substituiu Londres como centro da economia mundial. O tamanho da economia norte-americana sobrepujou a economia dos seus rivais mais próximos.

Cética e desiludida depois de uma guerra brutal, a sociedade estava sedenta por viver a vida de uma maneira que jamais experimentara antes.

Um novo materialismo imperou com base no crédito, nas rádios, nas imensas salas de cinema e nos anos dourados da propaganda, que aperfeiçoou o padrão artístico capitalista de manipular não só as expectativas e as fantasias dos consumidores, mas também seus medos e suas inseguranças. Henry Ford vendeu 15 milhões de Modelos T e, depois, em 1927, criou o mais elegante Modelo A.

O jazz, com suas raízes no sul afro-americano, tornou-se muito popular. As melindrosas, os "amassos", os *speakeasies*, o Renascimento do Harlem, os esportes e novos e licenciosos filmes, mudos e sonoros, floresceram.

Uma nova geração de escritores, rebeldes e mais jovens, entrou em cena. O novo expressionismo emergiu nas obras de e. e. cummings, John dos Passos, T. S. Eliot, Ernest Hemingway, Ezra Pound, William Faulkner, Lawrence Stallings, Sinclair Lewis, Eugene O'Neill, Willa Cather, Langston Hughes e Dalton Trumbo. Muitos deles, frustrados com a superficialidade da cultura norte-americana, mudaram-se para a Europa.

Em 1920, F. Scott Fitzgerald escreveu: "Era uma nova geração... que cresceu para encontrar todos os deuses mortos, todas as guerras travadas, toda a confiança no homem abalada." Gertrude Stein, escritora lésbica que vivia em Paris, disse para Hemingway e seus amigos bêbados: "Todos vocês, jovens que serviram na guerra, são uma geração perdida."

À medida que a década de 1920 passava, a prosperidade ia se apoiando cada vez mais sobre bases muito instáveis: empréstimos a rodo, especulação massiva e reparações de guerra alemãs. A produção agrícola ficou deprimida durante esses anos. A fabricação de carros e a construção de estradas desaceleraram. O investimento em moradias declinou e a desigualdade entre ricos e pobres cresceu acentuadamente. O capital corria atrás de mercados especulativos lucrativos.

Para ajudar a pagar as reparações de guerra alemãs, Walter Rathenau, ministro das Relações Exteriores da Alemanha e proeminente industrial judeu, expandiu os laços econômicos, diplomáticos e até militares com a Rússia comunista — forjando uma ponte entre os dois países que foram deixados de fora de Versalhes — a fim de reconstruir suas sociedades destruídas pela guerra. Isso enfureceu não só a Inglaterra e a França, mas também os integrantes do Freikorps, violento grupo paramilitar de direita que já estava furioso com o pagamento das reparações. Em 1922 eles assassinaram Rathenau.

A economia alemã sofreu uma inflação diferente de qualquer outra já experimentada na história. Notas de marcos alemães sem valor enchiam carrinhos de mão e eram queimadas como lenha.

Em 1923, a Alemanha, falida, não conseguia mais pagar as reparações para a França e a Grã-Bretanha, que, por sua vez, pediram melhores condições em relação à dívida de bilhões de dólares que tinham com o governo norte-americano. "De jeito nenhum!", respondeu Calvin Coolidge, o novo e espartano presidente republicano.

Em 1924, as economias europeias estavam à beira do colapso. Então, e novamente quatro anos depois, comissões de banqueiros e homens de negócios, liderados por Morgan e seus aliados, formularam planos de recuperação econômica da Alemanha que garantiria os pagamentos contínuos das reparações, mas de maneira mais manejável. Em essência, os Estados Unidos estavam emprestando dinheiro para a Alemanha para que ela conseguisse pagar as reparações para a França e Grã-Bretanha, que, por sua vez, utilizavam o dinheiro para pagar o serviço das suas dívidas de guerra com os norte-americanos. Os banqueiros ficavam ricos, ao passo que a população permanecia pobre. Em 1933, a Alemanha, embora pagando grandes reparações, devia ainda mais dinheiro aos Aliados do que em 1924. Nesse ambiente de crise econômica no Ocidente e de revolução comunista no Oriente, um novo monstro nasceu: o nazismo.

Separado e à parte da Alemanha, na Itália, em 1922, Benito Mussolini e seus fascistas assumiram o poder e dizimaram os comunistas em batalhas de rua sangrentas.

E quando 1925 chegou ao fim, o banco Morgan emprestou 100 milhões de dólares ao governo de Mussolini para reembolsar suas dívidas de guerra com a Grã-Bretanha. O Morgan ficou muito satisfeito com as políticas repressivas de Mussolini contra os trabalhadores.

Em 1923, os *nazis* atacaram a cidade de Munique, liderados por Adolf Hitler. Os seguidores do cabo austríaco incluíam veteranos de guerra incapazes de se adaptar à vida civil que clamavam pela oportunidade de sufocar as insurreições comunistas, e, tempos depois, constituíram a espinha dorsal de suas tropas de assalto. Por sua participação no golpe de Estado fracassado, Hitler passou nove meses na prisão, refinando suas ideias. Sua estridente declaração de que o Exército alemão tinha ganho a guerra mas que fora apunhalado pelas costas pelos políticos, ganhava cada vez mais adeptos. A causa de Hitler progrediu muito quando, em 1929, os banqueiros centrais avançaram direto para um desastre imprevisto: a Grande Depressão.

Montagu Norman, que dirigiu o Banco da Inglaterra de 1920 a 1944 — um anticomunista e antissemita paranoico, que viajava no anonimato para evitar ser assassinado —, pediu ao presidente do Federal Reserve de Nova Iorque a elevação da taxa de juros, para desacelerar a especulação cada vez maior com ações na Bolsa de Valores. Ironicamente, Norman ajudara a convencer o ex-presidente a baixar a taxa de juros dois anos antes, alimentando a orgia especulativa que, naquele momento, perturbava o sistema. Thomas Lamont considerou Norman "o homem mais inteligente que ele já conhecera".

No entanto, o mercado acionário norte-americano, como aconteceria em 2008, desviara o dinheiro e o crédito da produção para especulação, emprestando a rodo a fim de saquear a economia em busca de lucros imensos.

Depois que os bancos ingleses e norte-americanos elevaram as taxas de juros, o crédito mundial encolheu rapidamente e os bancos norte-americanos, "muito grandes para quebrar", entraram em pânico. Os enormes bancos austríacos e alemães seguiram o exemplo.

O *crash* acabou com os empréstimos norte-americanos para a Alemanha. E a indústria alemã sofreu um colapso total no inverno de 1931-32. O desemprego subiu para mais de 30%, despejando milhões de jovens revoltados nas ruas. Os capitalistas e os políticos conservadores temiam um iminente golpe comunista e Hitler, o mais virulento anticomunista alemão, foi convidado pela classe dominante a participar do governo. Em janeiro de 1933, embora ainda representando um partido radical minoritário, Hitler tornou-se chanceler da Alemanha.

Em seus discursos incitantes, Hitler tocou bem fundo na alma de muitos alemães, prometendo-lhes algo que eles mal conseguiam lembrar: orgulho.

No entanto, a desordem acompanhou a ascensão de Hitler ao poder, quando o Reichstag, o parlamento nacional, pegou fogo misteriosamente. De imediato, Hitler culpou os comunistas e muitos foram enviados para campos de concentração.

Rapidamente, Hitler começou um programa maciço de rearmamento, que tornou público em 1935. E depois que Hjalmar Schacht se tornou seu ministro da Economia, Hitler recebeu créditos bancários vitais de Montagu Norman, que em 1934 disse a um sócio de Morgan: "Hitler e Schacht são os baluartes da civilização na Alemanha. Estão travando a guerra de nosso sistema de sociedade contra o comunismo."

Muitos banqueiros norte-americanos concordaram, confiando no amigo Schacht e esperando que Hitler quitasse ao menos uma parte das reparações e também esmagasse os comunistas alemães.

Os Estados Unidos também estavam numa crise profunda. O republicano Herbert Hoover se esforçava inutilmente para vencer a Grande Depressão.

Mais de vinte mil furiosos veteranos de guerra (alguns dizem até quarenta mil homens), conhecidos como o "Bonus Army" [exército do bônus], ocuparam Washington exigindo o pagamento antecipado dos bônus por atuação na guerra que só deveriam ser pagos no ano de 1945. Eles montaram acampamento em Anacostia Flats, em Washington, junto com suas mulheres e seus filhos, onde viviam dentro de uma disciplina militar, com paradas diárias e uma norma rígida que proibia o consumo de bebida alcoólica.

O general Smedley Butler apareceu para dar apoio moral. "Eu sei o que torna este país um lugar digno de viver!", ele disse aos veteranos. "São vocês, companheiros. Vejam, fico louco quando muitas pessoas se referem a vocês como 'vagabundos'. Por Deus, elas não chamavam vocês de vagabundos em 1917 e 1918. Acreditem em mim, essa é a maior demonstração de americanismo que já tivemos. Puro americanismo." Ele foi cercado por inúmeros veteranos que queriam lhe falar. Naquela manhã, até tarde, Butler ficou sentado com eles, nas tendas deles, escutando histórias de empregos perdidos, famílias angustiadas e antigos ferimentos em batalhas.

Após os manifestantes entrarem em choque com a polícia, o presidente Hoover ordenou que o general Douglas MacArthur restaurasse a ordem. Convencido de que o Bonus Army era a vanguarda de um golpe comunista, MacArthur, não pela única vez em sua célebre carreira, desobedeceu as ordens presidenciais e atacou os veteranos com tanques, baionetas e gás lacrimogêneo.

MacArthur, cujos auxiliares incluíam os futuros generais Dwight Eisenhower e George Patton, perseguiu os veteranos em fuga do outro lado do rio e incendiou o acampamento improvisado deles. Desde a Guerra da Secessão, foi a primeira vez que soldados norte-americanos atacaram intencionalmente e feriram outros soldados norte-americanos.

No entanto, no ano seguinte, quando o Bonus Army voltou a ocupar Washington, havia um novo presidente na Casa Branca que enviou a primeira-dama, Eleanor Roosevelt, para ajudar a servir aos veteranos três refeições quentes, com café, por dia. Um veterano comentou: "Hoover mandou o exército. Roosevelt mandou sua mulher." Alguns dias depois, o Bonus Army votou pela dissolução. O novo presidente pôs muitos dos veteranos para trabalhar no Civilian Conservation Corps.

Em março de 1933, em seu célebre discurso de posse, Franklin Delano Roosevelt reanimou o país com sua declaração de que "a única coisa que devemos temer é o próprio medo". Era a linha de assinatura de sua extraordinária vida. Na realidade, ele estava diante de um desastre. O desemprego permanecia em 25%. O produto nacional bruto tinha caído 50%. Os agricultores perderam 60% da renda. A produção industrial despencara mais de 50%. Entre 1930 e

Franklin Delano Roosevelt e Herbert Hoover a caminho do Capitólio para a posse de Roosevelt, em 4 de março de 1933. A posse gerou grande otimismo. Will Rogers comentou a respeito dos primeiros dias de Roosevelt: "Se ele incendiasse o Capitólio, aplaudiríamos e diríamos: 'Bem, pelo menos tivemos o fogo aceso'."

1932, 20% dos bancos norte-americanos faliram. Filas se formavam em todas as cidades para alimentação dos famintos. Os sem-teto vagavam pelas ruas e dormiam em imensas favelas conhecidas como *Hoovervilles*. Não havia redes de segurança para ajudar os desesperados. A miséria estava em toda parte.

Roosevelt uniu o povo em torno de uma mensagem de inclusão; o contrário da mensagem de Hitler. "A medida da recuperação reside no grau em que aplicamos valores sociais mais nobres que o mero lucro monetário."

Nesse sentido, Roosevelt exigiu a "supervisão rígida de todos os negócios bancários, créditos e investimentos" e o "fim da especulação com o dinheiro de outras pessoas". Ele proclamou o *New Deal* e embora pudesse ter estatizado os bancos sem quase nenhuma palavra de protesto, escolheu uma linha de ação muito mais conservadora. Decretou

Corrida ao banco, em fevereiro de 1933. Entre 1930 e 1932, um quinto dos bancos norte-americanos faliu. Na época da posse de Roosevelt, os negócios bancários estavam completamente parados ou bastante limitados por toda parte.

feriado bancário nacional de quatro dias, conferenciou com os principais banqueiros do país em seu primeiro dia na presidência e assinou o emergencial *Banking Act*, que foi redigido em grande medida pelos próprios banqueiros. Basicamente, o sistema bancário foi restabelecido sem mudanças radicais. E apesar de ser acusado de trair sua classe, Roosevelt, ironicamente, salvou o capitalismo dos próprios capitalistas.

Reconhecendo as falhas do capitalismo irrestrito, Roosevelt pôs em ação os poderes do governo federal. Em seus primeiros cem dias no poder, ele aprovou a legislação que criou a *Agricultural Adjustment Administration*, para salvar a agricultura; o *Civilian Conservation Corps*, para colocar jovens para trabalhar nas florestas e nos parques; a *Federal Emergency Relief Administration*, para fornecer ajuda federal aos estados; a *Public Works Administration*, para coordenar os projetos de obras públicas de grande porte; a *National Recovery Administration*

ACIMA: Uma equipe do Civilian Conservation Corps (CCC) em ação na floresta nacional de Boise, em Idaho.

ABAIXO: Carregadores da Public Works Administration (PWA) transportam tijolos para a construção de uma escola em New Jersey. A PWA e o CCC integravam o ambicioso plano de recuperação de Roosevelt, esquematizado durante seus primeiros cem dias na presidência.

(NRA), para promover a recuperação econômica; e também aprovou a lei *Glass-Steagall*, que separava os bancos de investimento e comerciais, e instituiu o seguro federal para os depósitos bancários.

Roosevelt também revogou a Lei Seca, afirmando: "Agora seria uma boa hora para beber uma cerveja."

Roosevelt reuniu uma equipe de visionários. Entre eles, incluíam-se Harry Hopkins, principal auxiliar de Roosevelt; Aubrey Williams, diretor da *National Youth Administration*; Rexford Tugwell, Adolf Berle e Harold Ickes, secretário do Interior. Também havia a formidável Frances Perkins, secretária do Trabalho, e primeira mulher da história nomeada para o ministério. Eles se tornaram conhecidos como os *New Dealers*.

Henry A. Wallace, jovem geneticista de Iowa, se tornou um dos seus principais luminares. Ele pertencia a uma família de fazendeiros republicanos que se dedicava à agricultura desde os dias da expansão das fronteiras agrícolas. Seu pai, Harry, fora secretário da Agricultura dos presidentes Warren Harding e Calvin Coolidge.

Roosevelt pediu para Wallace tomar as iniciativas que fossem necessárias para reparar o devastado setor rural do país. Suas soluções foram polêmicas: para interromper o excesso de produção, ele pagou aos fazendeiros para destruírem 25% das plantações de algodão. Também ordenou o abate de seis milhões de leitões. Embora garantisse a distribuição pelo Departamento de Agricultura da carne, da banha e do sabão resultantes dos leitões mortos para os norte-americanos carentes, fazendeiros furiosos o atacaram. Wallace usou o rádio para defender seu programa. Chamando-o de "Uma declaração de interdependência", ele expôs sua filosofia: "O impulso descontrolado de individualismo talvez tivesse justificativa econômica nos dias em que tínhamos todo o oeste para crescer e conquistar; mas agora o país se encheu e se desenvolveu. Não há mais índios a combater. Devemos indicar novos caminhos na direção de uma economia controlada, do bom senso e da decência social."

No fim, o plano de Wallace funcionou de maneira brilhante. O preço do algodão dobrou. A renda agrícola cresceu 65% de 1932 a 1936.

Os preços do milho, do trigo e do porco se estabilizaram. E os agricultores se tornaram apoiadores ferrenhos de Wallace.

Para um homem que passou anos aperfeiçoando uma classe de milho híbrido e que acreditava que uma oferta abundante de alimentos era fundamental para um mundo de paz, Wallace ficou horrorizado com a mensagem infeliz que essas políticas enviaram: "A destruição de quatro milhões de hectares de plantações de algodão e o abate de seis milhões de leitões em setembro de 1933 não foram atos de idealismo, em nenhuma sociedade saudável. Foram atos emergenciais, necessários por causa de uma falta quase insana de estadistas durante o período de 1920 a 1932."

O povo, que culpou os grandes negócios pela Depressão, recebeu Roosevelt com grande entusiasmo, esperando que ele conseguisse estimular uma recuperação. No entanto, ele era um enigma, comportando-se, às vezes, como um liberal de um governo forte, lançando um novo programa governamental após o outro, e, outras vezes, como um conservador preocupado com o equilíbrio fiscal. Alguns o consideravam um socialista, na tradição de Eugene Debs e Norman Thomas. Outros o viam como um fascista ou corporativista que apoiava a fusão do estado e do poder corporativo. Seu programa de recuperação industrial, o NRA, regulamentava a produção, a concorrência e os índices de salário mínimo, lembrando medidas do fascismo italiano.

Na realidade, Roosevelt era mais pragmático do que ideológico. Não obstante, era mal compreendido pelos grandes negócios. Opondo-se abertamente a Wall Street, também ganhou a inimizade eterna dos republicanos conservadores que atacaram sua política inflacionária, considerando-a inconstitucional. "Papel-moeda pintado", era como eles a chamavam. E pior ainda, com FDR, os Estados Unidos abandonaram o padrão-ouro. O presidente sacrificou o comércio exterior e seus lucros a fim de estimular a recuperação doméstica. Também adotou medidas para reduzir o exército de 140 mil homens.

Em 1934, o general reformado Smedley Butler tornou a entrar em cena, apresentando informações surpreendentes de atividades antiamericanas para um comitê especial do Congresso.

Butler acusou os oligarcas anti-Roosevelt, incluindo J. P. Morgan Jr. e a rica família Du Pont, de tentar recrutá-lo para liderar uma revolta de veteranos desesperados capaz de derrubar o presidente.

A imprensa rejeitou isso como o "Complô dos Empresários" — uma conspiração paranoica. Henry Luce, da revista *Time*, liderou a campanha. No entanto, após ouvir o testemunho, o comitê do Congresso, presidido por John McCormack, futuro presidente do Congresso, relatou que pôde verificar todas as afirmações pertinentes feitas pelo general Butler e concluiu que tentativas de estabelecer uma organização fascista nos Estados Unidos "foram discutidas, foram planejadas e, talvez, tivessem sido postas em execução quando e se os seus financiadores considerassem isso conveniente".

O comitê, estranhamente, decidiu não convocar muitos dos implicados para testemunhar, incluindo Al Smith, candidato presidencial derrotado em 1928; Thomas Lamont, do Morgan; o general Douglas MacArthur; diversos altos executivos corporativos; e, também, o ex-comandante da Legião Americana e o chefe da NRA. A perspectiva tumultuosa e assustadora de um golpe fascista foi popularizada em *It Can't Happen Here*, romance *best-seller* de Sinclair Lewis, ganhador do Prêmio Nobel de Literatura, que descreve uma série de acontecimentos semelhantes aos alegados por Butler.

E, tempos depois, uma trama semelhante emergiu num filme muito popular de Frank Capra, *Meet John Doe.*

Al Smith, que se tornou porta-voz da *American Liberty League*, organização de direita, criticou Roosevelt asperamente: "Só pode existir uma única capital, Washington ou Moscou. Pode existir apenas o ar limpo, puro e fresco da América livre ou o hálito fétido da Rússia comunista. Só pode existir uma única bandeira, a dos Estados Unidos ou a bandeira da ímpia União dos Soviéticos."

Apesar de a mídia ter sido capaz de reduzir a importância das audiências de Smedley Butler, a House of Morgan e os quatro irmãos Du Pont foram convocados a testemunhar em uma das audiências mais notáveis do Congresso na história norte-americana: aquela do comitê do Senado que investigou a indústria de munições, sob a condução de Gerald Nye, senador republicano-progressista de Dakota do

Gerald Nye, senador republicano por Dakota do Norte, conduziu as audiências sobre a indústria bélica norte-americana que revelaram as práticas nefandas e os enormes lucros das empresas norte-americanas na época da guerra. "Diariamente, o comitê escutou homens que se esforçavam para se defender de atos que os definiam como escroques internacionais, empenhados em obter lucros mediante um jogo de armar o mundo", ele afirmou. Entre os detalhes mais condenáveis apresentados nas audiências, destacou-se o de que a indústria bélica norte-americana estava rearmando a Alemanha nazista.

Norte. O alvo: locupletação com a guerra numa escala inimaginável e conluio com o inimigo alemão na Primeira Guerra Mundial.

Nye, percebendo que outra guerra estava chegando, apoiou a estatização da indústria bélica e impostos crescentes sobre rendas acima de dez mil dólares até 98% no dia em que uma guerra começasse. As investigações alcançaram seu ápice no início de 1936, quando a House of Morgan e outras firmas de Wall Street foram convocadas.

Era verdade que a House of Morgan e outras firmas haviam pressionado o governo norte-americano a entrar na guerra, a fim de reaverem as enormes somas que tinham emprestado aos Aliados? Morgan Jr., junto com Thomas Lamont e outros sócios, rejeitaram isso, considerando-a uma teoria fantástica e afirmando que não havia vantagem material na entrada dos Estados Unidos na Primeira Guerra Mundial pois as empresas norte-americanas já estavam prósperas por causa do suprimento aos Aliados.

Um senador cético perguntou aos banqueiros: "Vocês acham que a Grã-Bretanha teria pago suas dívidas se tivesse perdido a guerra?"

Um banqueiro respondeu: "Sim, mesmo se tivesse perdido a guerra teria pago". Mas devemos perguntar: uma Grã-Bretanha quebrada e falida teria realmente pago aquelas dívidas?

Embora Nye e seu comitê não conseguissem interromper a locupletação com a guerra, tiveram sucesso em educar o público e também suscitaram outra questão perturbadora, que continua a incomodar os historiadores: o que dizer acerca das contribuições das empresas norte-americanas para a revitalização econômica e militar da Alemanha?

A Segunda Guerra Mundial continua a ser um dos períodos mais heroicos da história e do mito norte-americanos. A moderna indústria midiática de livros, televisão, espetáculos e filmes, como *O resgate do soldado Ryan*, tem aclamado a contribuição norte-americana para derrotar o regime nazista de Hitler. No entanto, ignora, esquece ou negligencia o fato de que muitos empresários e cidadãos importantes norte-americanos — movidos pela cobiça, mas, às vezes, por simpatias fascistas — ajudaram conscientemente o Terceiro Reich.

A IBM, dirigida por Thomas Watson, adquirira uma participação majoritária na empresa alemã Dehomag, no início da década de 1920, e a manteve depois que os nazistas chegaram ao poder.

Em 1937, quando fez 75 anos, Watson aceitou a Grã-Cruz da Ordem da Águia Alemã, concedida a ele pela ajuda que a subsidiária alemã da IBM forneceu ao governo alemão na tabulação do seu censo, utilizando suas máquinas de cartões perfurados. Posteriormente, essa tecnologia se mostrou muito eficaz, entre outras coisa, em identificar judeus, e, ainda mais tarde, em ajudar a fazer os trens para Auschwitz trafegarem no horário.

Numa escala ainda maior, Alfred Sloan, da General Motors, mediante sua subsidiária alemã, a Adam Opel, construiu carros e veículos de transporte para o exército alemão. Sloan, na véspera da invasão da Polônia pelos alemães, afirmou que sua empresa era muito grande para ser afetada por uma "insignificante briga internacional".

A subsidiária alemã da Ford fabricou uma frota de veículos militares durante a guerra com o consentimento da matriz em Michigan. Anteriormente, o próprio Henry Ford publicou uma série de artigos e, depois, um livro intitulado *O judeu internacional: O primeiro problema do*

Edição alemã do livro *O judeu internacional*, de Henry Ford; uma coletânea de artigos antissemitas que foram bastante lidos pelos futuros líderes nazistas.

mundo. Hitler pendurou um retrato de Ford em seu escritório de Munique e declarou ao *Detroit News*, em 1931: "Tenho Heinrich Ford como minha inspiração."

Em 1939, quando a guerra começou na Europa, a Ford e a GM, apesar das negações subsequentes, recusaram-se a se desfazer de suas propriedades alemãs e até obedeceram pedidos do governo alemão para readaptar as fábricas para produção de guerra, embora resistindo a demandas similares do governo norte-americano.

Empresas como Ford, GM, Standard Oil, Alcoa, ITT, General Electric, Du Pont, Eastman Kodak, Westinghouse, Pratt & Whitney, Douglas Aircraft, United Fruit, Singer e International Harvester continuaram a fazer negócios com a Alemanha até 1941.

Embora os Estados Unidos declarassem ilegais muitas dessas atividades comerciais conforme a lei *Trading with the Enemy* [comércio com o inimigo], diversas corporações ainda recebiam licenças especiais para continuar suas operações na Alemanha. Os lucros se acumulavam em contas bancárias bloqueadas ao mesmo tempo que soldados norte-americanos morriam no campo de batalha.

Prescott Bush, pai do futuro presidente George H. W. Bush e avô de George W. e Jeb Bush, foi outro a lucrar com seus laços com empresas alemãs. Em 1942, cinco de suas contas bancárias foram confiscadas pelo governo norte-americano.

Em 1943, metade da mão de obra alemã era constituída de trabalho escravo, ou, como os nazistas os chamavam, "trabalhadores estrangeiros". Apesar da perda do controle direto, a Ford lucrou com essas pessoas, ganhando milhões de dólares de fundos sequestrados após a guerra.

A Ford também se beneficiou da sua aliança com a I. G. Farben, cartel químico que construiu a fábrica de borracha sintética em Auschwitz e que também fabricava o Zyklon B, o gás venenoso que matou milhões de pessoas. A Farben empregava 83 mil trabalhadores escravos de Auschwitz e detinha uma participação de 15% da subsidiária Ford-Werke.

As autoridades norte-americanas tomaram conhecimento dos campos de extermínio em agosto de 1942, mas a informação não foi tornada pública. Finalmente, no final de 1942, o rabino Stephen Wise quebrou o silêncio. A história foi publicada na página 10 do *The New York Times* e não muita coisa foi feita disso.

Depois da guerra, a IBM lutou para recuperar todos os seus lucros sequestrados e teve êxito. A Ford e a GM, além de reabsorverem suas subsidiária alemãs, tiveram a audácia de processar e ganhar indenizações por suas fábricas europeias destruídas ou danificadas nos bombardeios aéreos Aliados — até 33 milhões de dólares, no caso da GM.

Essas corporações tomaram medidas para ocultar seu envolvimento. Documentos foram queimados ou se perderam subitamente, sobretudo em áreas antes ocupadas pelos nazistas. O assunto da colaboração continua sendo um grande tabu. Para promover esses procedimentos, foram necessários bancos e escritórios de advocacia.

Um exemplo é o influente escritório de advocacia Sullivan and Cromwell, especializado em direito corporativo. Seu diretor-gerente, John Foster Dulles (futuro secretário de Estado), e seu irmão e sócio, Allen Dulles (futuro chefe da CIA), tinham como clientes muitas dessas poderosas instituições, incluindo o muito importante Banco de

Compensações Internacionais (BIS), que foi criado na Suíça em 1930 para canalizar as reparações da Primeira Guerra Mundial entre os Estados Unidos e a Alemanha.

Mesmo após a declaração de guerra, o banco continuou a oferecer serviços financeiros ao Terceiro Reich. A maior parte do ouro saqueado durante as conquistas nazistas da Europa acabaram nas caixas-fortes do BIS, o que permitiu aos nazistas acesso a dinheiro que normalmente teria sido bloqueado em contas correntes. Diversos nazistas e apoiadores estavam envolvidos em altos níveis, incluindo Hjalmar Schacht e Walther Funk, que acabaram no banco dos réus dos julgamentos de Nuremberg, ainda que Schacht tenha sido absolvido. O norte-americano Thomas McKittrick, advogado e presidente do banco, alegando a "neutralidade" suíça, conduziu esse processo.

Henry Morgenthau, secretário do Tesouro de Roosevelt, tentou em vão fechar o banco após a guerra, afirmando que o BIS atuara como agente dos nazistas. O Chase Bank continuou a trabalhar com a França de Vichy, estado-cliente e intermediário do Terceiro Reich. Seus depósitos dobraram durante os anos da guerra.

Em 1998, o Chase Bank foi processado pelos sobreviventes do Holocausto que afirmaram que o banco mantinha contas bloqueadas daquela época. O Morgan Bank, o Chase Bank, o Union Bank Corporation e o BIS foram os quatro principais bancos que tiveram sucesso em ofuscar suas colaborações com o regime nazista.

William Randolph Hearst, o magnata da imprensa, que se orgulhava de ter provocado a Guerra Hispano-Americana, ainda estava vivo e foi à Alemanha para se encontrar com Hitler, a quem admirava. Ao longo da década de 1930, seus jornais demonizaram a União Soviética, enquanto artigos consecutivos descreviam os nazistas sob uma óptica amigável.

Charles Lindbergh, um dos norte-americanos mais celebrados da década de 1920, considerado um herói, juntamente com Jack Dempsey, Babe Ruth e Charlie Chaplin, tornou-se o representante perfeito para o movimento *American First*.

Hitler acabara de esmagar a França, quando Lindbergh, temendo a derrota final da Alemanha, implorou aos norte-americanos: "A destruição de Hitler deixaria a Europa aberta ao estupro, à pilhagem e ao barbarismo das forças da Rússia soviética, causando, possivelmente, a ferida mortal da civilização ocidental."

Lindbergh ficou encantado com Hitler e quase se mudou para a Alemanha. Roosevelt desconfiou de uma realidade mais sombria do que simples pacifismo e comentou, em 1940: "Se eu morrer amanhã, quero que saibam que estou absolutamente convencido de que Lindbergh é um nazista."

A maioria dos norte-americanos abominava o fascismo e repudiou a visão direitista de Lindbergh, mas se lembrava dos horrores da Primeira Guerra Mundial e quis que os Estados Unidos ficassem de fora das guerras europeias.

Até o general Smedley Butler se uniu ao grupo dos isolacionistas, ainda que tivesse morrido em 1940, ou seja, antes da entrada dos Estados Unidos na guerra.

Do ponto de vista norte-americano, no cerne da Depressão da década de 1930, numa época de grande confusão moral, quando o mundo estava de cabeça para baixo e até um inconformista como Smedley Butler se tornara isolacionista, quando as empresas norte-americanas não tinham a confiança dos trabalhadores, havia uma luta global gigantesca e invisível acontecendo. Era basicamente entre a esquerda e a direita. Entre o comunismo, em um extremo, e o fascismo, no outro. Entre esses polos, os Estados Unidos eram um bebê gigante — um império nascente passando pelas dores do parto —, confuso, ansioso, assustado. O que o país se tornaria?

Em retrospecto, pode-se dizer que a não intervenção dos Estados Unidos na Guerra Civil Espanhola, que Roosevelt depois caracterizou como um "erro grave", definiu o rumo para uma neutralidade entorpecida entre o fascismo e o comunismo, o que confundiu seriamente o público norte-americano em relação aos passos a seguir.

Descrevemos a guinada para o fascismo, que acabaria na Segunda Guerra Mundial, mas a luta contra o comunismo continuaria a assombrar a imaginação norte-americana pelas décadas seguintes. Em 1931, quando o desemprego nos Estados Unidos se aproximou de 25%,

ACIMA: Passeata de desempregados, em Camden, New Jersey. Em 1934, ocorreram grandes greves em Toledo, Minneapolis, São Francisco e também uma greve nacional dos trabalhadores da indústria têxtil, quando estes se voltaram para grupos radicais em busca de liderança. Os *Unemployed Councils* [conselhos de desempregados] e as *Unemployed Leagues* [ligas de desempregados] absorveram trabalhadores desempregados para apoiar as greves, em vez de arrumar empregos como fura-greves.

ABAIXO: Meeiros despejados na Highway 60, no condado de New Madrid, no Missouri. Na Depressão, a adversidade econômica dos afro-americanos se exacerbou devido ao racismo e à discriminação.

norte-americanos desesperados procuraram os escritórios soviéticos nos Estados Unidos em busca de empregos.

Aos olhos dos pobres, havia essa grande esperança de que o mundo seria um lugar melhor. A combinação entre um Congresso inclinado à esquerda, uma massa progressista excitada e um presidente responsivo em Roosevelt tornou possível o maior período de experimentação social da história norte-americana. Ele pode ser visto nas obras apaixonadas de Dos Passos e Clifford Odets; nas fotos icônicas de Dorothea Lange; na mensagem instigante do filme *A mulher faz o homem*, escrito por Sidney Buchman, que era membro do Partido Comunista; na letra de *Over the Rainbow*, de Yip Harburg, e de *This Land Is Your Land*, de Woody Guthrie; e em um dos maiores romances daquele tempo, *As vinhas da ira*, de John Steinbeck, prêmio Nobel de Literatura, em que pode ser visto o otimismo sombrio do norte-americano comum.

Centenas de milhares de pessoas se filiaram ao Partido Comunista ou passaram pelos grupos de frentes populares entre os anos de 1935 e 1939, quando o partido pediu aos membros progressistas do Partido Democrata, incluindo Roosevelt, uma aliança com a União Soviética contra a agressão fascista.

Os comunistas não só lideraram a luta contra o fascismo como também forneceram os homens para construir os grandes sindicatos industriais do CIO — *Congress of Industrial Organizations* — e batalharam pelos direitos civis dos afro-americanos, muitas décadas antes do seu tempo. Para muitos, eles pareciam representar a consciência moral do país.

Entre os simpatizantes do comunismo incluíam-se alguns dos maiores escritores norte-americanos, tais como Sherwood Anderson, James Farrell, Richard Wright, Odets, Hughes, Hemingway, Dos Passos, Steinbeck e Lewis. O renomado escritor e crítico Edmund Wilson visitou a Rússia e afirmou que se sentiu como se estivesse "no topo moral do universo, onde a luz jamais se apaga". Em 1932, ele escreveu: "Os escritores e artistas da minha geração que cresceram na época dos grandes negócios e sempre se ressentiram do seu barbarismo... aqueles anos não foram deprimentes, mas estimulantes. Não podíamos deixar de nos sentir felizes com o súbito e inesperado colapso da fraude gigantesca e estúpida. Isso deu-nos uma nova noção de liberdade e nos deu uma nova noção do poder de nos encontrarmos ainda seguindo em frente, enquanto os banqueiros, para variar, estavam levando uma surra."

O comunismo era uma resposta para os Estados Unidos? A percepção popular da Rússia ainda era uma percepção ameaçadora.

Henry Wallace, símbolo do novo "capitalismo afetuoso" do *New Deal*, declarou-se admirador dos programas socais soviéticos que ofereciam sistema de saúde universal, educação pública e gratuita e moradia subsidiada para os cidadãos. Os adversários de Roosevelt, porém, estavam horrorizados. As coisas pioraram quando Wallace apareceu na capa da revista *Time*, em 1938, como sucessor lógico de Roosevelt. Wallace, como muitos norte-americanos, estava se concentrando mais nas realizações da União Soviética do que na brutalidade vergonhosa e ainda bastante encoberta da repressão Stálinista, que ele, tempos depois, descobriria e rejeitaria.

O que eles viam na URSS — União das Repúblicas Socialistas Soviéticas — era uma economia em grande expansão, controlada pelo Estado e de pleno emprego. Ela se baseava, começando em 1928, num plano quinquenal que envolvia o desenvolvimento de projetos importantes e de grande visibilidade — barragens, usinas siderúrgicas, canais —, por meio da aplicação de ciência e tecnologia. Havia muito tempo, os progressistas apoiavam esse tipo de planejamento inteligente, em vez da ética cruel do capitalismo, em que indivíduos tomam decisões com base na maximização do lucro individual.

No final da década de 1920, Josef Stálin, ex-sicário bolchevique, ganhara proeminência mediante um processo calculado de assassinatos e brutalidade. Alguns o chamavam de o "Czar Vermelho". Em outro século, Stálin teria simplesmente se declarado divino, como um rei se declararia, e governaria sem protestos. De fato, ele costumava se comportar mais como um czar tradicional, usando o comunismo como instrumento contundente para governar.

Na década de 1930, relatos controversos, cuja veracidade muitas vezes era posta em dúvida pelos norte-americanos progressistas, escapavam da URSS, falando sobre fome e inanição, julgamentos políticos e repressão, polícia secreta, prisões brutais e ortodoxia ideológica. Mais de treze milhões de pessoas foram mortas sob o regime despótico de Stálin. *Kulaks* — camponeses ricos, grandes proprietários de terras — eram massacrados ou privados de alimentos por resistir à coletivização forçada da agricultura. A religião foi reprimida. Diversos cientistas foram presos. Os chefes militares leais à Revolução Russa de 1917 foram expurgados em imensos julgamentos de fachada. Era um estado policial reacionário sem nada em comum com a visão de Karl Marx.

Stálin acreditava que o Ocidente acabaria se unindo para tentar subjugar a Rússia revolucionária, como fizera em 1918. No entanto, embora defendesse os interesses soviéticos no exterior, ele estava preocupado, principalmente, em manter o controle em casa. Sua guerra não era com o mundo, mas, sim, com o seu próprio povo.

Ao contrário de Hitler, que se devotava misticamente à sua ideologia nazista, o altamente paranoico Stálin era, em comparação, um aluno sofrível do comunismo pregado por Marx e Lênin e por seu inimigo implacável, Leon Trótski, a quem exilou, em 1929. Trótski achava que a União Soviética, com sua imensa classe camponesa e pequena base industrial, estava muita atrasada economicamente e não era capaz de se manter por si mesma, sobretudo quando cercada por potências hostis. Ele preconizou uma revolução permanente mundial para concretizar a visão de transformação bolchevique.

No entanto, a resposta de Stálin foi o "socialismo em um só país", e, com isso, ele queria dizer a URSS. E quando agentes de Stálin finalmente silenciaram o sincero e idealista Trótski de uma vez por todas com um golpe de picareta na cabeça, na Cidade do México, em 1940, poucas pessoas no Ocidente entenderam que esse assassinato significou de fato o fim, e não o começo — o fim de um movimento revolucionário rumo ao comunismo internacional.

Stálin, ao contrário de Trótski ou Lênin, não era um comunista de verdade, assim como Mao Tsé-Tung não seria na China. Em busca de seu objetivo nacionalista, Stálin, cercado por países capitalistas hostis e temendo aquela nova guerra com a Alemanha, firmou um pacto de não agressão com Hitler depois de tentar desesperadamente forjar uma aliança para deter o ditador alemão. Em retrospecto, foi Stálin quem teve razão a respeito da Alemanha, não os Estados Unidos. Ele tinha de se preparar para a guerra mais sangrenta da história.

O Ocidente não só retratou Stálin como um monstro, o que ele de fato era, mas também adicionou a impressão equivocada e fundamentalmente trágica de que a Rússia, em si, e as vítimas de Stálin, os quase duzentos milhões de habitantes da União Soviética, eram um monstro igualmente implacável, propenso a conquistar o mundo.

No entanto, os fatos revelam que, durante a década de 1930, eram os fascistas anticomunistas que estavam propagando a revolução mundial que tanto temíamos, não Stálin, que vinha transformando a Rússia num gigante industrial, com grande custo humano, para que o país pudesse enfrentar os nazistas por sua própria conta. E como resultado dessa confusão e suspeita se desenvolveu a base de um futuro mal-entendido, grave e penoso, entre o Ocidente, sobretudo os Estados Unidos, e a URSS, que resultaria, depois do fim da Segunda Guerra Mundial, na igualmente perigosa Guerra Fria.

Nas correntes cruzadas da década de 1930, os Estados Unidos oscilaram entre o isolacionismo e o compromisso, e entre a aversão e o medo da Rússia comunista e a amizade e a aliança com ela. No entanto, em seguida, a cortina do ódio e do medo desceu de novo.

Com a grande brutalidade e os horrores logo descobertos da Segunda Guerra Mundial, um novo pessimismo estava prestes a tomar conta da consciência humana. Com suas esperanças trituradas uma vez mais sob as botas do fascismo, da guerra e dos grandes negócios, o homem comum tinha de achar sua própria maneira caolha de sobreviver no reino dos cegos.

CAPÍTULO 3

OS MONTES SANGRE DE CRISTO são uma das paisagens mais remotas e mais primitivas dos Estados Unidos. Em 16 de julho de 1945, numa casa de fazenda isolada, os principais cientistas do mundo, muitos dos quais europeus, reuniam-se nervosamente no frio ar da alvorada. Próximo, na escuridão, algo pendia no alto de uma torre metálica: uma bomba.

Depois de três anos, eles estavam finalmente prontos para testá-la. O teste recebeu o codinome Trinity. A inspiração foi John Donne, o poeta favorito de Robert Oppenheimer. Um dos principais cientistas de sua geração, Oppenheimer adorava literatura e o deserto da região sudoeste dos Estados Unidos. Ele era um homem de paz que, por um acaso, teve de coordenar a criação da arma mais destrutiva de toda a história.

O general Leslie Groves, responsável pela construção do novo e gigantesco quartel-general do Departamento de Guerra, na Virgínia, conhecido como Pentágono, achava-se a poucos quilômetros de distância. Ele não gostava de depender de cientistas civis não confiáveis. Sua carreira estava em risco.

Nos últimos minutos, o silêncio geral prevaleceu quando a contagem regressiva começou... 10, 9, 8, 7, 6, 5, 4, 3, 2, 1. Às 5h29m45s da manhã, a bomba explodiu. A luz era mais brilhante que a do sol. Ao observar a explosão, Oppenheimer se lembrou de um verso de um livro sagrado hindu, o Bhagavad-Gita: "Agora, eu me tornei a morte, o destruidor dos mundos." Essa arma aterrorizante lançou os Estados

Unidos numa jornada que converteu o refúgio dos Pais Fundadores num estado militarizado.

Gerações de norte-americanos aprenderam que os Estados Unidos lançaram com relutância as bombas atômicas no final da Segunda Guerra Mundial para salvar a vida de centenas de milhares de homens prontos para morrer numa invasão do Japão. No entanto, a história é, na realidade, mais complicada, mais interessante e muito mais perturbadora.

Muitos norte-americanos recordam-se da Segunda Guerra Mundial de forma nostálgica como a "Guerra Justa", em que os Estados Unidos e seus aliados triunfaram sobre o nazismo alemão, o fascismo italiano e o militarismo japonês. Outros, não tão afortunados, lembram-se da Segunda Guerra Mundial como a guerra mais sangrenta da história.

O saldo de mortos ao fim da guerra foi de cerca de 65 milhões de pessoas, incluindo, segundo as estimativas, 27 milhões de soviéticos, de 10 a 20 milhões de chineses, 6 milhões de judeus, mais de 6 milhões de alemães, 3 milhões de poloneses não judeus, 2,5 milhões de japoneses e 1,5 milhão de iugoslavos. A Áustria, a Grã-Bretanha, a França, a Itália, a Hungria, a Romênia e os Estados Unidos computam, cada um, a perda de 250 mil a 500 mil vidas.

Diferentemente da Primeira Guerra Mundial, a Segunda Guerra Mundial começou de modo lento e incremental. Os disparos iniciais foram dados em 1931, quando o Japão, em rápida industrialização, enviou seu Exército de Guangdong para a Manchúria, esmagando as forças chinesas.

Na Europa, a Alemanha, sob as ordens de Adolf Hitler, procurando se vingar da sua derrota devastadora na Primeira Guerra Mundial, vinha construindo sua máquina de guerra.

Em outubro de 1935, Benito Mussolini, líder fascista italiano e aliado de Hitler, invadiu a Etiópia. No entanto, os Estados Unidos, a Grã-Bretanha e a França apenas protestaram timidamente. Como resultado, Hitler concluiu que os principais países ocidentais não tinham disposição para entrar em guerra.

Em março de 1936, as tropas alemãs ocuparam a zona desmilitarizada da Renânia. Foi a maior aposta de Hitler até então, e funcionou. "As 48 horas que se seguiram à invasão foram as mais exasperantes da

Em 1936, Hitler e Mussolini criaram o Eixo e iniciaram uma campanha de agressão na Etiópia e na Espanha. Inicialmente, as democracias ocidentais fizeram pouco para detê-los.

minha vida", ele afirmou. "Os recursos militares à nossa disposição teriam sido totalmente inadequados até mesmo para uma resistência moderada. Se a França tivesse invadido a Renânia, teríamos sido obrigados a bater em retirada com o rabo entre as pernas."

A débil reação internacional à Guerra Civil Espanhola foi até mesmo mais desanimadora. Em julho de 1936, a luta irrompeu depois que as forças do general Francisco Franco resolveram derrubar a república eleita e estabelecer um regime fascista. A república fizera inimigos entre os dirigentes políticos e líderes empresariais norte-americanos por causa de suas políticas progressistas e a regulamentação rígida das atividades empresariais.

Inúmeros católicos norte-americanos se uniram para apoiar Franco, assim como fizeram Hitler e Mussolini, e enviaram muita ajuda e milhares de soldados. Hitler forneceu sua temida Legião Condor da força aérea, cujo bombardeio de Guernica foi retratado por Pablo Picasso em seu famoso mural.

O líder soviético Josef Stálin enviou armas e conselheiros para ajudar os republicanos legalistas. No entanto, a França, a Inglaterra e os Estados Unidos não fizeram nada para ajudar. Os Estados Unidos, sob o governo de Franklin Delano Roosevelt, proibiram o envio de armas para os dois lados, o que enfraqueceu as forças governamentais. No entanto, Ford, General Motors, Firestone e outras empresas norte-americanas forneceram caminhões, pneus e máquinas operatrizes para os fascistas.

A Texaco Oil Company, dirigida por um pró-fascista, prometeu a Franco todo o petróleo que ele necessitasse a crédito. Roosevelt, furioso, ameaçou um embargo de petróleo e multou a Texaco. No entanto, a Texaco persistiu, não recuou e também forneceu petróleo para Hitler.

Os combates se arrastaram por três anos. Cerca de 2,8 mil corajosos norte-americanos foram para a Espanha lutar contra os fascistas, a maioria deles se unindo à Brigada Abraham Lincoln, apoiada pelos comunistas. Quase mil não voltaram.

No entanto, Franco triunfou e a república caiu na primavera de 1939, enterrando não só 100 mil soldados republicanos e 5 mil voluntários estrangeiros, mas também as esperanças e os sonhos dos progressistas de todo o mundo.

Em 1939, Roosevelt disse ao seu ministério que a sua política na Espanha fora um erro grave e advertiu que logo pagariam o preço. Mas aquela política convenceu Stálin de que as potências ocidentais não tinham interesse real numa ação coletiva para deter o avanço nazista.

Durante anos, o ditador da URSS — que ingressou para a Liga das Nações em 1934 — implorara ao Ocidente por uma união contra Hitler e Mussolini. No entanto, os apelos soviéticos foram repetidamente ignorados.

Então, em 1937, uma guerra total irrompeu na China, quando o poderoso exército japonês capturou cidade após cidade. Com as forças nacionalistas de Chiang Kai-shek batendo em retirada, os soldados japoneses brutalizaram os moradores de Nanquim, em dezembro de 1937, matando entre 200 e 300 mil civis e violentando dezenas de milhares de mulheres. Em pouco tempo, o Japão controlou a costa leste da China com sua população de 200 milhões de habitantes.

Em 1938, a situação internacional se deteriorou ainda mais com a anexação da Áustria pela Alemanha e a capitulação britânica e francesa a Hitler, em Munique, com o desmembramento da Tchecoslováquia e a entrega dos Sudetos para a Alemanha. Neville Chamberlain, primeiro-ministro britânico, declarou infamemente que o acordo trouxera a "paz para o nosso tempo".

Os Estados Unidos e seus aliados fizeram muito pouco para auxiliar a desesperada comunidade judaica-alemã, quando, no final de 1938, uma orgia de violência se desencadeou na Noite dos Cristais e a violação e o assassinato da antiga população judaica se agravou. Como na Europa, o envolvimento dos Estados Unidos foi modesto: o país admitiu somente cerca de duzentos mil judeus entre 1933 e 1945. Encorajado, Hitler voltou a atacar em março de 1939, quebrando sua promessa e invadindo o restante da Tchecoslováquia.

Stálin percebeu a verdade: seu país enfrentava sozinho seu inimigo mais mortal. Ele precisava ganhar tempo e, temendo uma aliança entre Alemanha e Polônia para atacar a URSS, surpreendeu o Ocidente quando assinou um pacto de não agressão com Hitler, dividindo a Europa Oriental entre eles.

A preocupação principal de Stálin era a segurança do seu país. De fato, o ditador soviético propusera a mesma aliança para a Grã-Bretanha e a França, mas nenhum dos dois aceitou a exigência de Stálin de deslocar tropas soviéticas para a Polônia como maneira de bloquear os alemães.

Menos de duas semanas após a assinatura do pacto, Hitler invadiu a Polônia pelo oeste. A Grã-Bretanha e a França, aliadas da Polônia, finalmente enfrentaram Hitler e declararam guerra. Duas semanas depois, em 17 de setembro, Stálin também invadiu a Polônia.

Pouco depois, os soviéticos reivindicaram controle sobre os países bálticos da Estônia, Letônia e Lituânia e invadiram a Finlândia. O mundo estava em guerra mais uma vez.

Numa rápida sucessão, o invencível Exército alemão conquistou a Dinamarca, a Noruega, a Holanda e a Bélgica. O outrora grande Exército francês, que fora dizimado na carnificina da Primeira Guerra Mundial, desmoronou em junho de 1940 após apenas seis semanas de luta. A maior parte de sua classe dominante, conservadora e antissemita até a medula, optou pela colaboração com os alemães. Naquele momento, Hitler dirigiu sua atenção para a Inglaterra e lançou um ataque aéreo pesado como precursor de uma invasão terrestre que implicava a travessia do Canal da Mancha.

No entanto, Winston Churchill, o novo líder britânico, reuniu o país em torno de si. E, no que pareceu um milagre, a força aérea britânica manteve a força aérea alemã acuada na histórica Batalha da Inglaterra. Churchill chamou isso de sua hora mais gloriosa. E, liderando os britânicos, Churchill se tornou uma lenda viva.

Embora a maioria dos norte-americanos quisesse que a Grã-Bretanha e a França ganhassem a guerra, de acordo com uma pesquisa de opinião realizada em outubro de 1939, 95% dos entrevistados responderam que os Estados Unidos deveriam ficar de fora da guerra, temendo que a Grã-Bretanha estivesse novamente, como em 1917, arrastando os Estados Unidos para uma guerra mundial inútil.

Na eleição de 1940, Roosevelt prometeu que "nenhum jovem americano iria participar de uma guerra estrangeira". No entanto, naquele momento, ele acreditou que Hitler estava decidido a dominar o mundo.

Apesar da legislação de neutralidade e da preparação militar em nível baixo, Roosevelt fez diversos movimentos corajosos. Contornando as regras, enviou, unilateralmente, cinquenta contratorpedeiros antigos para a Grã-Bretanha. E, para tirar o Japão da China, impôs embargos seletivos sobre o fluxo de matérias-primas vitais e decisivas para a máquina de guerra japonesa.

Em setembro de 1940, o Japão retaliou e firmou o Pacto Tripartite com a Alemanha, a Itália e outros países. Com as nuvens da guerra ficando cada vez mais negras, Roosevelt fez, naquele momento, seu movimento mais ousado até então. Quebrando o famoso precedente de George Washington, declarou que estava se candidatando a um terceiro mandato, em 1940.

Raramente os riscos eram tão altos numa eleição presidencial, e Roosevelt, naquele contexto, escolheu seu polêmico secretário de Agricultura, Henry A. Wallace, como companheiro de chapa. Wallace estivera no centro nervoso dos êxitos de Roosevelt em superar os perigos da Grande Depressão, aliviando a situação com subsídios governamentais para os agricultores ficarem no setor mediante cortes na produção. Para os pobres das cidades, Wallace fornecera auxílio-alimentação e merenda escolar. Instituiu programas para o planejamento do uso da terra e para a conservação do solo. Considerado o melhor aliado da comunidade científica, Wallace fez declarações enfáticas contra o desenvolvimento de falsas teorias raciais, em reprovação às políticas de Hitler na Alemanha.

Wallace citou o exemplo do botânico pioneiro George Washington Carver para contestar as hipóteses difundidas de hierarquia racial: "George Carver, nascido na escravidão, atualmente químico da Universidade de Tuskegee, especializado em botânica, introduziu-me aos mistérios da fertilização vegetal. Passei muitos anos melhorando milho geneticamente, pois esse cientista aprofundou minha compreensão das plantas de uma maneira que jamais vou esquecer. A capacidade superior não é exclusividade de uma raça ou de uma classe, desde que sejam dadas as oportunidades corretas aos homens."

Os chefes do Partido Democrata temiam as visões progressistas de Wallace e pareceu que sua indicação seria malsucedida, quando Roosevelt, furioso e frustrado, escreveu uma carta notável para os delegados, em que ele rejeitava categoricamente a indicação de candidato à presidência. Ele explicou: "O Partido Democrata fracassou quando ficou sob controle daqueles que pensam em termos de dólares, em vez de valores humanos. Se o Partido Democrata não se livrar de todas as algemas do controle postas nele pelas forças do conservadorismo, da reação e da conciliação, não continuará sua marcha para a vitória. O Partido Democrata não pode encarar as duas direções ao mesmo tempo. Portanto, declino da honra da indicação de candidato à presidência."

Sua mulher, Eleanor Roosevelt, interveio no momento exato. Primeira mulher de presidente da história a se dirigir a uma convenção partidária, ela disse aos delegados insatisfeitos: "Agora, estamos diante de uma situação grave."

Os caciques do partido cederam e aceitaram a indicação de Wallace para a chapa. No entanto, voltariam para a desforra.

Contudo, a crise em relação a Wallace jamais se encerrou. "Cacuts Jack" Garner, vice-presidente anterior, texano afável e expansivo, dissera: "Esse emprego não vale um balde de xixi quente."

Wallace não se abalou. Ele era um espiritualista, fascinado pela religião tribal Navajo. Estudou budismo e zoroastrismo. A cena de Washington com seus coquetéis e clubes exclusivos esfumaçados não combinavam com ele. Wallace não bebia nem fumava. Preferia jogar tênis e praticar boxe. Gostava de passar as noites lendo e lançando bumerangues às margens do Potomac.

Num sinal de grande confiança, Roosevelt nomeou Wallace presidente do *Supply Priorities and Allocations Board* e do *Board of Economic Warfare*, colocando-o, efetivamente, no comando da economia nacional. Wallace estava no ápice de sua influência em Washington.

O ano de 1941 seria de mudanças épicas. Hitler cumprira sua promessa ao povo alemão e revertera a vergonha da Primeira Guerra Mundial. Naquele momento, os alemães estavam em seu auge. Com gêneros alimentícios da França, Holanda, Dinamarca e Noruega, bens de luxo e indústrias em grande expansão, o Grande Reich Alemão do futuro dava a impressão de que poderia se tornar realidade.

No entanto, como a história demonstra repetidamente, a fraqueza fatal surge não de fora, mas de dentro. E Hitler, no apogeu de sua arrogância, atacou a União Soviética. O conceito de *lebensraum* — ou "espaço vital" — foi descrito primeiro por ele em *Minha luta*, sua autobiografia de 1925-26. Para Hitler, o futuro dos alemães estava no leste e o território precisaria ser tomado da URSS. E os judeus e os eslavos precisaram ser eliminados para dar espaço para a ascendente raça ariana alemã.

O choque entre alemães e eslavos na Europa Oriental remontava às Cruzadas do Báltico do século XIII, em que os cavaleiros alemães combateram os russos, e, tempos depois, intensificou-se com a ascensão dos estados-nações. Naquele momento, Hitler estava preparado para finalizar o trabalho, acreditando que os alemães racialmente puros estavam destinados a subjugar os eslavos decadentes e miscigenados.

A miscigenação, Hitler pensava, provocava o colapso da civilização. Ele testemunhara isso pessoalmente em seu país natal, na multinacional cidade de Viena antes da Primeira Guerra Mundial e, naquele momento, via isso também acontecendo na decadente Grã-Bretanha e nos Estados Unidos.

Como a Inglaterra não era mais uma ameaça séria a oeste, Hitler, naquele momento, achava-se pronto para correr atrás do maior prêmio de todos. Menos de dois anos depois de ter assinado o pacto de não agressão com Stálin, ele atacou a Rússia.

Hitler enviou três milhões de homens num movimento de *blitzkrieg* [guerra-relâmpago], cortando fundo o território soviético, ao longo de um *front* de 3,2 mil quilômetros, desde o Ártico até o Mar Negro. Rapidamente, os alemães destruíram dois terços da força aérea soviética. Com a perda adicional de tanques e artilharia, o esforço militar maciço pós-1939 de Stálin se mostrou inútil. Temendo que os britânicos estivessem plantando desinformações para incitar a guerra entre Alemanha e URSS, Stálin não acreditou nos informes do seu próprio serviço de inteligência sobre a iminência da invasão. Nos expurgos da década de 1930, Stálin assassinara ou aprisionara a maior parte do alto-comando soviético — cerca de 43 mil oficiais — por causa da sua suposta lealdade a Leon Trótski, criador do Exército Vermelho, cujo assassinato Stálin ordenara um ano antes, no exílio de Trótski na Cidade do México.

Stálin também era paranoico, e com razão, acerca da lealdade das populações locais soviéticas que ele maltratara nos anos anteriores à guerra.

Porém, Hitler, em vez de buscar uma aliança com essa população indócil, foi ainda mais cruel que Stálin em sua pretensão de aniquilar os soviéticos numa escala muito superior à de sua guerra no Ocidente ou até mesmo contra os judeus. No verão de 1941, a Ucrânia caiu e a batalha de Kiev, a principal cidade mais antiga da União Soviética, custou meio milhão de vidas soviéticas.

Os civis foram executados ou condenados ao trabalho escravo e a queda da Ucrânia resultou na perda do centro industrial soviético. O carvão, o aço, o gás e os minérios da União Soviética foram roubados pelos alemães, que se moviam rumo a Moscou, no outono de 1941. Os chefes militares norte-americanos e britânicos avaliaram que a URSS não aguentaria mais do que três meses e temiam que Stálin negociasse a paz em separado.

Observadores norte-americanos constataram a luta "heroica" tanto do Exército Vermelho como dos civis soviéticos para repelir os invasores nazistas. Em sentido horário, a partir do alto: um grupo de homens e mulheres de idade cavam uma armadilha para deter o avanço alemão para Moscou; um grupo de mulheres atormentadas em Kiev, na Ucrânia, reúne-se durante um ataque alemão; em um abrigo, em Kiev, crianças amedrontadas erguem os olhares durante uma incursão aérea alemã; soldados do Exército Vermelho, na União Soviética.

As perspectivas eram tão devastadoras que Churchill reprimiu sua repugnância de longa data em relação ao comunismo e prometeu apoio à União Soviética.

Stálin pediu que os britânicos fornecessem material militar e desembarcassem imediatamente na Europa para envolver Hitler num segundo *front*. Naquele momento, para o Ocidente, era crucial manter a União Soviética na guerra para absorver a investida principal da máquina de guerra nazista.

Em agosto, Roosevelt ordenou o envio dos primeiros cem aviões de caça para a URSS. No entanto, os chefes militares norte-americanos, decididos a construir as defesas norte-americanas, obstruíram as iniciativas de Roosevelt e os britânicos também impediram o desvio de seus suprimentos, o que reforçou a desconfiança de Stálin. Ainda existiam muitas pessoas no Ocidente felizes de ver a União Soviética finalmente de joelhos.

Em 1941, Harry Truman, senador do Missouri, declarou na tribuna do Senado: "Se a Alemanha estiver ganhando, devemos ajudar a Rússia, mas se a Rússia estiver ganhando, devemos ajudar a Alemanha, a fim de que o maior número possível de homens morra em ambos os lados."

Ignorando tal conselho, Roosevelt, em novembro de 1941, anunciou que os Estados Unidos ampliariam a ajuda aos soviéticos. Em março daquele ano, Roosevelt conseguira aprovar a *Lend-Lease Act* [lei de empréstimo e arrendamento de armas durante a Segunda Guerra Mundial] em um Congresso relutante. Então, ele enviou os primeiros sete bilhões de dólares que acabaram por se tornar 32 bilhões de dólares para a Grã-Bretanha. Os soviéticos, no fim, receberam onze bilhões de dólares.

Em agosto de 1941, Roosevelt se encontrou secretamente com Churchill, na Terra Nova. Um navio saiu da neblina e ancorou ao lado do *Augusta*. Era o *HMS Prince of Wales*. O primeiro-ministro viera exclusivamente para convencer Roosevelt a entrar na guerra naquele momento.

Elliott Roosevelt, um dos filhos de Franklin, que estava ali como adido militar, descreveu em seu livro *As He Saw It* um encontro noturno em que Churchill fez um apelo puro e simples: "É sua única chance. Você tem de entrar ao nosso lado."

Mais tarde, Elliott ajudou seu pai, apoiado em seu aparelho ortopédico, a se deslocar para sua cabine. O presidente disse a respeito de Churchill: "Um velho e verdadeiro Tory*, não? É o primeiro-ministro perfeito para o tempo de guerra. Seu único e grande trabalho é permitir que a Grã-Bretanha sobreviva a essa guerra. Mas Winston Churchill liderar a Inglaterra após a guerra? Jamais funcionaria."

"O Império Britânico está em risco", Roosevelt prosseguiu. "Trata-se de algo que não é sabido em geral, mas os banqueiros britânicos e os banqueiros alemães tiveram quase todo o comércio mundial sob seu controle por um longo tempo. Desde o início, devemos deixar claro aos britânicos que não pretendemos ser simplesmente um bom companheiro que pode ser usado para ajudar o Império Britânico a sair de um apuro e, depois, ser esquecido para sempre."

Roosevelt começou a esclarecer sua visão de um novo mundo: "Acredito que falo como presidente dos Estados Unidos quando digo que não ajudaremos a Inglaterra nessa guerra se for para eles continuarem a tratar com arrogância os povos coloniais."

No cerne da visão de Roosevelt estava a ideia de que a liberdade política significava a liberdade econômica; algo que estava em contraste agudo com o fundamento lógico do Império Britânico, que mantinha as colônias pobres e dependentes de Londres. O *New Deal* mundial de Roosevelt criaria um sistema de crédito financeiro que permitiria o desenvolvimento das colônias.

Roosevelt lembrou Churchill que a relação colonial dos Estados Unidos com as Filipinas terminaria em 1946 e recomendou que Churchill fizesse o mesmo em relação ao seu império, o que ofendeu muitas sensibilidades norte-americanas.

Churchill percebeu que havia limites para a generosidade de Roosevelt e que o preço da ajuda norte-americana seria o mundo após a paz.

* Tory é o nome do antigo partido de tendência conservadora do Reino Unido, que reunia a aristocracia britânica. (N. T.)

Churchill e Roosevelt a bordo do *Prince of Wales* durante a conferência da Carta do Atlântico, em agosto de 1941. A Carta abolia diversas práticas imperialistas e apregoava temas como governo autônomo e desarmamento. No entanto, receoso de que o palavreado de Roosevelt pudesse eliminar a esfera colonial britânica, Churchill adicionou a condição de que o acesso igual à riqueza internacional seria garantido somente "com o devido respeito às obrigações existentes".

Em seu Discurso sobre o Estado da União, em janeiro de 1941, Roosevelt articulou seu compromisso com as quatro liberdades que constituiriam os objetivos norte-americanos com respeito à guerra: liberdade de expressão, liberdade de culto, liberdade de viver sem passar necessidades e liberdade de viver sem medo. Naquele encontro com Churchill, em agosto, os dois líderes foram ainda mais longe, esboçando a Carta do Atlântico, incluindo oito "princípios comuns" que os dois países apoiariam no mundo do pós-guerra. Eram grandes esperanças, mas a Carta do Atlântico era um documento realmente visionário, que, posteriormente, tornou-se o manifesto norteador das Nações Unidas: uma declaração universal de um tipo raramente visto desde as revoluções francesa e russa sobre os direitos dos homens e das mulheres.

Receando o palavreado proposto por Roosevelt, Churchill adicionou uma cláusula estipulando que o acesso igual à riqueza internacional seria garantido "somente com o devido respeito às obrigações existentes". No entanto, como Elliott Roosevelt anotou: "Gradualmente, muito gradualmente, e muito calmamente, o manto da liderança ia escorregando dos ombros britânicos para os norte-americanos." No dia seguinte, o *Prince of Wales* partiu "de volta para as guerras" e os dois estadistas pegaram caminhos distintos, por enquanto. Mais tarde, Churchill revelou ao seu gabinete que Roosevelt entraria na guerra, mas não a declararia. Tudo devia ser feito para forçar um incidente.

Na ocasião, nenhum dos dois previu que aquele caminho para a guerra passaria pelo Japão, não pela Alemanha. O Japão evitara a guerra nazista contra seu antigo inimigo russo e, de fato, fora isolado pela aliança entre Hitler e Stálin de 1939. Em sua arrogância, Hitler, que considerava os japoneses racialmente inferiores, não fizera nenhuma tentativa de segredar seus planos de invasão da URSS ao Japão ou de oferecer algum novo território para obter o apoio dos japoneses no Extremo Oriente. Em retrospecto, isso teve enormes consequências para o destino do mundo. Se os japoneses tivessem entrado na guerra contra Stálin, é quase certo que a União Soviética teria sido esmagada.

No entanto, o Japão queria, como a Grã-Bretanha, a Alemanha e a Itália, um império colonial só seu, e, aproveitando-se tanto do vácuo criado pela conquista alemã da França e Holanda quanto da neutralização do poder britânico, ocupou a Indochina, em julho de 1941, em busca de recursos e bases militares. Os Estados Unidos, que naquele momento produziam metade da oferta mundial de petróleo, reagiram embargando completamente todo o comércio com o Japão, incluindo petróleo. Com os estoques se reduzindo rapidamente, o Japão decidiu proteger seu petróleo das Índias Orientais Holandesas, mas a frota norte-americana em Pearl Harbor podia interferir significativamente naqueles planos. Assim, os japoneses lançaram um ataque surpresa contra a base naval norte-americana em Pearl Harbor, no Havaí, deixando quase 2,5 mil mortos e destruindo a maior parte da frota norte-americana. Os norte-americanos sabiam que um ataque estava a caminho, mas a maioria achava que seria nas Filipinas.

A base naval norte-americana em Pearl Harbor durante o bombardeio japonês, em 7 de dezembro de 1941.

No dia seguinte, os Estados Unidos e a Grã-Bretanha declararam guerra ao Japão. Embora não tivesse sido consultado no tocante a Pearl Harbor por seus aliados japoneses, Hitler declarou guerra desnecessariamente aos Estados Unidos; um erro quase equivalente à invasão da União Soviética. Roosevelt podia declarar uma guerra popular ao Japão, mas, naquele momento, sentia-se aliviado do enorme peso de quebrar sua promessa ao eleitorado norte-americano. Finalmente, ele podia declarar guerra à Alemanha. Naquele momento, o caos era global.

A estratégia norte-americana era se fortalecer e avançar gradualmente no Pacífico, embora concentrando seu esforço principal contra os alemães. Derrotar o Japão, Roosevelt pensou, não derrotaria a Alemanha, mas a derrota alemã significaria a derrota japonesa.

E com os norte-americanos concentrados na Europa, a conquista japonesa prosseguiu desimpedida em grande medida. O Japão ocupou um sexto da superfície terrestre em apenas seis meses: Tailândia, Malásia, Java, Bornéu, Filipinas, Hong Kong, Indonésia, Myanmar. Os cidadãos desses países costumavam receber os japoneses como libertadores dos opressores coloniais europeus; um juízo que duraria pouco. O presidente Roosevelt afirmou privadamente: "Não pense nem por um minuto que os americanos estariam morrendo no Pacífico se não fosse pela cobiça míope dos franceses, britânicos e holandeses."

Em outro grande ataque contra a causa aliada, o Japão surpreendeu os britânicos em Cingapura, no início de 1942. Os britânicos tinham mais soldados defendendo Cingapura do que defendendo a própria Inglaterra. Oitenta mil soldados da Commonwealth — muitos deles australianos — foram feitos prisioneiros. No entanto, num sinal dos verdadeiros sentimentos dos povos colonizados, entre os 55 mil soldados da Índia britânica aprisionados pelos japoneses, 40 mil mudaram de lado, passando a lutar com os japoneses. Se os japoneses tivessem atacado o leste da Índia e coordenado isso com os avanços alemães no Oriente Médio, antes da invasão alemã da União Soviética, o Império Britânico teria ficado seriamente ameaçado na Índia. No entanto, o Japão e a Alemanha, em toda a guerra, nunca se comportaram como aliados próximos.

O Japão fracassou em dar o golpe final em Pearl Harbor e os Aliados começaram uma contraofensiva liderada pelo general Douglas MacArthur e o almirante Chester Nimitz. Em junho de 1942, as forças norte-americanas derrotaram a marinha japonesa em Midway e iniciaram uma estratégia de pular ilhas que continuaria por mais de três anos.

Os japoneses lutariam ferozmente, demostrando que a vitória viria a um alto custo para os soldados norte-americanos. Contudo, em 1943, os Estados Unidos estavam produzindo quase cem mil aviões por ano, tornando desprezíveis os setenta mil que o Japão produziu durante toda a guerra. No verão de 1944, os Estados Unidos tinham mobilizado quase cem porta-aviões no Pacífico; uma quantidade muito superior aos 25 do Japão.

Os avanços científicos dos Aliados se destacaram em todos os *fronts*. O desenvolvimento do radar e da espoleta de proximidade contribuíram para a vitória. No entanto, a bomba atômica mudaria o curso da história.

Em dezembro de 1938, dois físicos alemães surpreenderam o mundo científico dividindo o átomo do urânio e tornando o desenvolvimento das bombas atômicas uma possibilidade teórica. Nos Estados Unidos, os mais alarmados com esse desenvolvimento eram os cientistas que tinham escapado da Europa ocupada pelos nazistas, muitos deles judeus que temiam as consequências caso Hitler viesse a colocar as mãos sobre tal arma. Os cientistas emigrantes tentaram despertar o interesse das autoridades norte-americanas, mas não conseguiram.

Desesperado, em julho de 1939, Leo Szilárd pediu ajuda a Albert Einstein que concordou em escrever para o presidente Roosevelt incitando-o a autorizar um programa norte-americano de pesquisa de energia atômica. Tempos depois, Einstein afirmou: "Cometi um grande erro em minha vida. Foi quando assinei a carta ao presidente Roosevelt recomendando a construção de bombas atômicas."

Inicialmente, o projeto era pequeno, mas, em setembro de 1942, o "Projeto Manhattan" foi entregue às forças armadas. Os superiores do general Groves pediram-lhe para obter resultados. O vice-presidente Wallace, que monitorava os desenvolvimentos científicos de perto, tinha uma opinião negativa de Groves, considerando-o "levemente patológico", "antissemita", "inimigo de Roosevelt" e totalmente fascista. Surpreendentemente, para chefiar o laboratório de Los Alamos do projeto, o homem que Groves escolheu, Robert Oppenheimer, um esquerdista contumaz que admitiu ter sido membro de todas as organizações de fachada do Partido Comunista na costa oeste. Em certo momento, deu 10% do seu salário mensal para apoiar as forças republicanas espanholas.

Embora completamente opostos em temperamento, Groves, com a ajuda de Oppenheimer, reuniu um grupo fantástico de cientistas internacionais — incluindo Enrico Fermi e Leo Szilárd — que obtiveram a primeira reação em cadeia numa pilha atômica, construída numa quadra de *squash*, na Universidade de Chicago.

No deserto, os cientistas trabalhavam durante muitas horas, temendo uma vitória alemã de última hora na corrida atômica. No final de 1944, descobriu-se que a Alemanha tinha abandonado a pesquisa sobre a bomba em 1942, optando por mobilizar seus cientistas e recursos no desenvolvimento dos foguetes V1 e V2. No entanto, os cientistas norte-americanos prosseguiram.

No leste, a União Soviética estava à beira da catástrofe com os alemães ameaçando tomar Moscou. Em setembro de 1941, Stálin implorou para que os britânicos enviassem de 25 a 30 divisões para a Rússia e pressionou novamente por um segundo *front* no norte da França.

Em maio do ano seguinte, Roosevelt reconheceu que "os exércitos russos estavam matando mais homens e destruindo mais materiais do Eixo do que todas as outras 25 nações unidas juntas". Ele anunciou publicamente que os Estados Unidos abririam um segundo *front* na Europa no final de 1942 e George Marshall, chefe do estado-maior do exército, instruiu seu comandante na Europa, general Dwight Eisenhower, a traçar planos para uma invasão da Europa. Os soviéticos ficaram exultantes.

No entanto, Churchill enfrentava uma enorme crise na África do Norte: 30 mil soldados britânicos tinham acabado de se render de forma humilhante para uma força nazista com metade do tamanho. Temendo um massacre nas costas da França, Churchill disse que os britânicos não conseguiriam reunir navios suficientes para transportar forças de invasão através do Canal. Assim, convenceu Roosevelt a adiar o segundo *front* e, em vez disso, organizar uma invasão da África do Norte. Quando os Estados Unidos concordaram com essa estratégia, Eisenhower previu que esse seria o dia mais negro da história; ele afirmou previamente: "Não devemos nos esquecer de que o prêmio que buscamos é manter oito milhões de russos na guerra."

Para George Marshall, que considerou a invasão à África uma "bicada na periferia", parecia que os britânicos, ao contrário dos soviéticos, temiam enfrentar os alemães. As sombras da Primeira Guerra Mundial ainda se projetavam pesadamente sobre a imaginação do governo de Churchill.

Contudo, os britânicos tinham uma estratégia distinta. Contando com poderio naval e atacando o *front* meridional mais fraco de Hitler, na Itália, Churchill queria evitar o envolvimento direto com a máquina de guerra alemã. Em vez disso, ele desejava garantir a África do Norte e a região do Mediterrâneo ao redor de Gibraltar, e, em seguida, o Oriente Médio, a fim de se apossar das suas reservas de petróleo e também manter o acesso à Índia e ao resto do império oriental através do Canal de Suez.

A paranoia resultante dos soviéticos não podia ser subestimada. A Grã-Bretanha e a Rússia eram rivais desde o século XIX. Stálin desconfiava dos britânicos, mas também era cauteloso em relação aos norte-americanos por causa da intervenção deles contra os comunistas vinte anos antes, na Guerra Civil Russa.

Na ocasião, Churchill prometera "sufocar o bolchevismo no berço". E até seu pacto de não agressão com Hitler, Stálin temia que Churchill e o Império Britânico pudessem se aliar com a Alemanha nazista e lançar uma campanha contra a União Soviética.

No entanto, contra todas as probabilidades e para o espanto da maior parte do mundo, seria o próprio Exército Vermelho que reverteria o curso da guerra. Só um escritor como Tolstói seria capaz de descrever a resistência heroica dos homens e das mulheres soviéticos que tornariam isso possível. Na ocasião, poucos avaliaram seu significado, mas, como ocorrera a Napoleão no inverno de 1812, em Moscou, a máquina de guerra alemã foi detida pela primeira vez.

Como os japoneses tinham se deslocado para o sul, Stálin pôde trazer as quarenta divisões siberianas do marechal Gyorgi Zhukov de volta a Moscou. Zhukov fez a diferença. Naquele inverno, as perdas alemãs ficaram em torno de quatrocentos mil homens. Enquanto isso, em Leningrado, ex-São Petersburgo, os alemães sitiaram a cidade durante novecentos dias consecutivos, incluindo os invernos de 1941 e 1942. Em 1941, a população da cidade era de 2,5 milhões de habitantes. Um de cada três moradores morreria.

O bombardeio incessante, o frio, a fome, as sopas feitas de cola de papel de parede, ratos ou seres humanos — isso ocorreu num grau tão grande que jamais foi oficialmente admitido. O orgulho era tal que muitos civis se recusaram a abandonar a cidade quando tiveram a oportunidade. O compositor Dmitri Shostakovich compôs sua grande Sétima Sinfonia em homenagem a esse sacrifício.

A orquestra continuou a tocar durante o cerco, até a morte da maioria dos seus membros por fome. Os alemães nunca conquistaram Leningrado. As perdas soviéticas foram superiores a um milhão de pessoas.

A maior parte da coleção do famoso museu Hermitage foi enviada para os Montes Urais. Os soviéticos estavam salvando o que podiam. Muita coisa foi queimada para não cair nas mãos dos alemães.

Sem confiar que o Ocidente abrisse um segundo *front* ou enviasse mais ajuda, Stálin, naquele momento, começou a migração mais forçada da história, evacuando cerca de 10 milhões de pessoas a leste dos Montes Urais, para a Ásia Central e Sibéria, e para o sul, para o Casaquistão, para reconstruir a URSS numa segunda revolução industrial, que se igualou àquela das décadas de 1920 e 1930.

Para enfrentar a máquina de guerra alemã, quase duas mil novas fábricas foram construídas, além de moradias. A transferência da maior parte da economia soviética foi consumada em dois anos incríveis, e em 1943 a URSS estava à altura de qualquer potência industrial europeia, e, naquele momento, era capaz de produzir mais do que a própria Alemanha.

Quarenta mil tanques T-34 — superior aos Panzers alemães — foram fabricados. Cinquenta mil aviões Ilyushin, o famoso IL-2, eram superiores aos da Luftwaffe alemã. O aço, o trigo e os minérios perdidos na Ucrânia, em 1941, foram gradualmente repostos. Toda uma sociedade, constituída principalmente de mulheres e crianças, trabalhou em turnos de 12 a 18 horas para sobreviver. Tudo era para a Mãe Rússia.

O patriotismo do povo era extraordinário. Riquezas pessoais foram entregues para financiar a guerra: relíquias de família, joias, tudo. Toda uma sociedade que encarava a destruição por Hitler não tinha outra escolha senão lutar, até a última gota de sangue, por suas vidas e pelo seu país.

No final de 1942, apesar dos contratempos iniciais, os Estados Unidos estavam cumprindo o *Lend-Lease* [empréstimo-arrendamento], fornecendo quase duas milhões de toneladas de provisões: quatrocentos mil caminhões, 52 mil jipes, sete mil tanques, artilharia, veículos de combate, quinze mil aviões, dezoito mil canhões antiaéreos, oito mil vagões e alimentos.

Atrás das linhas alemãs, guerrilheiros russos, ucranianos e bielorrussos atacavam a partir de florestas e cavernas, explodindo trens,

Em 1941, obuses fabricados nos Estados Unidos prontos para transporte para a Grã-Bretanha como parte do programa *Lend-Lease*, para ajudar o esforço de guerra britânico. O *Lend-Lease* aprofundou o envolvimento norte-americano na guerra europeia, ultrajando os republicanos isolacionistas do Congresso.

interferindo com os transportes e, de qualquer forma possível, interferindo com a máquina de guerra alemã. Eles ocuparam até 10% das forças de ocupação alemãs. Os guerrilheiros tornaram-se fator indispensável para a vitória final das tropas soviéticas.

No entanto, as consequências foram devastadoras. Os alemães responderam com cada vez mais terrorismo, enforcando guerrilheiros e também pessoas inocentes. Ninguém sabe o número correto, mas as estimativas variam de 4 a 8 milhões de ucranianos mortos na guerra. E a Bielorrússia pode ter perdido um quarto de sua população — foram 2,5 milhões de mortos.

Cerca de duzentas cidades e nove mil vilarejos foram incendiados e reduzidos a cinzas. No mínimo, cem mil guerrilheiros foram mortos ou desapareceram.

Os generais de Hitler o advertiram de que, naquele momento, uma guerra de atrito mais longa era uma realidade. Aparentemente, os soviéticos eram capazes de suportar perdas imensas. Para Hitler, a

Cavalaria alemã deixa um vilarejo russo em chamas durante a Operação Barbarossa, ou seja, a invasão alemã maciça da União Soviética em junho de 1941.

única vitória estava não em exterminar os eslavos, mas em conseguir os recursos da União Soviética.

Assim, naquele momento, os alemães, sob o comando do general Friedrich Paulus, deslocaram-se para o sul, rumo ao porto de Baku, rico em petróleo. Os soviéticos, sob o comando do marechal Zhukov, estavam determinados a deter o invasor a todo custo. Sem petróleo, o exército soviético não seria capaz de lutar. A perda de Baku forçaria a rendição de Stálin.

Uma cidade barrava o acesso a Baku: Stalingrado. E, no inverno de 1942, o exército alemão finamente encontrou um exército capaz de derrotá-lo.

Na maior batalha isolada da história, os soviéticos perderam mais homens do que os britânicos ou norte-americanos em toda a guerra. Segundo as estimativas, quinhentos mil homens morreram. Os alemães perderam, no mínimo, duzentos mil dos seus melhores soldados, mas, provavelmente, perderam muitos mais. A quantidade de civis mortos é desconhecida. Os alemães conseguiram destruir Stalingrado, mas não foram capazes de conquistar a cidade. Sob ordens estritas de Stálin, qualquer um que se retirasse ou se rendesse deveria ser tratado como traidor e sua família ficaria sujeita à prisão. Era sua temida política de "nenhum passo atrás". Em Stalingrado, mais de treze mil soldados soviéticos foram vítimas de fogo amigo. Durante a guerra, 135 mil foram mortos dessa maneira. Quatrocentos mil homens serviram em batalhões punitivos. Naquele ano, ainda existiam quatro milhões de prisioneiros nos *gulags*. No entanto, com motivos que variavam do patriotismo ao terror, os soldados soviéticos, com suas costas para o rio Volga, lutaram de rua em rua, naquele inverno dos mais cruéis. Em janeiro de 1943, a batalha finalmente se encerrou quando o general Paulus se rendeu com o restante do Sexto Exército alemão. Ele começou com trezentos mil homens e 91 mil se renderam naquele momento, dos quais, cerca de nove mil voltaram vivos para a Alemanha depois da guerra. Consta que Hitler lamentou: "O deus da guerra passou para o outro lado."

E, naquele momento, com seus recursos entrando em operação — novos aviões, novas peças de artilharia —, os soviéticos assumiram a ofensiva. Em Kursk, a maior batalha de tanques da história, voltaram a derrotar os alemães — setenta mil alemães morreram e, entre os soviéticos, algumas vezes esse número. Depois dessa colossal derrota, o exército alemão começou uma retirada total do *front* oriental.

Naqueles anos decisivos, os soviéticos regularmente combateram mais de duzentas divisões alemãs. Em contraste, os norte-americanos e os britânicos, lutando no Mediterrâneo, raramente confrontaram mais do que dez divisões alemãs. A Alemanha perdeu mais de seis milhões de homens na luta contra os soviéticos e cerca de um milhão lutando no *front* ocidental.

Ainda que subsista o mito de que os Estados Unidos venceram a Segunda Guerra Mundial, importantes historiadores concordam que foi a União Soviética e toda a sua sociedade, incluindo Josef Stálin, seu brutal ditador, que, por meio do absoluto desespero e do heroísmo incrivelmente estoico, forjaram a grande narrativa da Segunda Guerra Mundial: a derrota da monstruosa máquina de guerra alemã.

CAPÍTULO 4

EM JANEIRO DE 1943, poucos dias antes da rendição final alemã em Stalingrado, Roosevelt e Churchill se reuniram em Casablanca, no Marrocos Francês. Stálin não estava presente. Ele chamara seus embaixadores de Londres e Washington. A aliança estava em crise. O Exército Vermelho se deslocava para o oeste contra os alemães. A dinâmica mudara.

No entanto, o apreço pelo sacrifício soviético estava finalmente crescendo nos Estados Unidos. Mesmo Henry Luce, magnata da mídia e fervoroso anticomunista, em 1942, elegeu Stálin o "Homem do Ano" da revista *Time*, elogiando sua industrialização e afirmando: "Os métodos de Stálin foram duros, mas vingaram." A *Life*, outra revista de Luce, retratou a União Soviética como um quase Estados Unidos, e seus cidadãos como "um povo notável, que, num grau incrível, parece-se com os americanos, veste-se como os americanos e pensa como os americanos". Sua implacável polícia secreta foi até descrita como uma polícia federal semelhante ao FBI.

Roosevelt percebeu que tinha de agir para evitar o risco de quebrar a aliança. Ele e Churchill temiam que Stálin pudesse chegar a um acordo com Hitler para salvar a União Soviética de uma maior destruição. Afinal de contas, Stálin já fizera isso antes. No entanto, em diversas questões, Roosevelt concordava com Stálin. Os dois queriam uma Alemanha enfraquecida e agrária depois da guerra, sem indústrias. O militarismo alemão fora a causa daquela agitação na Europa. "Temos de castrar o povo alemão", Roosevelt preveniu, "ou vamos ter de tratá-los de uma maneira que não possam continuar reproduzindo gente que queira continuar seguindo o caminho do passado".

Em Casablanca, Roosevelt apresentou uma política de "rendição incondicional". Ele quis enviar uma mensagem a Stálin de que os Estados Unidos não descansariam até a Alemanha de Hitler ter sido destruída.

"Rendição incondicional" era uma declaração de guerra não só aos governos inimigos mas também ao povo alemão e japonês, que, de modo involuntário, levaria ao bombardeio das populações civis, endureceria a resistência daquelas populações e resultaria na decisão mais polêmica da guerra: o lançamento da bomba atômica no Japão.

Em retrospecto, podemos afirmar que a declaração de "rendição incondicional" foi um dos maiores erros de Roosevelt. Para piorar as coisas, em Casablanca, Roosevelt e Churchill confirmaram a decisão dos Aliados de desembarcar na Sicília após a África do Norte, adiando novamente o segundo *front* na Europa e relegando seus países à maior irrelevância na definição do resultado da guerra. Isso conduziria à desastrosa campanha italiana de 1943 a 1945, que provocou uma pequena, mas brutal, carnificina das tropas aliadas na Sicília e matanças como a cabeça de ponte em Anzio e as quatro batalhas por Monte Cassino que causaram poucos danos aos nazistas.

Com os Aliados atolados na Itália e os soviéticos cada vez mais desconfiados das intenções britânicas, Roosevelt e Stálin se encontraram dez meses depois de Casablanca pela primeira vez em Teerã, no Irã, em novembro de 1943.

Após tentar em vão excluir Churchill do encontro, Roosevelt aceitou a oferta de Stálin de ficar na embaixada soviética. No entanto, Roosevelt encontrou Stálin frio e arredio nos três primeiros dias do encontro e receou que não teria êxito. Então, no quarto dia, quando Roosevelt implicou com Churchill na frente de Stálin por causa do seu britanismo e dos seus charutos, Churchill, de acordo com Roosevelt, corou e fez cara feia, e, quanto mais ele fazia isso, mais Stálin sorria. Até que, finalmente, Stálin irrompeu numa gargalhada franca e exuberante, à custa de Churchill, e, em pouco tempo, Roosevelt estava chamando o ditador

Ecoando os norte-americanos de todo o país, 25 mil pessoas se reuniram na Union Square, em Nova Iorque, em 24 de setembro de 1942, para exigir que os Estados Unidos abrissem um segundo *front* na Europa Ocidental, para aliviar parte da tremenda pressão sobre a Rússia em sua luta contra a Alemanha.

soviético de "Tio Joe". O gelo fora quebrado e Roosevelt sentiu que ele e Stálin estavam falando como homens e irmãos.

Roosevelt reiterou ao líder soviético que abriria o segundo *front*, adiado por longo tempo, na primavera seguinte. Churchill foi forçado a se comprometer, mas ainda afirmou que o desembarque deveria ser realizado pelo oeste, através dos Bálcãs, deslocando os soviéticos avançados. Corretamente, Roosevelt avaliou as preocupações britânicas: "O primeiro-ministro está pensando muito sobre o pós-guerra e onde a Inglaterra estará. Ele temia deixar os russos ficarem muito fortes."

Claramente Roosevelt indicou que permitiria aos soviéticos latitude considerável em moldar o futuro da Europa Oriental e dos estados bálticos, pedindo apenas que Stálin implantasse as mudanças de maneira prudente, sem ofender a opinião pública mundial. Roosevelt escrevera uma nota pessoal para Stálin, prometendo que "os Estados

Unidos jamais dariam seu apoio a nenhum governo provisório na Polônia que fosse hostil aos interesses soviéticos".

Crucialmente, Roosevelt conseguiu um avanço importante quando obteve a concordância de Stálin de entrar na guerra contra o Japão depois da conclusão da guerra contra a Alemanha. Exausto, Roosevelt escreveu a respeito da conferência de Teerã: "Fizemos um grande progresso."

A guerra soviética continuou com uma campanha sangrenta na Bielorrússia e, depois, com a entrada na Polônia — antiga inimiga de fronteira da Rússia —, em janeiro de 1944. A retomada da Polônia e, especialmente, de Varsóvia, é uma história trágica e sangrenta. Poucos povos sofreram tanto quanto os poloneses naquela longa guerra. Seis milhões de poloneses foram mortos, dentre eles três milhões de judeus. No entanto, a URSS também pagou um preço bastante alto para libertar a Polônia: a morte de seiscentos mil soviéticos. Ali, em 1944, os primeiros campos de extermínio foram encontrados pelas tropas soviéticas, o que revelou, inquestionavelmente, ao mundo as imagens da verdadeira insanidade do regime hitlerista.

Sem demora, os soviéticos instalaram um governo amigável em Lublin que tomou medidas enérgicas contra a oposição, desencadeando uma guerra civil. Aquele governo excluiu os representantes ferozmente anticomunistas do governo polonês no exílio que fora estabelecido em Londres. Os ocidentais os consideravam como democratas, mas Stálin disse que eram terroristas; descendentes dos Russos Brancos que lutaram contra a revolução na Guerra Civil Russa entre 1919-22.

Com bastante experiência em relação à tática terrorista, Stálin, a fim de prevalecer contra os odiados poloneses anticomunistas de Londres, cometeu duas atrocidades: matou milhares de oficiais do exército polonês na floresta de Katyn, em 1940, e, depois, em 1944, ordenou que o Exército Vermelho esperasse fora da capital polonesa enquanto os alemães esmagavam o levante dos cidadãos de Varsóvia. Para os defensores dos soviéticos, como o Exército Vermelho estava exausto depois de um cansativo avanço de 45 dias e setecentos quilômetros contra as tenazes tropas alemãs, indo além de suas linhas de suprimento e comunicação, ele precisava de um descanso.

As diferenças em relação à Polônia se tornariam o maior motivo individual de desconfiança entre os Estados Unidos, a Grã-Bretanha e a União Soviética durante e após a guerra. No entanto, para sermos justos, muitos ocidentais não entendiam que o antissemitismo era algo comum havia muito tempo entre parcela significativa dos católicos poloneses e que, para Stálin, a Polônia era uma questão de vida ou morte para a União Soviética, pois o território polonês era o corredor através do qual os odiados alemães tinham passado duas vezes rumo à Rússia no século XX. Por esses motivos, Stálin exigiu e impôs um governo amigável na sua fronteira. Para ele, era o equivalente àquilo que teria sido para os Estados Unidos se regimes hostis tivessem se instalado no Canadá ou no México.

Entre 1944 e 1945, os soviéticos continuaram a avançar, tomando a Romênia, a Bulgária, a Hungria, a Tchecoslováquia e, com a ajuda significativa dos guerrilheiros, a Iugoslávia. Quilômetro a quilômetro, através da Europa Oriental e dos Bálcãs, os alemães lutaram até o último homem. As cidades se tornaram praças fortificadas e foram reduzidas a escombros. Varsóvia, Budapeste, Viena: segundo as estimativas, um milhão de soldados soviéticos perderam a vida para libertar essas cidades.

E, enquanto os soviéticos avançavam rumo a Berlim de diversas direções, pelo oeste, em 6 de junho de 1944, o segundo *front*, longamente adiado, abriu-se finalmente, um ano e meio depois do prometido por Roosevelt a Stálin.

Era a maior frota que o mundo já vira, envolvendo onze mil aviões e cerca de quatro mil navios. Mais de cem mil soldados aliados e trinta mil veículos desembarcaram nas praias francesas da Normandia. Segundo as estimativas, três mil homens morreram naquele desembarque.

Naquele momento, as forças aliadas se aproximavam da Alemanha pelo leste e pelo oeste. A vitória era inevitável.

Um mês depois, em julho de 1944, um acontecimento crucial para o futuro do mundo tomava forma. A convenção do Partido Democrata se abriu em Chicago. Apesar de sua saúde claramente debilitada,

Roosevelt assegurou sem dificuldade a indicação para um inédito quarto mandato. Henry Wallace, seu vice-presidente, era, provavelmente, o segundo homem mais popular dos Estados Unidos; a escolha do povo para ser o companheiro de chapa de Roosevelt. No entanto, Wallace angariara diversos inimigos ao longo dos anos. Em maio de 1942, Wallace fizera seu aclamado discurso "*Century of the Common Man*" [Século do Homem Comum], em que ele desafiou a visão de Henry Luce, magnata da mídia, em relação à dominação global norte-americana, e disse: "Alguns falaram do Século Americano. Afirmo que o século que estamos adentrando, o século em que sairemos dessa guerra, pode ser e deve ser o Século do Homem Comum... Nem as forças armadas nem o imperialismo econômico devem existir. A marcha da liberdade dos últimos 150 anos foi uma grande revolução do povo. Houve a Revolução Americana... a Revolução Francesa... as revoluções latino-americanas... a Revolução Russa... Todas falaram em nome do homem comum. Algumas se excederam, mas as pessoas forçaram seu caminho para a luz."

Wallace clamou por uma revolução popular mundial e pelo fim do colonialismo. Seu discurso foi recebido com frieza do outro lado do Atlântico. Churchill encarregou seus agentes secretos nos Estados Unidos de espionar Wallace. Era evidente que Wallace detestava o Império Britânico. Wallace descreveu um encontro com Churchill: "Sem meias palavras, afirmei que achava que a ideia da superioridade anglo-saxã, inerente na postura de Churchill, era ofensiva para muita gente... Churchill, que havia bebido muito uísque, disse que não devíamos nos desculpar pela superioridade anglo-saxã, afirmou que éramos superiores, que tínhamos a herança comum que dera certo ao longo dos séculos na Inglaterra e que fora aperfeiçoada pela nossa constituição."

O ódio de Wallace pelo imperialismo era bem conhecido e amplamente aclamado. Em março de 1943, Roosevelt o enviou para a América Latina numa viagem de boa vontade, encarregando-o secretamente de recrutar os países para a causa dos Aliados. Na Costa Rica, 65 mil pessoas o saudaram, ou seja, 15% da população. Mais de um milhão de pessoas o aplaudiram durante seu deslocamento pelas ruas de Santiago, no Chile.

O vice-presidente voltou do giro latino-americano com doze países declarando guerra contra a Alemanha. Era mais do que qualquer um imaginara possível.

Nos Estados Unidos, numa pesquisa de opinião, Wallace foi a escolha de 57% dos eleitores democratas para suceder Roosevelt. No entanto, a oposição a ele no interior do partido era enorme.

Wallace se envolveu numa discussão sobre política econômica com Jesse Jones, aliado de um grupo poderoso de caciques do Partido Democrata, liderado por Edwin Pauley, tesoureiro do partido e milionário do petróleo, que admitiu ter entrado na política ao perceber que era mais barato eleger um novo Congresso do que comprar o antigo. Unidos em seu ódio por Wallace, seu adepto era um homem conhecido por muitos como "presidente-assistente". James Byrnes fora criado na política da quente Carolina do Sul, ambiente em que a superioridade branca e a segregação prevaleciam sobre todas as outras questões. Ele foi a força por trás do bloqueio da lei federal antilinchamento de 1938. Após adquirir renome destruindo sindicatos dos trabalhadores no sul, Byrnes tornou-se um poderoso senador. Se alguém quisesse algo do Congresso, tinha de passar por Jimmy Byrnes.

Em 1943, o humor em Washington tinha mudado. Não era mais o *New Deal* e Roosevelt retirou Wallace do *Bureau of Economic Warfare* e o colocou no comando do novo *Office of War Mobilization*. No entanto, Wallace ainda tinha um apoiador poderoso: o trabalhador norte-americano.

Atualmente, poucos se lembram de que, apesar das promessas de não realização de greves por parte dos sindicatos, a Segunda Guerra Mundial testemunhou uma grande quantidade de greves. Só em 1944, um milhão de trabalhadores esteve em greve em um momento ou outro. A guerra rejuvenesceu o capitalismo norte-americano. Os lucros empresariais subiram de 6,4 bilhões de dólares, em 1940, para 10,8 bilhões, em 1944. Em suma, a guerra foi um bom negócio. No entanto, a despeito dos lucros empresariais, os salários dos trabalhadores estavam congelados, o que gerou grande descontentamento e uma onda de greves que abalou o país.

Detroit era a cidade chave no "arsenal de democracia" de Roosevelt. Muitas famílias afro-americanas migraram para o norte, em busca de trabalho nas fábricas de armamentos. Em pouco tempo, as tensões raciais se intensificaram. Um manifestante zombou: "Preferiria ver Hitler e Hiroito ganhando a guerra do que trabalhar ao lado de um preto na linha de montagem."

Em junho, a violência explodiu, exacerbada pela força policial quase toda branca da cidade. As tropas federais chegaram para restaurar a ordem com munição de verdade. 34 manifestantes morreram nos tumultos, sendo 25 deles negros.

Wallace foi a Detroit para avaliar os danos e ficou estarrecido. "Não podemos lutar para esmagar a brutalidade nazista no exterior e tolerar tumultos raciais em casa", afirmou.

Anos depois, esse comentário seria ecoado por Martin Luther King Jr., líder dos direitos civis, em referência à Guerra do Vietnã.

Em 1944, os poderosos líderes sindicais Sidney Hillman e Phil Murray, manifestando plena confiança em Wallace, começaram a sentir aversão pelos novos homens que assumiam o poder em Washington, como Byrnes. No entanto, as forças anti-Wallace disseram ao presidente que indicar novamente Wallace como vice-presidente dividiria o partido. O presidente não respondeu ao ultimato, protelando sua decisão.

Eleanor Roosevelt lembrou ao marido que Wallace estivera ao lado dele desde o início, como companheiro visionário. No entanto, a atitude do presidente em relação a Wallace permaneceu enigmática, o que estimulou os caciques conservadores a continuar sua campanha.

Roosevelt enviou Wallace para avaliar o *front* esquecido da guerra: a China. Chiang Kai-shek, aliado norte-americano, lutava contra o Japão desde o início da década de 1930, e, junto com sua mulher, a poderosa madame Chiang, educada nos Estados Unidos, tinha fortes laços com os conservadores norte-americanos.

Wallace, porém, viu o crescente poder do exército comunista de Mao Tsé-Tung e estava incerto em relação ao futuro de Chiang. Seu relatório final, considerado muito polêmico, foi suprimido.

Em seu regresso, Wallace foi convocado imediatamente para um encontro com o presidente. A chapa eleitoral seria o assunto da discussão. Era o momento que Wallace temia. Wallace recorda: "Pelo visto, o afeto do presidente por mim se manteve inalterado, pois me lembro de Roosevelt me puxando para perto de si e dizendo ao pé do meu ouvido: 'Henry, espero que sejamos o mesmo e antigo time'."

Quando a convenção começou, Wallace esperava por aquele apoio. No entanto, cada vez mais fraco e doente e, portanto, dependente dos caciques para dirigir sua campanha, Roosevelt, permanecendo em San Diego, só enviou uma nota, que dizia: "Se eu fosse delegado dessa convenção, votaria em Henry Wallace."

Apesar dessas palavras, esse foi um golpe cruel. O presidente não se dispunha a lutar por seu vice-presidente.

Contudo, Wallace permaneceu favorito. Os sindicatos dos trabalhadores disseram ao presidente que o fura-greves Jimmy Byrnes era inaceitável. Ele estava fora da disputa. Desesperados, os caciques partidários, liderados por Edwin Pauley, Robert Hannegan, Ed Flynn, Ed Kelley e outros, precisaram de um substituto no último momento. E eles escolheram Harry Truman, senador do Missouri, homem de qualificações limitadas, mas com poucos inimigos.

Graduado do ensino médio, Truman se envolveu em três negócios fracassados. Serviu com honras na Primeira Guerra Mundial. Seu negócio mais ambicioso, uma loja de armarinhos, faliu em 1922, e em 1933 ele escreveu: "Amanhã farei 49 anos, mas, por todo o bem que fiz, quarenta poderiam muito bem ser esquecidos."

Um ano depois, Tom Pendergast, cacique político de Kansas City, depois da rejeição de suas quatro primeiras opções, escolheu Truman, de cinquenta anos, para concorrer ao Senado. Quando um jornalista lhe perguntou sobre sua motivação, Pendergast respondeu: "Quis demonstrar que uma máquina bem azeitada consegue enviar um *office boy* ao Senado."

Marginalizado pela maioria dos senadores, que o desprezavam, considerando-o "senador de Pendergast", e sem conseguir ganhar o apoio de Roosevelt em sua tentativa de se reeleger, Truman trabalhou duro para ganhar respeitabilidade em seu segundo mandato como senador.

No entanto, uma pesquisa de opinião no dia de abertura da convenção de 1944 mostrou que 65% dos convencionais apoiavam Wallace como vice-presidente. Jimmy Byrnes tinha 3% dos votos e Truman vinha em oitavo lugar, com 2%. Quando Wallace chegou à convenção, os líderes dos trabalhadores Hillman e Murray tinham discursado. Os simpatizantes de Wallace estavam ali aos milhares. Murray, num pronunciado sotaque escocês, gritou para seus homens: "Wallace, é isso aí! Continuem gritando!"

Wallace apoiou a indicação de Roosevelt. Audaciosamente, ele declarou: "O futuro deve trazer salários iguais para trabalhos iguais, independentemente de sexo ou raça." Ele era constantemente interrompido por aplausos. Um canto de "Queremos Wallace!" encheu o salão. Alguém se apoderou do aparelho de som e tocou a música da campanha de Wallace com seu refrão: "*Iowa, Iowa, that's where the tall corn grows!*" [Iowa, Iowa, é onde o milho alto cresce!].

Furioso, Ed Pauley ameaçou cortar o som.

Claude Pepper, senador da Flórida, percebeu que se colocasse o nome de Wallace em votação naquela noite a vitória dele seria certa. Pepper atravessou a multidão para pegar o microfone. Ao ver isso, os caciques exigiram que Samuel Jackson, presidente da convenção, adiasse imediatamente a sessão. Aquele caos era um risco de incêndio, gritaram. Sem saber o que fazer, Jackson convocou a votação pelo adiamento. Alguns poucos disseram "sim", mas a grande maioria gritou "não". Entretanto, Jackson teve a ousadia de anunciar que o adiamento fora aprovado.

Foi escandaloso. A confusão tomou conta do salão. Pepper alcançara o primeiro degrau do palco, ficando a apenas um metro e meio — provavelmente, nove segundos — do microfone, antes que os caciques forçassem o adiamento contra a vontade dos delegados. Se ele tivesse indicado Wallace naquele momento, não há dúvida de que Henry Wallace teria sido escolhido vice-presidente de forma esmagadora. "O que entendi foi que, para o bem ou para o mal, a história virou de pernas para o ar naquela noite em Chicago", Pepper escreveu. No dia seguinte, Samuel Jackson pediu desculpas a Pepper que revelou em sua autobiografia o que Jackson disse: "Hannegan me instruiu a não deixar a convenção indicar o vice-presidente na noite passada."

Hillman e Murray reuniram os mesmos grupos de convencionais e retornaram no dia seguinte para assegurar a vitória. No entanto, durante aquela noite, Edwin Pauley e as forças anti-Wallace se uniram em torno de Harry Truman. Acordos foram desfeitos. Ofereceram-se cargos em embaixadas e diretorias de agências de correios, bem como subornos. Os caciques ligaram para todos os presidentes estaduais do partido, dizendo-lhes que Roosevelt queria o senador do Missouri como seu companheiro de chapa.

Bob Hannegan conseguiu lançar 16 candidatos de última hora para tirar votos de Wallace, e, depois, canalizou aqueles votos para Truman.

Ainda assim, no dia seguinte, quando a votação começou, as coisas começaram a pender para o lado de Wallace de novo. Quando a primeira rodada terminou, Wallace alcançou 429 votos contra 319 para Truman. Então, uma segunda rodada foi preparada, e, naquele momento, os acordos realizados pelos caciques entraram em ação.

Jackson anunciou que a segunda votação começaria imediatamente e, portanto, nenhuma nova chapa eleitoral seria considerada. A polícia de Edward Kelly, prefeito de Chicago, impediu a entrada de milhares de simpatizantes de Wallace no salão. Mas aqueles no interior do recinto começaram a cantar como antes, tentando abafar as deliberações.

Wallace começou a segunda votação firmemente na liderança, mas aos poucos perdeu terreno para Truman, quando os candidatos lançados por Hannegan cederam seus votos para Truman, um por um. Truman venceu. Era o fim. Jefferson Smith, personagem de Jimmy Stewart em *A mulher faz o homem*, belo filme de 1939, ao perceber que fora derrotado pelos políticos corruptos de Washington, chamou isso de "outra causa perdida".

No entanto, desprovido do final hollywoodiano que Frank Capra inseriu contra as objeções do roteirista Sidney Buchman, Henry Wallace aceitou a derrota e garantiu sua lealdade à chapa Roosevelt/

Truman. Ante a insistência de Roosevelt, ele concordou em permanecer no governo como secretário de Comércio.

Atualmente, sepultados pela narrativa tradicional da Segunda Guerra Mundial, os acontecimentos da convenção democrata de 1944 foram esquecidos em grande medida. Eles, porém, mudariam o curso da história. Naquele momento, o homem que talvez tivesse sido presidente podia só observar a distância o desdobramento dos acontecimentos.

Naquele ano decisivo, existiam outros acordos acontecendo nos bastidores. Desconfiando do otimismo de Roosevelt em relação à Europa, Churchill, em outubro de 1944, viajou para Moscou para um encontro privado com Stálin. Com base na experiência prévia do isolacionismo norte-americano após a Primeira Guerra Mundial, nenhum dos dois líderes acreditava seriamente que as tropas norte-americanas permaneceriam na Europa depois da guerra. Portanto, para Churchill, era fundamental sustentar a posição britânica da forma mais sólida possível.

Num pedaço de papel, Churchill propôs a parcela de influência que cada país exerceria na Europa do pós-guerra. A URSS ficaria com 90% da Romênia e 75% da Hungria e Bulgária. A Iugoslávia seria dividida meio a meio, mas a Grã-Bretanha ficaria com 90% da Grécia. A Grécia era vital para a posição britânica no Mediterrâneo, perto do Egito e do estratégico Canal de Suez, através do qual passava o comércio que mantinha vivo o império, da África Oriental, do Oriente Médio, do Oriente Próximo, do coração do seu império — Índia, a joia da coroa — e do Extremo Oriente, onde Cingapura era novamente britânica.

Embora Churchill quisesse uma Polônia não comunista, a Polônia ficou fora da agenda, pois Churchill estava mais preocupado com a proteção do poder britânico. Stálin pegou o papel, fez uma grande marca de aprovação com uma caneta azul e o devolveu para Churchill. Então, Churchill comentou: "Não seria considerado um tanto cínico se desse a impressão que descartamos milhões de pessoas dessas questões tão decisivas de uma maneira tão improvisada? Vamos queimar o papel."

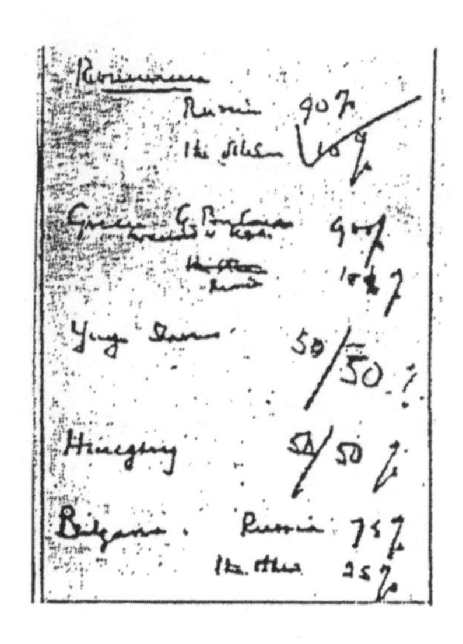

Em outubro de 1944, numa reunião secreta em Moscou, Churchill e Stálin, nesse pedaço de papel, esboçaram um acordo referente às esferas de influência britânica e soviética na Europa do pós-guerra.

No entanto, Stálin encorajou Churchill a guardar aquele histórico pedaço de papel, que Churchill chamou de "documento impróprio".

Era exatamente o tipo de acordo secreto que Roosevelt pretendera impedir. Ele desconfiava das maquinações britânicas. Em 1944, numa entrevista coletiva, ele se referiu desta forma à Gâmbia Britânica, na África Ocidental, que visitara no ano anterior: "É a coisa mais horrível que já vi na minha vida. Os nativos estão cinco mil anos atrás de nós... Os britânicos estão ali há duzentos anos. Para cada dólar que investiram em Gâmbia, tiraram dez. É exploração pura e simples daquele povo."

Repetidas vezes, Roosevelt falou acerca de um sistema de administração no pós-guerra que prepararia as colônias para a independência. Uma dessas seria a Indochina, que, para ele, não devia ser devolvida à França depois da guerra, como Churchill e Charles De Gaulle, líder francês exilado, exigiam. Em 1944, Roosevelt disse a Cordell Hull, seu secretário de Estado, que a "França mantém a Indochina — trinta milhões de habitantes — há quase cem anos e o povo está pior do que estava no início".

No final de 1944, Churchill disse a Anthony Eden, seu vice-líder: "Não devemos deixar que nos trapaceiem ou nos seduzam com declarações que afetam a soberania britânica em possessões ou colônias...

'Não ponha as mãos no Império Britânico' é nossa máxima e não deve ser afrouxada ou desonrada para agradar mercadores sentimentais em casa ou estrangeiros de qualquer matiz."

Churchill enviou tropas britânicas para Atenas para reprimir os guerrilheiros esquerdistas e comunistas que tinham liderado a resistência subterrânea contra os nazistas e que, naquele momento, lutavam pelo poder contra forças reacionárias que queriam restaurar a monarquia. Os gregos não pretendiam trocar os nazistas pelo velho rei. Lutas de rua irromperam na capital grega. Churchill ordenou aos seus homens que tratassem Atenas como uma cidade conquistada. O general britânico Ronald MacKenzie pediu bombardeios de mergulho. Stálin, por sua vez, recusou-se a apoiar os guerrilheiros, cumprindo seu acordo com Churchill. Roosevelt lamentou as ações britânicas: "Grécia. Tropas britânicas. Lutando contra as guerrilhas que combateram os nazistas nos últimos quatro anos. Como os britânicos ousam fazer algo desse tipo? Até onde irão para se agarrar ao passado?"

Com a proximidade da vitória na Europa, Roosevelt, Stálin e Churchill reuniram-se pela segunda e última vez em Ialta, no Mar Negro, no começo de fevereiro. A União Soviética se preocupava com sua segurança. A Grã-Bretanha estava preservando seu império. Os Estados Unidos queriam a ajuda soviética para pôr fim à guerra no Pacífico, o apoio em favor de uma economia mundial aberta para o comércio e o investimento norte-americano e a concordância na criação das Nações Unidas, para preservar a nova paz.

Os médicos de Roosevelt pediram-lhe que não fosse a Ialta. O presidente ficava mais fraco a cada dia, mas seu enorme espírito o mantinha na ativa. "Foi uma guerra global. E já começamos a torná-la uma paz global", ele disse.

Havia pouco tempo a perder. E embora não concordassem plenamente em relação à Alemanha, os Três Grandes concordaram com o completo desarmamento, desmilitarização e desmembramento da Alemanha. Dividiriam o país conquistado em quatro zonas militares, com uma delas controlada pela França.

Os Estados Unidos ainda tinham uma carta importante na manga: a assistência econômica do pós-guerra para ajudar os soviéticos a

Em fevereiro de 1945, os Três Grandes em Ialta, onde superaram sérias diferenças sobre o futuro da Polônia e do resto da Europa, para alcançar diversos acordos, despertando otimismo nos Estados Unidos e na União Soviética.

reconstruir seu país destruído. Uma comissão de reparação foi criada com base num valor projetado de 20 bilhões de dólares, sendo metade para a União Soviética. Esse era o incentivo.

A Polônia foi o foco de sete das oito sessões de Ialta. No fim, os três líderes chegaram a um acordo sobre um Governo Provisório Polonês de Unidade Nacional, que era reconhecidamente vago, destinado a incluir líderes democráticos de fora da Polônia.

William Leahy, chefe do estado-maior da marinha, veterano da Guerra Hispano-Americana e da Primeira Guerra Mundial, advertiu Roosevelt: "Esse acordo é tão elástico que os russos podem esticar de Ialta a Washington sem tecnicamente rompê-lo." Roosevelt concordou: "Eu sei, Bill. Eu sei disso. Mas é o melhor que posso fazer pela Polônia neste momento."

Na realidade, os Estados Unidos e a Grã-Bretanha tinham perdido influência pelo fato de só terem aberto o segundo *front* muito tarde. Assim, no fim, em Ialta, Roosevelt não fez concessões de algo que Stálin já não tivesse. Por outro lado, Stálin não teve pressa em instituir mudanças revolucionárias, se é que planejava fazer isso. Como no caso da Grécia, ele reconheceu que os comunistas, embora tivessem desempenhado papel importante nos movimentos de resistência antinazistas, representavam um elemento minoritário na maioria dos países libertados. Stálin, que jamais compartilhou o zelo de Trótski pelo comunismo internacional, certa vez comentou que o comunismo combinava com a Polônia como uma sela combina com uma vaca.

Esses conflitos, principalmente em relação à Polônia, acabariam destruindo a aliança. No entanto, de maneira importante para Roosevelt, Stálin comprometeu-se a se unir à guerra contra o Japão três meses após o fim da guerra na Europa. Ainda restavam cerca de 2 milhões de soldados japoneses na China. Sem a ajuda soviética, a guerra poderia se arrastar indefinidamente. Em troca, Roosevelt obteve um acordo secreto com Stálin, de início sem o conhecimento de Churchill, que prometia estímulos territoriais e econômicos pela entrada da URSS na guerra contra o Japão.

Adicionalmente, os Três Grandes alcançaram alguns acordos sobre as Nações Unidas, estabelecendo-se uma reunião para abril de 1945, num sistema de curadoria para lidar com os territórios coloniais libertados. Restaram muitas ambiguidades em relação aos impérios britânico e francês na Indochina, África e Ásia.

As novidades de Ialta provocaram um tipo de otimismo que não fora visto por décadas. O ex-presidente Herbert Hoover considerou a conferência uma "grande esperança para o mundo". William Shirer, correspondente de guerra da rede CBS, que mais tarde escreveu o famoso *best-seller Ascensão e queda do Terceiro Reich*, declarou: "É um marco na história da humanidade." Roosevelt retornou em triunfo. Dirigindo-se ao Congresso pela primeira vez sem se apoiar em seus aparelhos ortopédicos, pediu a aceitação dos resultados "como o início de uma estrutura permanente de paz, sobre a qual podemos começar a construir, com a ajuda de Deus, um mundo melhor em que nossos filhos e netos, seus e meus, as crianças e os netos de todo o mundo, devem e podem viver".

Para Franklin Delano Roosevelt, foi uma conclusão notável para uma vida notável. O acordo de Ialta seria polêmico para sempre e Roosevelt seria atacado injustamente por capitular a Stálin. E, nas semanas seguintes, os desacordos com os soviéticos emergiriam a respeito da Polônia e de outras questões. No entanto, Roosevelt nunca perdeu a esperança e, em seu último telegrama para Churchill, escreveu: "Eu minimizaria os problemas soviéticos o máximo possível, pois esses problemas, de uma forma ou de outra, parecem surgir todos os dias, e a maior parte deles são resolvidos."

Roosevelt realmente acreditava que viveria para impor a paz. No entanto, menos de dois meses depois, após 12 anos no poder, seu coração imenso finalmente falhou e ele morreu de derrame cerebral. Presidente com o mandato mais longo da história norte-americana, Roosevelt governou o país em seus tempos mais difíceis: a Grande Depressão e a Segunda Guerra Mundial. Sem ele, a paz do pós-guerra, que foi alcançada em Ialta entre os impérios britânico, norte-americano e soviético, não podia ser mantida.

Entre esses gigantes, o novo presidente norte-americano era uma sombra do seu predecessor e ele admitia isso abertamente.

No seu primeiro dia no cargo, um grupo de jornalistas perguntou como o trabalho estava indo e Truman respondeu: "Rapazes, se vocês rezam, rezem por mim agora. Não sei se já sentiram um monte de feno caindo sobre vocês, mas quando me disseram ontem o que aconteceu, senti como se a lua, as estrelas e todos os planetas tivessem despencado sobre mim. Peguei o emprego mais terrivelmente responsável que um homem já teve."

Quando um jornalista gritou "Boa sorte, senhor presidente", Truman respondeu: "Quem dera você não tivesse me chamado assim." Não se tratava de falsa humildade da parte de Truman. Ele fora vice-presidente por apenas 82 dias e conversara com Roosevelt apenas duas vezes. Mas nem Roosevelt, nem nenhuma outra pessoa, se preocuparam em informar o pouco conceituado vice-presidente que os Estados Unidos estavam construindo a mais poderosa arma da história.

Na Casa Branca, Harry S. Truman fazendo o juramento para o cargo de presidente depois da morte de Roosevelt. O novo presidente estava escandalosamente despreparado para o momento.

Em 15 de abril, Truman e Wallace, que naquele momento era secretário do Comércio, se encontraram no trem fúnebre, na Union Station, em Washington. Havia outro homem com eles: Jimmy Byrnes, antigo mentor de Truman dos seus dias de Senado, que protegera o homem de Missouri numa época em que a maioria dos senadores o evitava, considerando-o garoto de recados de Pendergast.

Impressionado com o fato de Byrnes ter acompanhado Roosevelt a Ialta, embora descobrisse depois que Byrnes tinha deixado a conferência cedo sem presenciar as discussões mais importantes, Truman passou a confiar sobretudo nos conselhos de Byrnes. Ele apresentou a Truman o primeiro relato acerca da bomba atômica que descreveu como "um explosivo grande o bastante para destruir todo o mundo", que "poderia nos colocar numa posição de ditar nossas próprias condições no fim da guerra". Byrnes não especificou exatamente a quem os Estados Unidos ditariam aquelas condições.

Ao que se constatou, esse foi um momento decisivo da história mundial e muita coisa foi esquecida, mas vale a pena rever:

No funeral de Roosevelt, Truman com James Byrnes (à esquerda) e Henry Wallace. Byrnes, que foi mentor de Truman como senador, tornou-se o conselheiro mais próximo do novo presidente em política exterior. Posteriormente, ajudaria a convencer Truman a afastar Wallace do seu ministério.

Em 13 de abril, seu primeiro dia completo como presidente, o primeiro a ver Truman foi o secretário de Estado Edward Stettinius. O ex--presidente do conselho da U.S. Steel exercera pouca influência sobre Roosevelt. Mas, para Truman, Stettinius pintou um quadro de fraude e perfídia soviética, afirmando que Churchill sentiu isso de maneira ainda mais intensa e que não perdeu tempo em confirmar esse ponto de vista em telegramas e numa visita apressada a Washington de Anthony Eden, seu ministro das Relações Exteriores.

Lorde Halifax, embaixador britânico nos Estados Unidos, avaliou Truman, afirmando que o novo presidente era "uma mediocridade honesta e diligente... um amador bem-intencionado", cercado por amigos da "importância do palácio de governo do Missouri".

Naquela tarde, Truman se encontrou com Jimmy Byrnes. Admitindo sua abjeta ignorância, implorou para que Byrnes lhe contasse tudo "de Teerã a Ialta" e "tudo o mais sob o sol". Com prazer, Byrnes aceitou a incumbência. Numa série de encontros, Byrnes reforçou a mensagem de Stettinius de que os soviéticos estavam violando os acordos de Ialta, encorajando Truman a ser, acima de tudo, inflexível com eles. Truman deixou clara sua intenção de nomear Byrnes secretário de Estado depois que Stettinius conseguisse fazer decolar as Nações Unidas.

Nessa atmosfera, Averill Harriman, embaixador norte-americano na União Soviética, depois de vir às pressas de Moscou, advertiu que os Estados Unidos vinham enfrentando uma "invasão bárbara da Europa" e instou Truman a se manter firme e dizer a Molotov, ministro das Relações Exteriores soviético, que estava a caminho de Washington, que "não toleraria nenhuma intimidação quanto à questão polonesa". Assim que os russos adquiriam o controle sobre um país, Harriman afirmou, a polícia secreta chegava e eliminava a liberdade de expressão. No entanto, ele esclareceu que os soviéticos não arriscariam um rompimento com os Estados Unidos, pois precisavam desesperadamente da ajuda para a reconstrução do pós-guerra que Roosevelt lhes prometera.

Truman disfarçou com jactância e bravata seu limitado entendimento das questões, dizendo a Harriman que não esperava conseguir 100% do que queria dos russos, mas que esperava conseguir 85%.

É importante notar que muitos dos críticos mais vociferantes da União Soviética eram de classe social semelhante e tinham aversão profunda a qualquer coisa que lembrasse socialismo. Harriman era filho de um magnata de ferrovias que fundara o banco Brown Brothers Harriman. James Forrestal ganhara uma fortuna em Wall Street. Stettinius fora presidente do conselho da maior empresa do país. Eles estavam ligados a banqueiros internacionais muito ricos, advogados de Wall Street e Washington e executivos de corporações que tinham geralmente herdado ou ganho fortunas nos anos entre as duas guerras mundiais.

Esses homens moldariam a política norte-americana do pós-guerra, incluindo Dean Acheson, Robert Lovett, John McCloy, John Foster, Allen Dulles, Nelson Rockefeller, Paul Nitze e Charles Wilson, presidente da General Electric, que, como diretor do *War Production Board* [conselho de produção de guerra], dissera que os Estados Unidos precisavam de uma "economia de guerra permanente". Embora eles tivessem trabalhado para Roosevelt, exerceram pouca influência sobre ele.

Em oposição a esse ponto de vista antagônico em relação aos soviéticos, estavam os veteranos: o secretário da Guerra Henry Stimson, o chefe do estado-maior do exército general George Marshall e o ex-vice-presidente Henry Wallace. Novamente, o almirante William Leahy notou a elasticidade do acordo de Ialta e a dificuldade de alegar má-fé conforme aquela base. De fato, após Ialta, ele afirmou que teria ficado surpreso se os soviéticos se comportassem de maneira diferente.

Marshall, eleito "Homem do Ano" pela revista *Time* em 1943, sustentava que uma ruptura com os soviéticos seria desastrosa porque os Estados Unidos dependiam deles para ajudar a derrotar os japoneses. Henry Stimson, secretário de Guerra conservador que lutara contra os índios Ute no século XIX e que ainda gostava de ser chamado de "o Coronel", era muito experiente sobre o modo como o mundo funcionava. Quando confrontado por questões de aquisição por meio da força, ele explicou que a URSS fora um aliado confiável, muitas vezes dando até mais do que prometera, sobretudo em assuntos militares.

Numa conversa com Truman, Stimson explicou a importância da Polônia para a Rússia: "Os russos talvez estivessem sendo mais realistas do que fomos com respeito à segurança deles." Previamente, ele notara que a Rússia "antes de 1914, era dona de toda a Polônia, incluindo Varsóvia, fora tão longe quanto a Alemanha e não estava pedindo a restituição daquele território". Acrescentou que, além dos Estados Unidos e da Grã-Bretanha, pouquíssimos países compartilhavam o entendimento ocidental de eleições livres.

No entanto, em 23 de abril, onze dias após a morte de Roosevelt, em seu primeiro encontro com Molotov, ministro das Relações Exteriores soviético, Truman acusou os soviéticos de terem violado o acordo de Ialta, principalmente em relação à Polônia. Quando Molotov tentou explicar o acordo do ponto de vista de Stálin, Truman rejeitou seus esclarecimentos. Quando Molotov evocou outras questões, Truman o interrompeu bruscamente: "Isso é tudo, senhor Molotov. Ficaria grato se o senhor transmitisse meus pontos de vista para o marechal Stálin."

Espantado, Molotov respondeu: "Jamais falaram comigo dessa maneira em toda a minha vida." Truman replicou: "Cumpra os acordos e isso não voltará a acontecer". Molotov saiu abruptamente da sala. Após o encontro, Truman vangloriou-se: "Disse-lhe umas verdades. Foi um golpe direto no queixo."

Mais uma vez, a intimidação contra Molotov invocou imagens de John "Peanuts" Truman, pai do presidente, que tinha pouco mais de um metro e setenta de altura, mas provocava brigas com homens muito mais altos para mostrar sua valentia. Ele quis a mesma valentia em seus filhos e encontrou isso em seu caçula. Harry, porém, nasceu com um problema raro na vista e foi forçado a usar óculos com lentes fundo de garrafa. Ele não podia praticar esportes e era molestado pelos outros garotos que o chamavam de "quatro olhos" e "maricas" e o perseguiam até sua casa após a escola. Quando Harry chegava à casa tremendo, sua mãe o confortava dizendo para não se preocupar pois ela e o pai esperavam que ele fosse uma menina quando o conceberam.

As questões de gênero incomodaram Truman durante anos. Com frequência, ele se referia aos seus traços e atributos femininos. A dificuldade econômica contribuía para sua aflição. Naquele momento, porém, ele não era mais efeminado e conseguiu enfrentar os líderes do segundo país mais poderoso do mundo. Seu pai, cuja aprovação Truman se esforçou para conquistar sem sucesso antes de ele morrer, teria ficado orgulhoso do filho, naquele momento.

No dia seguinte, sentindo-se traído, Stálin enviou um telegrama para Truman, afirmando que Roosevelt tinha concordado que dirigentes pró-soviéticos formariam o núcleo do novo governo polonês. Mencionou ainda que não sabia se os governos da Bélgica ou da Grécia eram realmente democráticos, mas não criaria confusão, pois eram vitais para os interesses britânicos.

Eram palavras duras. Assim, a abertura das Nações Unidas em São Francisco dois dias depois, em 25 de abril, que poderia ter sido uma boa ocasião para celebrar uma nova era de paz internacional, foi arruinada pela tensão entre aliados. O pedido russo para indicar o governo pró-soviético como representante da Polônia foi rejeitado. Depois disso, as relações continuaram a se deteriorar rapidamente.

Percebendo que sua tática intransigente não produzira os resultados desejados, Truman se encontrou duas vezes com Joseph Davies, ex-embaixador norte-americano na União Soviética. Advogado de corporações e conservador, Davies surpreendera os críticos liberais por simpatizar com a experiência soviética. Davies disse a Truman que os soviéticos sempre foram "defensores obstinados da reciprocidade entre os aliados". Assim, aceitaram os governos impostos pelos britânicos na África, na Itália e na Grécia, ainda que não representassem as forças antifascistas daqueles países, pois entendiam que representavam "interesses vitais" para os Estados Unidos e para a Grã-Bretanha. E esperavam consideração similar em relação aos seus interesses vitais de segurança na Polônia.

Davies mencionou a mudança de relacionamento das últimas seis semanas com os britânicos agindo como instigadores. Advertiu que se os russos decidissem que os Estados Unidos e a Grã-Bretanha estavam "conspirando contra eles" responderiam lidando com o Ocidente do jeito como lidaram ao celebrar o pacto com Hitler, em 1939, quando ficou claro que o Ocidente não os ajudaria a deter os nazistas. Contudo, ele assegurou a Truman que "quando abordados com generosidade e cordialidade, os soviéticos respondem com generosidade ainda maior". Davies concordou em marcar um encontro entre Truman e Stálin.

Naquele mesmo mês decisivo, alguns dias depois da morte de Roosevelt, os soviéticos tinham reunido 2,5 milhões de homens para tomar Berlim e acabar para sempre com o Terceiro Reich de Hitler. No entanto, de maneira inacreditável, os alemães ainda eram capazes, com todas as suas perdas, de reunir uma enorme defesa de um milhão de homens, incluindo abrigos fortificados, artilharia e aviões. Nesse terrível crepúsculo dos deuses*, seus recrutas mais fanáticos eram os soldados crianças.

* Termo extraído da Ópera de Wagner, aqui representa uma guerra de gigantescas proporções, capaz de aniquilar com a vida no mundo. (N. T.)

Era a última defesa do Terceiro Reich. A batalha foi sangrenta. Oitenta mil soldados russos foram mortos e trezentos mil ficaram feridos, lutando de rua em rua. Berlim caiu em quatro dias. Hitler e Eva Braun, sua amante de longa data, casaram-se e, no dia seguinte, cometeram suicídio.

Em busca de vingança pela pilhagem alemã da URSS e, além disso, alimentados pelo que testemunharam libertando os campos de concentração de Maidanek, Sobibor, Treblinka e Auschwitz, a caminho de Berlim, os soldados soviéticos comportaram-se brutalmente contra os derrotados alemães. Stálin não fez nada para impedir.

No entanto, depois que notícias começaram a ocupar as transmissões de rádio de todo o mundo sobre os estupros praticados por hordas de soldados soviéticos na Alemanha, ordens vieram de cima e os estupros cessaram. Até dois milhões de mulheres, alguns sustentaram, foram estupradas. Em poucas semanas, mais de cem mil mulheres procuraram ajuda médica por causa dos estupros.

Como parte do plano de Roosevelt e Stálin de transformação da Alemanha de um país industrial em um país agrícola, os oficiais soviéticos, nos primeiros meses, enviaram cem mil vagões ferroviários de materiais de construção e bens pessoais para a Rússia. Alguns para ajudar a reconstruir a economia e outros, como peles, pinturas, ouro e joias, para propósitos puramente monetários. No entanto, como resultado, o mundo percebeu a União Soviética como um país semiasiático, bárbaro e brutal, ao invadir o que tinha sido outrora a civilizada Europa.

No dicionário, a definição de "empatia" é "a projeção ou capacidade imaginativa de participar dos sentimentos ou ideias de outra pessoa". No entanto, Truman não parecia capaz de compreender a dor e o sofrimento dos soviéticos, ou seus motivos. Roosevelt, que tinha sofrido de poliomielite, entendera que a guerra fora ganha pelo sacrifício soviético e que a paz dependia do respeito mútuo.

Até Churchill admitira que o exército soviético "arrancara as tripas" da máquina militar alemã. Stálin era um tirano, um ditador implacável e paranoico, que desprezava o conceito de democracia norte-americano. No entanto, também pertencia à tradição dos czares mais cruéis. Claramente se entendera com Roosevelt e tinha, com pouquíssimas exceções, cumprido suas promessas. Ele queria desesperadamente a continuidade das relações amistosas com os Estados Unidos. No entanto, com o desencadeamento da Guerra Fria, os lauréis da vitória da URSS sobre a Alemanha nazista foram roubados; ou melhor, esquecidos.

Vinte anos se passariam até que outro presidente norte-americano, John Fitzgerald Kennedy, veterano de guerra que levara toda sua vida com algum grau de dor e encarara a perspectiva da morte, prestasse homenagem à contribuição soviética na Segunda Guerra Mundial. "Na história das guerras, nenhum país sofreu mais do que a União Soviética na Segunda Guerra Mundial", Kennedy afirmou, diplomando estudantes da *American University*. "Pelo menos vinte milhões de pessoas perderam suas vidas. Milhões de casas e famílias foram queimadas ou saqueadas. Um terço do território do país, incluindo dois terços de sua base industrial, virou terra devastada; uma perda equivalente à destruição deste país a leste de Chicago."

A Alemanha se rendeu oficialmente em 7 de maio.

Enquanto o Dia da Vitória na Europa era celebrado em todo o mundo, isso também significava que os soviéticos, como acordado em Ialta, entrariam na guerra do Pacífico em 8 de agosto, aproximadamente; quase três meses antes de 1º de novembro, a data da planejada invasão ao Japão pelos Aliados. Quando Truman e Byrnes, novo secretário de Estado, reuniram-se com Stálin e Churchill na conferência mais importante a respeito da Segunda Guerra Mundial, em Potsdam, cidade próxima a Berlim, esperavam por notícias relativas ao teste secreto da bomba atômica no deserto de Alamogordo.

Truman pressionara pelo adiamento da cúpula em duas semanas, para meados de julho, e esperava que a bomba fosse testada antes do início das negociações com Stálin. No deserto, Robert Oppenheimer afirmou: "Estávamos sob intensa pressão para realizar o teste antes do encontro em Potsdam." Ao que se constatou, da perspectiva de Truman, valeu a pena esperar.

Em 16 de junho, enquanto Truman fazia uma excursão pela Berlim bombardeada e se preparava para o encontro do dia seguinte com

Stálin, os cientistas explodiram a primeira bomba atômica. Todas as expectativas foram superadas. Alguns cientistas até temeram que tivessem incendiado a atmosfera.

Por telegrama, Groves apresentou os resultados preliminares a Stimson, que correu para informar Truman e Byrnes. Eles ficaram eufóricos. Sabiam que tinham um encontro com o destino.

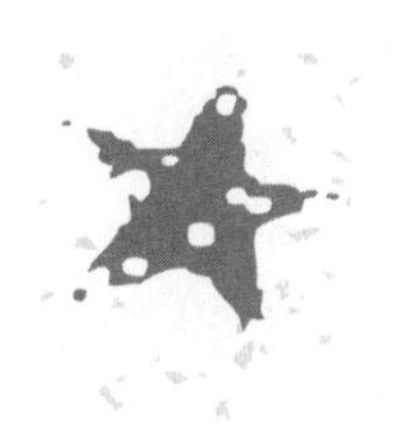

CAPÍTULO 5

EM 6 DE AGOSTO DE 1945, o presidente Truman dirigiu-se à nação: "Há algumas horas, um avião americano lançou uma bomba sobre Hiroshima e destruiu as instalações do inimigo... Os japoneses começaram a guerra pelo ar, em Pearl Harbor. Foram retribuídos em muitas vezes. Mas ainda não é o fim... É uma bomba atômica. É a utilização do poder básico do universo... Destruiremos seus portos, suas fábricas e suas comunicações. Que fique bem claro: destruiremos completamente o poder do Japão de guerrear."

A guerra na Europa terminara três meses antes, em 7 de maio. Em 1º de novembro, estava planejada a Operação *Downfall*, a invasão ao Japão, comandada pelo general Douglas MacArthur. Muitos temiam um banho de sangue quando os norte-americanos enfrentassem o que alguns líderes consideravam uma população fanaticamente hostil e também as forças armadas imperiais japonesas remanescentes.

O clima da guerra contra o Japão era moldado pelo profundo ódio que os norte-americanos sentiam pelos japoneses. Allan Nevins, historiador premiado com o Prêmio Pulitzer, escreveu após a guerra: "É provável que em toda a nossa história nenhum inimigo tenha sido tão odiado quanto os japoneses."

O almirante William "Bull" Halsey, comandante da Força do Pacífico Sul, se tornou notório sob esse aspecto ao encorajar seus homens a matar os "macacos amarelos" e "conseguir mais carne de macaco".

A revista *Time* afirmou: "O japonês comum, irracional, é ignorante. Talvez seja humano. Nada indica isso."

A embaixada britânica em Washington relatou a Londres que os norte-americanos enxergavam os japoneses como uma "massa anônima de vermes". Em fevereiro de 1945, quando Ernie Pyle, popular correspondente de guerra, foi transferido da Europa para o Pacífico, observou: "Na Europa, sentíamos que nossos inimigos, por mais terríveis que fossem, ainda eram pessoas. Mas aqui, logo percebi que os japoneses eram considerados algo sub-humano e repulsivo; sentimento é igual ao de algumas pessoas em relação a baratas ou ratos."

Certamente, algo desse sentimento pode ser atribuído ao racismo, mas o rancor norte-americano contra o Japão cresceu com o "ataque covarde" a Pearl Harbor. E, no início de 1944, o governo liberou informações acerca do tratamento sádico aos prisioneiros norte-americanos e filipinos durante a Marcha da Morte de Bataan dois anos antes. Relatos da indizível crueldade japonesa — tortura, crucificação, castração, desmembramento, decapitação, queima, enterramento vivo, vivissecção, pregação de prisioneiros em árvores e uso deles para exercícios com baioneta — inundaram a mídia.

A intolerância do presidente Truman precedeu em muito tempo os relatos da brutalidade japonesa. Quando jovem, cortejando sua futura mulher, escreveu: "Acho que um homem é tão bom quanto outro desde que seja honesto e decente e não seja um preto ou um china. Meu tio Will diz que Deus criou o homem branco do pó, o preto da lama e, depois, vomitou o que sobrou e surgiu o china. Ele odeia os chineses e os japoneses. Eu também."

Para sermos justos, Truman foi produto do seu tempo e lugar. Seu biógrafo, Merle Miller, relatou: "Intimamente, o senhor Truman sempre disse 'preto'; ao menos, ele sempre falou assim quando conversou comigo."

Esse racismo prevaleceu quando o presidente Roosevelt, em fevereiro de 1942, assinou um decreto para a evacuação de mais de 110 mil japoneses e nipo-americanos da Califórnia, do Oregon e de Washington sob a alegação de que representavam uma ameaça à segurança

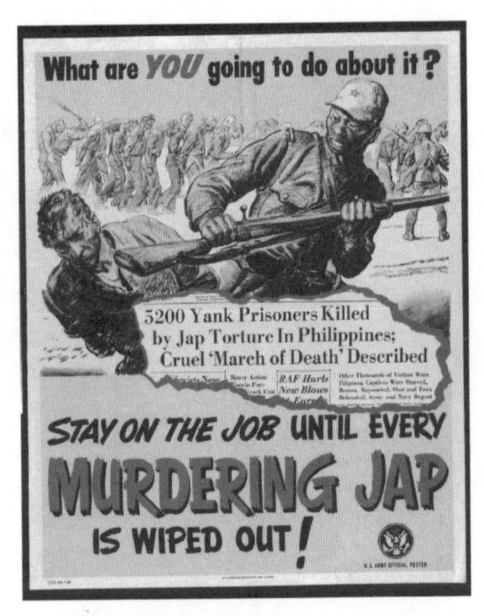

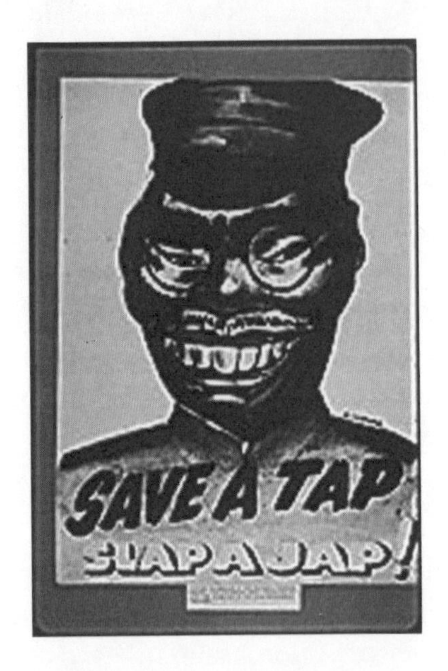

Os norte-americanos odiavam os japoneses. Como a revista *Newsweek* relatou em janeiro de 1945: "Nunca antes o país travou uma guerra em que nossos soldados odiassem tanto o inimigo e quisessem matá-lo." Enquanto a propaganda norte-americana do tempo de guerra se esforçava para fazer uma distinção entre os líderes nazistas maus e os "alemães bons", nenhuma distinção era feita entre os japoneses que eram sempre retratados como vermes, baratas, cobras e ratos. As imagens de macacos também eram abundantes.

Apesar do fato de não existir evidência de sabotagem nipo-americana, em 19 de fevereiro de 1942, Roosevelt assinou um decreto para a evacuação e confinamento dos japoneses e nipo-americanos da Califórnia, do Oregon e de Washington; dois terços deles eram cidadãos norte-americanos de nascença. Embora o decreto não fizesse menção explícita de raça ou etnicidade, sua população-alvo era evidente.

nacional. Setenta por cento deles eram cidadãos norte-americanos. No entanto, com poucos defendendo os direitos constitucionais daqueles cidadãos, eles foram postos em dez campos distintos, muitas vezes chamados, na época, de "campos de concentração". As condições eram lastimáveis: havia falta de água corrente, banheiros, escolas decentes, cabines isoladas e telhados adequados. Eles trabalhavam sob o sol causticante do deserto por um salário ínfimo.

Os evacuados só tiveram permissão para levar o que conseguissem carregar. E alguns norte-americanos gananciosos usaram a oportunidade para se apossar das propriedades dos seus vizinhos por uma fração do valor real. Segundo as estimativas, os japoneses perderam quatrocentos milhões de dólares em propriedades pessoais; mais de cinco bilhões de dólares em valores atuais.

A determinação dos japoneses diante da derrota era lendária. Em fevereiro e março de 1945, após cinco semanas de combate em Iwo Jima, quase sete mil marinheiros e fuzileiros navais norte-americanos foram mortos e mais de dezoito mil ficaram feridos. Até mesmo John Wayne, estrela de Hollywood, foi vítima no filme *Iwo Jima — o portal da glória.*

Em Okinawa, a batalha mais sangrenta do Pacífico, mais de doze mil norte-americanos morreram ou desapareceram e mais de 36 mil

ACIMA: Nipo-americanos chegam ao *Santa Anita Assembly Center* vindos de San Pedro, na Califórnia, onde foram abrigados em estábulos para cavalos antes de serem transferidos para centros de reassentamento mais permanentes.

ABAIXO: Nos centros de reassentamento, os japoneses trabalhavam pesado sob o sol causticante do deserto no Arizona e na Califórnia, em condições semelhantes as do pântano no Arkansas, e no frio intenso de Wyoming, Idaho e Utah, e recebiam salários ínfimos por seus esforços.

ficaram feridos. Cem mil soldados japoneses perderam a vida, assim como um número equivalente de civis de Okinawa; alguns dos quais cometeram suicídio.

Os norte-americanos ficaram especialmente chocados com os ataques camicases — 1,9 mil —, que afundaram trinta navios da marinha e danificaram outros 360. Os soldados japoneses lutavam pelo imperador, venerado como um deus por muitos. Eles acreditavam que a rendição envergonharia suas famílias, mas que a morte no campo de batalha traria grande honra.

Todos os planejadores militares concordavam que uma invasão terrestre seria bastante custosa. No entanto, o debate sobre quão custosa seria não chegou a nenhuma conclusão. Em 18 de junho, o general George Marshall disse a Truman que esperava menos de 31 mil baixas, com mais de seis mil mortos no primeiro período de trinta dias.

O limiar moral norte-americano seria drasticamente rebaixado pela Segunda Guerra Mundial. O bombardeio de áreas urbanas começara antes, durante a Primeira Guerra Mundial, quando os europeus bombardearam as cidades uns dos outros. E, para seu crédito, os Estados Unidos tinham condenado enfaticamente o bombardeio japonês das cidades chinesas em 1937. Quando a guerra começou, em 1939, Roosevelt implorou para que os combatentes reprimissem o "barbarismo desumano" envolvido no bombardeio de cidades indefesas.

No entanto, em meados da década de 1940, cidades grandes como Barcelona, Madri, Xangai, Pequim, Nanquim, Varsóvia, Londres, Roterdã, Moscou, Leningrado, Budapeste, Viena, Colônia, Berlim e muitas outras tinham sido severamente bombardeadas. A Alemanha começara com ataques aéreos mortíferos sobre as cidades britânicas e os britânicos responderam com formações de milhares de aviões sobre alvos urbanos alemães.

Em 1942, quando o general Curtis LeMay, da força aérea norte-americana, chegou a Londres, a estratégia da força aérea envolvia alvejar a Alemanha com bombardeios de precisão de indústrias cruciais e redes de transporte, em grandes ataques diurnos. No entanto, as tripulações vinham sendo destroçadas. Temendo por suas vidas, muitos pilotos abortavam suas missões e voltavam para as bases. O moral estava à beira do colapso. LeMay emitiu uma ordem rigorosa ao seus homens: "Nossa taxa de voos abortados está muito alta e o medo é a causa. Portanto, qualquer tripulação que decolar e que não atingir o alvo, será levada à corte marcial."

A taxa de voos abortados caiu consideravelmente. Mas, mesmo assim, LeMay ponderou sobre revisar a estratégia, frustrado com as limitações do bombardeio convencional. Sua inspiração veio dos britânicos e, sobretudo, do notório sir Arthur "Bomber" Harris que não fazia distinção entre alvos militares e civis. Em fevereiro de 1942, Harris idealizou a mudança do bombardeio diurno, preciso, mas perigoso, para o bombardeio noturno, bastante impreciso, que alvejava civis de modo indiscriminado. Os norte-americanos hesitaram em participar de tal carnificina. O bombardeio 24 horas por dia começou: os britânicos à noite e os norte-americanos de dia.

Em julho de 1943, os ataques aéreos britânicos destruíram a cidade alemã de Hamburgo, gerando incêndios mais altos que o Empire State Building. LeMay achou que a aviação norte-americana podia fazer ainda melhor e, em novembro de 1943, destruiu Munster. Era o início de uma nova guerra.

Na noite de 13 fevereiro de 1945, a bela cidade barroca de Dresden, às margens do rio Elba, atulhada de refugiados fugindo do Exército Vermelho, desapareceu da face da terra. À noite, 25 mil pessoas foram mortas pelos aviões bombardeiros britânicos, seguidos, na manhã seguinte, pelos da força aérea norte-americana. A cidade tinha pouco valor militar. O custo do bombardeio massivo Aliado na Europa foi vasto em termos de homens e recursos materiais, representando quase um quarto de todo o esforço de guerra britânico e muito do norte-americano. Mas valeu a pena?

O bombardeio reduziu a taxa de crescimento da produção bélica alemã e cobrou seu preço sobre o moral civil, matando, segundo as estimativas, mais de meio milhão de civis alemães, italianos e franceses. Além disso, forçou a Luftwaffe a desviar aviões para defender o território alemão, deixando-os indisponíveis para o *front* soviético. Mas defender-se e reparar os danos talvez tenha custado aos alemães menos que os Aliados gastaram para provocar esses danos. Mais de 79 mil norte-americanos e um número igual de britânicos pertencentes a tripulações aéreas morreram em ação. Até Churchill perguntou em voz alta, em 1943: "Somos animais? Não estamos levando isso longe demais?"

Em meados de abril, simplesmente não havia mais nada de valor para ser destruído na Alemanha. LeMay disse: "Tivemos de matar as pessoas, e, quando matamos uma quantidade suficiente, elas param de lutar."

No final de 1944, o homem que os japoneses vieram a conhecer como "Demon" LeMay [demônio LeMay] foi transferido para o Pacífico, onde bombardeou os civis japoneses com uma ferocidade nunca antes testemunhada nos anais da guerra. Mais explícito que o bombardeio massivo britânico, LeMay chamou o seu de "bombardeio de terror".

Naquele ano, os Estados Unidos vinham capturando cada vez mais territórios ocupados pelos japoneses, colocando o próprio Japão ao alcance dos bombardeiros norte-americanos. Na noite de 9-10 de março de 1945, LeMay enviou 334 aviões sobre Tóquio, a capital imperial, carregando bombas incendiárias, contendo napalm, termite, fósforo branco e quase todo tipo de material inflamável projetado expressamente para matar civis.

Tóquio era uma concentração de mil anos de bambu e madeira. Era chamada de cidade de papel. Os bombardeiros B-29 destruíram mais de quarenta quilômetros quadrados, matando mais de oitenta mil civis e deixando, segundo as estimativas, um milhão de desabrigados. O inferno escaldante fez os canais ferverem, os metais fundirem e as pessoas irromperem espontaneamente em chamas. O cheiro da carne queimada era tão forte que os tripulantes vomitavam em seus aviões. O bombardeio de Tóquio ficou conhecido como a obra-prima de LeMay.

A força aérea norte-americana atacou com bombas incendiárias mais de cem cidades japonesas — algumas sem nenhuma importância militar —, tirando a vida de mais de quinhentas mil pessoas, segundo as estimativas. Quase ninguém contestou o bombardeio dos civis japoneses. O general de brigada Bonner Fellers lamentou: "Um dos assassinatos mais cruéis e bárbaros de não combatentes de toda a história."

A cidade de Toyama foi destruída em 99,5%. O secretário da Guerra Henry Stimson disse a Truman que "não queria que os Estados

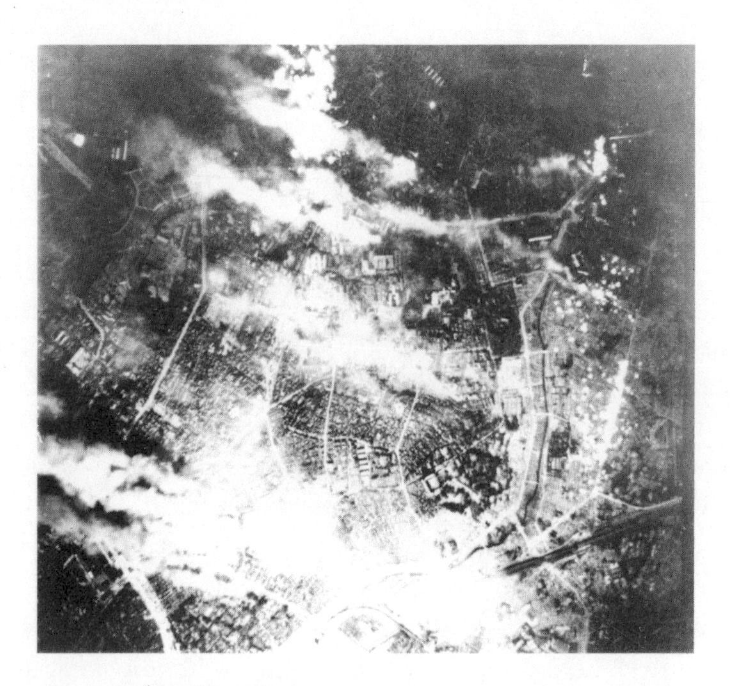

ACIMA E PÁGINA A SEGUIR: Imagens da área atacada e dos corpos após os bombardeios B-29.

Unidos ganhassem a reputação de superar Hitler em atrocidades". E o futuro secretário da Defesa Robert McNamara, que integrava o estado-maior de LeMay em 1945, concordou com o comentário do seu chefe que afirmou que, se os Estados Unidos perdessem a guerra, todos eles seriam julgados como criminosos de guerra. McNamara achou que merecia ser condenado.

Considerada do prisma da terrível destruição provocada pelo "bombardeio de terror" de LeMay, a bomba atômica pode ser vista como um próximo passo arrepiante, ainda que lógico. No entanto, à medida que ela se tornava uma realidade, muitos cientistas começaram a se sentir desconfortáveis. Leo Szilárd e outros entenderam que aquela bomba que estavam construindo era um protótipo primitivo para o que viria a seguir. Szilárd; o Prêmio Nobel de Química Harold Urey, e o astrônomo Walter Bartky tentaram ver Truman para

adverti-lo contra o uso da bomba. Mas foram redirecionados para a Carolina do Sul, para conversar com Jimmy Byrnes, cuja resposta chocou Szilárd. Posteriormente, ele escreveu: "O senhor Byrnes naquela ocasião, sabia, como o resto do governo, que o Japão havia sido derrotado... Byrnes estava muito preocupado acerca da expansão da influência russa na Europa; [insistindo] que nossa posse e demonstração da bomba tornariam a Rússia mais manejável na Europa."

O general Groves também admitiu que, em sua mente, a Rússia sempre fora o inimigo: "Duas semanas depois que assumi o comando desse projeto, perdi a ilusão de que a Rússia não era nossa inimiga e o projeto foi conduzido nessa base."

Em junho, os cientistas do Met Lab, de Chicago, redigiram um relatório advertindo que um ataque nuclear ao Japão não só destruiria a posição moral dos Estados Unidos como também fomentaria uma corrida por armas nucleares com a Rússia, incitada pela ameaça de "destruição mútua total". O relatório também observava que, como não havia segredo em relação à bomba, a Rússia logo recuperaria o terreno perdido.

Quando os oficiais de segurança baniram a circulação desse relatório, Szilárd enviou uma petição a Truman assinada por 155 cientistas do projeto. No entanto, Robert Oppenheimer impediu a circulação da petição em Los Alamos e alertou Groves que assegurou que a petição não chegasse a Stimson ou Truman. Os agentes de segurança de Groves realizaram uma ampla vigilância de Szilárd ao longo da guerra. Em certo momento, Groves classificou Szilárd como um "alienígena inimigo" e pediu que ele "fosse internado durante toda a guerra".

Em maio de 1945, o general Marshall apoiou a sugestão de Oppenheimer de compartilhar informações com os cientistas soviéticos propondo que observadores soviéticos fossem convidados para o teste, mas Byrnes vetou toda a ideia. Naquele momento, o uso da bomba pareceu inevitável, irreversível. E a questão chegou ao ponto crítico em Potsdam, em julho, onde os Três Grandes discutiam a configuração do mundo do pós-guerra. Era o lugar perfeito para revelar a existência da bomba.

O cenário da conferência era estranho e sobrenatural. As tropas soviéticas ocupavam Berlim, que estava inteiramente em destroços. Truman afirmou que seu motivo principal de ida a Potsdam era assegurar a entrada soviética na guerra do Pacífico, uma garantia de que Stálin estava pronto para dar de novo. Truman escreveu em seu diário: "Ele vai estar na guerra do Japão em 15 de agosto. Fim dos japoneses quando isso acontecer."

O serviço de inteligência dos Aliados concordava e relatou: "A entrada da União Soviética na guerra convenceria finalmente os japoneses da inevitabilidade da derrota completa." Em maio, o Conselho

Groves e Oppeheimer no ponto de explosão da experiência Trinity. Os dois líderes do Projeto Manhattan eram opostos de todas as maneiras imagináveis — em estatura, religião, gosto alimentar, hábitos de fumar e beber, e, principalmente, política. Os dois também eram opostos em temperamento. Enquanto Oppenheimer era querido pela maioria dos que o conheciam, Groves era desprezado sem exceções. No entanto, o estilo áspero, brigão, implacável de Groves complementava a capacidade de Oppenheimer de inspirar e obter o máximo de seus colegas, o que contribuiu para que ele levasse adiante o projeto até sua conclusão.

Supremo de Guerra japonês chegou a uma conclusão parecida: "No presente momento, quando o Japão está travando uma luta de vida ou morte contra os Estados Unidos e a Grã-Bretanha, a entrada soviética na guerra significaria um golpe de morte para o Império."

Já estava claro para a maioria que os japoneses tinham sido derrotados. No final de 1944, a marinha japonesa fora dizimada; a força aérea estava muito enfraquecida, o sistema de transporte ferroviário, destroçado; os suprimentos de víveres tinham desabado; e o moral público se achava em queda livre. Após a derrota alemã, o exército soviético começou a se concentrar na Sibéria em enorme quantidade, preparando-se para invadir a Manchúria ocupada pelos japoneses no início de agosto de 1945.

Em fevereiro daquele ano, o príncipe Konoe, ex-primeiro-ministro, escrevera ao imperador: "Sinto muito em dizer que a derrota do Japão é inevitável." O fundamental, ele afirmou, era evitar uma revolução comunista na sequência.

Em maio, o Conselho Supremo de Guerra japonês decidiu consultar os soviéticos. Queria não só manter a URSS fora da guerra como também desejava a ajuda dos soviéticos para assegurar melhores termos de rendição em relação aos norte-americanos. Era uma negociação delicada. No entanto, o serviço de inteligência norte-americano interceptava as mensagens japonesas desde o início da guerra e os termos de um telegrama de 18 de julho de Tóquio para o embaixador japonês em Moscou diziam de modo inequívoco: "A rendição incondicional é o único obstáculo para a paz." Sem hesitar, Truman caracterizou a mensagem como "o telegrama do imperador dos japas em favor da paz".

Forrestal notou a "evidência de um desejo japonês de sair da guerra". Stimson considerou como "manobras japonesas pela paz". Byrnes chamou de "sondagens japonesas pela paz". Todos eles sabiam que o Japão estava derrotado. O fim se aproximava. E diversos assessores próximos de Truman o encorajaram a modificar sua exigência por "rendição incondicional", sinalizando que o Japão podia manter seu imperador e acelerar o fim da guerra.

Para o povo, o imperador era uma figura sagrada e o centro da sua religião xintoísta. Seria insuportável vê-lo enforcado como Mussolini na Itália ou humilhado num tribunal de guerra. O comando de MacArthur afirmou: "O enforcamento do imperador para eles seria comparável à crucificação de Cristo para nós. Todos lutariam até a morte, como formigas."

No entanto, Jimmy Byrnes disse a Truman que ele seria "crucificado" politicamente se o sistema imperial fosse mantido. Mais uma vez, seu conselho prevaleceu. Truman e Byrnes acreditavam que tinham um jeito de apressar a rendição japonesa nas condições norte-americanas e sem a ajuda soviética, negando, assim, as concessões territoriais e econômicas prometidas por Roosevelt à URSS.

Truman adiara o início da Conferência de Potsdam em duas semanas, dando tempo aos cientistas para aprontar o teste da bomba. Funcionou. Stimson deu a notícia ao presidente. A conferência começava no dia seguinte. Mais tarde, Truman leu o relatório completo. O teste foi assustador, quase além da compreensão. O comportamento de

Truman mudou completamente. Churchill ficou impressionado com a transformação. "Eu não conseguia entender. Quando Truman voltou à reunião após a leitura daquele relatório, era um homem diferente. Ele disse aos russos onde podiam embarcar e desembarcar e, em geral, comandou todo o encontro."

Em 24 de julho, Truman informou a Stálin que os Estados Unidos detinham "uma nova arma de poder destrutivo incomum". Truman ficou surpreso com a reação indiferente de Stálin e se perguntou se o líder soviético teria entendido o que ele lhe revelara.

Naquela questão, Truman fora ingênuo. Klaus Fuchs, homem de convicção ideológica que integrava a missão científica britânica em Alamogordo, entregara informações técnicas relativas à bomba aos soviéticos. Stálin já sabia que o teste tinha sido programado e, naquele momento, recebia a informação de que fora bem-sucedido.

Anthony Eden, ministro das Relações Exteriores britânico, percebeu que a reação de Stálin a Truman foi um aceno de cabeça e um "obrigado" murmurado. Aparentemente, logo que deixou a conferência, Stálin chamou Beria, chefe da polícia secreta, e o repreendeu por não ter sido informado do sucesso do teste antes de Truman.

Andrei Gromiko, futuro ministro das Relações Exteriores, relatou que quando Stálin voltou para sua casa de campo comentou que os norte-americanos agora usariam seu monopólio atômico para ditar os termos na Europa, mas que ele não cederia àquela chantagem. Stálin ordenou que as forças militares soviéticas apressassem sua entrada na guerra asiática e também ordenou que os cientistas soviéticos acelerassem o ritmo de sua pesquisa.

Em Potsdam, o comportamento de Truman reforçou a convicção de Stálin de que os Estados Unidos pretendiam acabar a guerra rapidamente e voltar atrás nas concessões prometidas no Pacífico.

Em 25 de julho, Truman aprovou uma diretiva assinada por Stimson e Marshall ordenando que a bomba atômica fosse usada contra o Japão pouco depois de 3 de agosto, quando o tempo permitisse. Ele e Byrnes esperavam que o governo japonês rejeitasse a Declaração de Potsdam que não deu nenhum apoio acerca do imperador. Os Estados Unidos até vetaram o desejo de Stálin de assinar a declaração. A

Stálin, Truman, o secretário de Estado James Byrnes e o ministro das Relações Exteriores soviético Viatcheslav Molotov, na Conferência de Potsdam, em julho de 1945. Em Potsdam, Truman e seus assessores tomaram conhecimento da bem-sucedida experiência Trinity da bomba atômica. Naquele momento, munidos da nova arma e esperando negar aos soviéticos as concessões territoriais e econômicas que lhes foram prometidas, Truman, Byrnes e o secretário da Guerra Henry Stimson não mais aceitaram a entrada da União Soviética na guerra do Pacífico.

inclusão da assinatura de Stálin teria sinalizado aos japoneses que a União Soviética estava prestes a entrar na guerra. Foi um comportamento inacreditavelmente ardiloso dos Estados Unidos em relação tanto aos japoneses quanto aos soviéticos.

Enquanto o tempo passava até que a bomba atômica estivesse pronta para uso, a ausência da assinatura soviética encorajou os japoneses a continuar suas inúteis iniciativas diplomáticas desde maio daquele ano para manter os soviéticos fora da guerra, sabendo que a entrada de seu gigantesco exército esmagaria o império japonês. Stimson, que tinha sérias dúvidas acerca do uso da bomba e referia-se a ela como "a apavorante", "a terrível" e "a diabólica", tentou diversas vezes convencer Truman e Byrnes a assegurar os japoneses a respeito do imperador, mas foi uma iniciativa em vão. Quando Stimson se queixou a Truman de ser ignorado, o presidente disse ao seu idoso e frágil secretário de Guerra que, se ele não gostasse, poderia fazer suas malas e ir para casa.

Ainda que Truman sempre, um tanto orgulhosamente, aceitasse a responsabilidade por sua decisão, Groves, que redigiu a ordem final para lançar a bomba, sustentou que Truman realmente não decidiu. "Em minha opinião, sua decisão foi de não interferência; basicamente, uma decisão de não atrapalhar os planos existentes... Truman nem sequer disse 'sim' ou 'não'." Groves descreveu Truman com desdém, como "um garotinho sobre um tobogã".

Em tudo isso, a atitude de Truman foi enigmática. Ainda que às vezes ele tratasse a bomba como uma arma contra Stálin, também entendeu que era realmente uma espada de Dâmocles pendurada sobre a cabeça de toda a humanidade. Em Potsdam, Truman escreveu em seu diário: "Descobrimos a bomba mais terrível da história mundial. Pode ser a destruição pelo fogo profetizada na era do vale do Eufrates depois de Noé e da sua fabulosa arca."

Seis dos sete oficiais norte-americanos de cinco estrelas que receberam a última estrela na Segunda Guerra Mundial — os generais MacArthur, Eisenhower e Arnold e os almirantes Leahy, King e Nimitz — consideraram a bomba moralmente censurável, militarmente desnecessária, ou ambas as coisas.

Eisenhower afirmou: "Stimson me disse que iam jogar a bomba sobre os japoneses. Escutei e não me voluntariei a nada, pois, afinal, minha guerra na Europa tinha acabado e aquilo não me dizia respeito. Mas fui ficando cada vez mais deprimido só de pensar naquilo. Então, ele pediu minha opinião. Eu lhe disse que era contra por dois motivos. Primeiro, os japoneses estavam dispostos a se render e não era necessário atingi-los com aquela coisa horrível. Segundo, eu não queria que o nosso país fosse o primeiro a usar aquela arma."

O general MacArthur, comandante supremo das forças aliadas no Pacífico, considerou a bomba "completamente desnecessária do ponto

O general Douglas MacArthur com o imperador Hirohito. Naquilo que muitos consideram uma ironia cruel, os Estados Unidos permitiram que o Japão conservasse o imperador, cuja retenção muitos especialistas acreditaram que foi fundamental para a estabilidade social do pós-guerra. Contrariamente às advertências de Byrnes, Truman não sofreu nenhuma repercussão política por causa dessa decisão.

de vista militar". Tempos depois, ele revelou que os japoneses teriam se rendido em maio se os Estados Unidos tivessem dito que eles poderiam manter o imperador.

A oposição ao uso da bomba era bastante conhecida, tanto que Groves impôs a exigência de que todos os comandantes norte-americanos no campo de batalha eliminassem todos os pareceres sobre os bombardeios para o Departamento de Guerra. "Não queríamos MacArthur e outros dizendo que a guerra poderia ter sido ganha sem o uso da bomba", ele admitiu posteriormente.

Pouco depois do fim da guerra, o general Curtis "Demon" LeMay declarou: "Mesmo sem a bomba atômica e a entrada dos russos na guerra, o Japão teria se rendido em duas semanas. A bomba atômica não tinha nada a ver com o fim da guerra."

O comitê encarregado de fixar os alvos selecionara algumas cidades japonesas. Stimson tirou Quioto da lista, poupando da destruição a antiga capital imperial, apesar da forte oposição de Groves. A decisão recaiu sobre a cidade de Hiroshima, que fora deliberadamente deixada intacta pelos bombardeiros de LeMay. Ali, os Estados Unidos poderiam exibir sua nova arma.

Em 6 de agosto, às 2h45 da manhã, três B-29 decolaram da ilha de Tinian com destino ao Japão. O avião líder, o *Enola Gay*, carregava a bomba de urânio apelidada de "Little Boy". O piloto Paul Tibbets dera o nome ao avião em homenagem à sua mãe. Seis horas e meia depois, o *Enola Gay* fez contato visual com seu alvo. A cidade condenada surgiu iluminada pela luz do início da manhã.

Os trezentos mil civis, os 43 mil soldados e os 45 mil escravos coreanos de Hiroshima começavam seu dia. O alvo era uma ponte próxima do centro da cidade. Às 8h15, exatamente como programado, o piloto posicionou o avião para o cumprimento da missão, colocando-o em uma altitude de 9,5 mil metros e com uma velocidade de 530 quilômetros por hora.

Quando a bomba foi lançada, Tibbets guinou o avião violentamente, para ficar o mais longe possível da explosão. No último minuto, uma rajada de vento alcançou a bomba, carregando-a na direção do hospital Shima, em uma extremidade da ponte. A bomba caiu mais de oito mil metros, e, então, duas cargas de urânio se reuniram e viraram energia.

Naquele momento, o avião, a quase 15 quilômetros de distância, foi sacudido pela onda de choque. A bola de fogo expandiu-se para fora, envolvendo o centro densamente populoso da cidade. O calor intenso e a explosão derrubaram os edifícios e incendiaram todos os escombros. A bomba destruiu tudo num raio de cerca de dois quilômetros. Uma hora e meia depois, de uma distância de quase seiscentos quilômetros, a tripulação do avião ainda conseguia ver a nuvem em forma de cogumelo, elevando-se a uma altura de 12 quilômetros.

No hipocentro, onde as temperaturas alcançaram quase três mil graus centígrados, a bola de fogo carbonizou as pessoas "em rolos de fumaça, numa fração de segundos, conforme seus órgãos internos evaporavam". Dezenas de milhares de pessoas morreram instantaneamente. Segundo as estimativas, 140 mil perderam a vida no final do ano e 200 mil até 1950. Os Estados Unidos relataram oficialmente apenas 3.243 soldados japoneses mortos. Entre as baixas, incluíam-se 23 prisioneiros de guerra norte-americanos, alguns dos quais

O piloto Paul Tibbets (no centro, fumando cachimbo) com sua tripulação e o *Enola Gay*.

sobreviveram à explosão, mas foram espancados até a morte pelos sobreviventes da bomba.

Quando recebeu a notícia de que a bomba explodira em Hiroshima, Truman, a bordo do *Augusta*, dirigiu-se a cada tripulante e deu a grande notícia como se fosse um pregoeiro público. "Essa é a maior coisa da história", ele afirmou. Respondendo a isso, Dorothy Day, ativista social e pacifista católica, escreveu: "Matamos 318 mil japoneses... O senhor Truman ficou exultante. Presidente Truman. Homem direito [*true man*]; que nome estranho, pense bem. Nós nos referimos a Jesus Cristo como Deus verdadeiro e Homem direito. Truman é um homem direito do seu tempo, já que ficou exultante."

Mas os japoneses não se renderam. Stálin, cumprindo sua promessa a Roosevelt, e tendo, naquele momento, deslocado 1,5 milhão de homens para o *front* oriental, atacou as forças japonesas em 9 de agosto, em três *fronts*, na Manchúria. A luta foi sangrenta.

Imagem da fumaça em forma de cogumelo após a bomba atômica que atingiu a cidade de Hiroshima.

O Exército de Guangdong foi quase destruído. Segundo as estimativas, até setecentos mil japoneses morreram, ficaram feridos ou foram capturados. As tropas russas também invadiram a Coreia, as Ilhas Curilas e a Ilha Sacalina. Esse grande acontecimento foi quase esquecido pela história, pois, naquela manhã de 9 de agosto, algumas horas mais tarde, antes que o Japão tivesse tempo para reagir à invasão soviética, os Estados Unidos lançaram sua segunda bomba; uma bomba implosiva de plutônio, apelidada de "Fat Man", sobre a cidade de Nagasáki.

Ironicamente, ela explodiu sobre a maior catedral católica da Ásia com uma força de 22 quilotons; quarenta mil pessoas morreram instantaneamente. Dentre elas, 250 eram soldados.

Em 10 de agosto, um dia depois de Nagasáki, Henry Wallace escreveu em seu diário sobre Truman e Byrnes: "É óbvio que a atitude de Truman, Byrnes e dos departamentos de guerra e da marinha tende a resultar em guerra mais à frente."

No entanto, nem o recado de Nagasáki, nem o relatório fraudulento do ministro da Guerra japonês Anami afirmando que os Estados Unidos tinham outras cem bombas atômicas fizeram Tóquio se

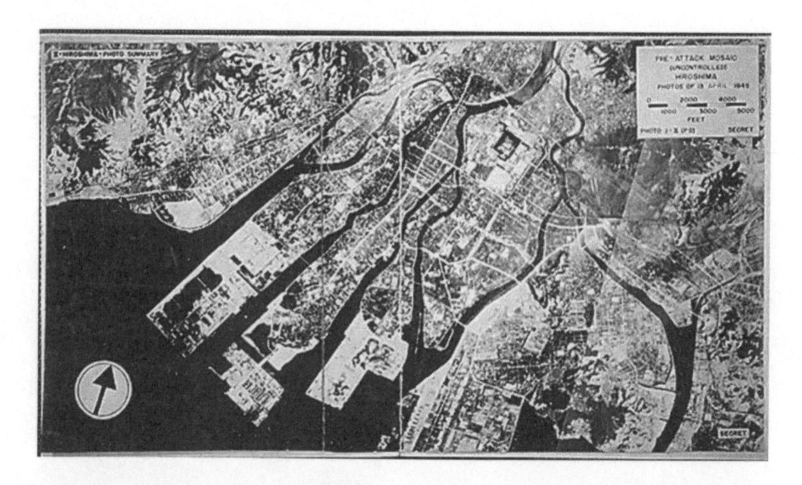

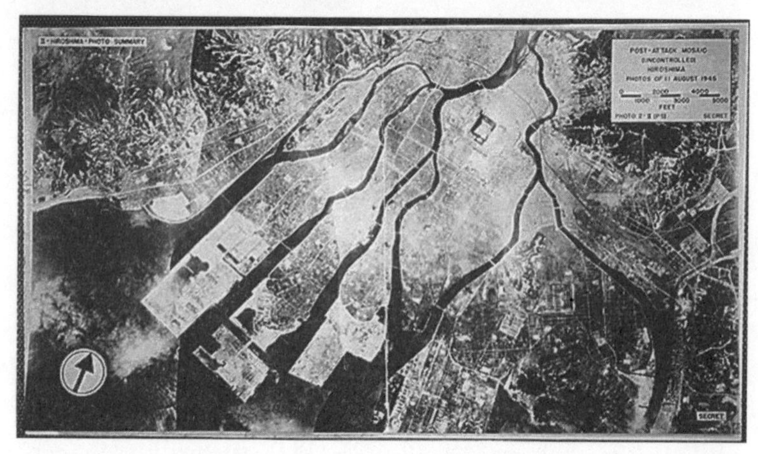

Essas fotos de antes e depois do bombardeio do *U.S. Strategic Bombing Survey* ajudam a expor a magnitude da destruição da cidade de Hiroshima pela bomba atômica.

aproximar de uma rendição incondicional. Afinal, as cidades japonesas estavam sendo todas destruídas ao longo de 1945.

Duzentos aviões e milhares de bombas ou um avião e uma bomba não pareciam fazer uma diferença considerável. Para os líderes japoneses, a notícia devastadora de 9 de agosto foi a invasão soviética. Nagasáki era apenas mais uma cidade que fora destruída. No entanto, a facilidade com que o Exército Vermelho esmagou as forças japonesas em sua colônia mais rica, o estado fantoche de Manchukuo, foi motivo de alarme. O general Kawabe, vice-chefe do Estado-Maior do exército, explicou: "Só de maneira gradual a horrível destruição de Hiroshima se tornou conhecida... Em comparação, a entrada soviética na guerra causou um grande choque quando realmente aconteceu. Os relatos que chegaram a Tóquio descreveram as forças russas como 'invasores em hordas'. Causou-nos um choque ainda maior pois sentíamos medo constante disso, com a imaginação vívida de que 'as enormes forças do Exército Vermelho na Europa estavam agora se virando contra nós'."

Para o primeiro-ministro Suzuki, o Japão devia se render imediatamente ou "a União Soviética conquistaria não só a Manchúria, a Coreia e a Ilha Sacalina, mas também Hokkaido. Isso destruiria a base do Japão. Devemos pôr fim à guerra enquanto é possível negociar com os Estados Unidos".

Em janeiro de 1946, um estudo supersecreto realizado pelo grupo de inteligência da divisão de operações do Departamento de Guerra concluiu: "Houve pouca menção no gabinete japonês ao uso da bomba atômica pelos Estados Unidos. O lançamento da bomba foi o pretexto usado como motivo para o término da guerra. Mas... é quase uma certeza que os japoneses teriam capitulado com a entrada da Rússia na guerra."

Não só os soviéticos destruiriam o império japonês como também não teriam escrúpulos em destruir o próprio imperador. Afinal, eles haviam assassinado seu próprio imperador em 1918.

Em 14 de agosto, cinco dias após os Estados Unidos lançarem a segunda bomba sobre Nagasáki e com uma luta desesperada ainda em curso contra os soviéticos, o imperador Hirohito exerceu seu poder pessoal. Por séculos, os imperadores japoneses viveram sem contato com seu povo, venerados como seres divinos. Contudo, naquele momento, Hirohito, falando aos japoneses diretamente pelo rádio, ordenou a rendição. Foi a primeira vez que a maioria escutou a voz de Deus.

Os horrores e a carnificina da Segunda Guerra Mundial embruteceram muitas pessoas em relação ao sofrimento dos outros. Freeman Dyson, futuro e célebre físico que integrava a esquadrilha Tiger Force de trezentos bombardeiros britânicos, explicou: "Achei essa matança

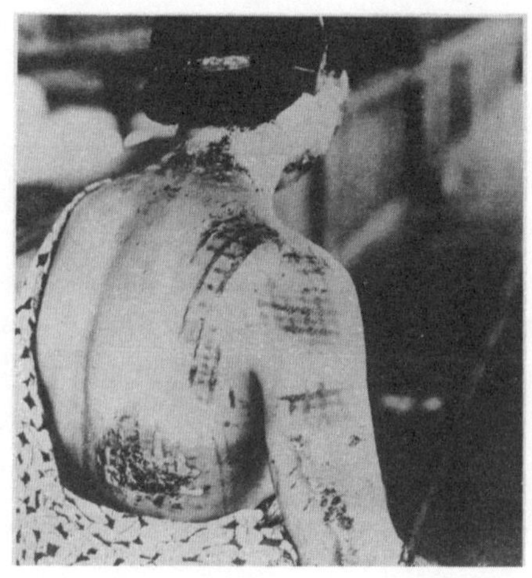

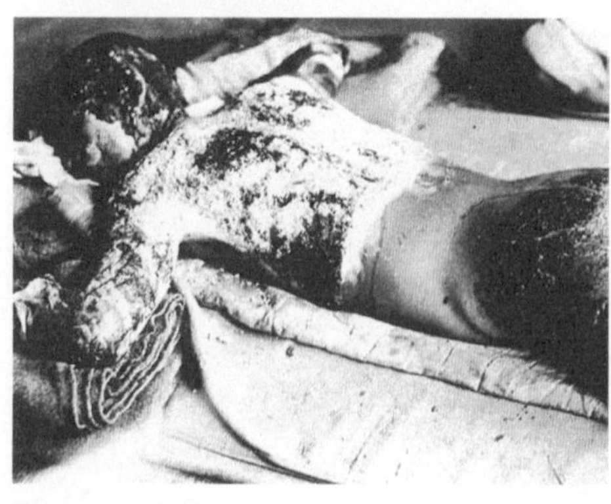

Sobreviventes feridos e queimados sofreram imensamente. Os *hibakushas* (pessoas afetadas pela bomba) descreveram isso como uma caminhada através do Inferno.

contínua dos japoneses indefesos ainda mais repugnante do que a matança dos bem defendidos alemães. Mas ainda assim não desisti. Naquela ocasião, já estava na guerra havia tanto tempo que mal me lembrava da paz. Nenhum poeta vivo tinha palavras para descrever o vazio na alma que me permitia continuar matando sem ódio e sem remorso. No entanto, Shakespeare entendia disso e deu a Macbeth esta fala: 'Fui tão longe no lago de sangue que, se não avançasse mais, recuar seria tão difícil quanto chegar à outra margem'."

Naquele espírito, 85% dos norte-americanos, convencidos de que as bombas serviram para terminar a guerra, aplaudiram seu uso. Quase 23% afirmaram que queriam que os japoneses não tivessem se

Ruínas de Nagasáki, onde quarenta mil pessoas morreram instantaneamente com a explosão da bomba atômica; setenta mil morreram até o final de 1945, e 140 mil, ao longo dos cinco anos seguintes. Telford Taylor, promotor-chefe nos julgamentos de Nuremberg, observou: "O certo e o errado no concernente a Hiroshima são discutíveis, mas jamais ouvi uma justificativa razoável sobre Nagasáki."

rendido tão rápido para que os Estados Unidos pudessem ter jogado mais bombas sobre eles.

As estimativas de Truman de possíveis baixas norte-americanas resultantes de uma invasão do Japão continuaram crescendo com a passagem dos anos; a quantidade de mortes projetadas saltaram de "milhares" pouco depois do bombardeio para meio milhão uma década depois. Quase cinquenta anos depois, em 1991, o presidente George H. W. Bush elogiou a "decisão calculada e dura de Truman que poupou a vida de milhões de norte-americanos".

As controvérsias relativas ao uso das bombas atômicas continuaram a agitar a sociedade norte-americana. Os protestos da *American Legion*, da *Air Force Association* e dos conservadores do Congresso obrigaram o *Smithsonian Air and Space Museum* a cancelar uma exposição sobre o bombardeio, em 1995.

O jovem segundo-tenente Paul Fussell, que estava no Pacífico por ocasião do lançamento da bomba, publicou, em 1988, *Thank God for the Atom Bomb*, em que escreveu: "Com toda a virilidade falsa de nossas aparências, gritamos aliviados e alegres. Nós íamos continuar vivendo. Nós íamos continuar crescendo e virando adultos."

Como milhões de outros de sua geração, e milhões desde então, Fussell se deixou convencer de que Truman e a bomba os salvaram de invadir o Japão. No entanto, atribuir a vitória à bomba até certo ponto insulta a memória de muitos homens e mulheres que deram suas vidas para derrotar os japoneses.

Robert Oppenheimer encontrou-se com Henry Wallace pouco depois da guerra, muito preocupado com "a eventual matança de dezenas de milhões de pessoas". Naquele mesmo ano, ele informara aos principais líderes civis e militares que em três anos os Estados Unidos provavelmente teriam armas até sete mil vezes mais potentes que a bomba de Hiroshima. Ele propôs o controle internacional da tecnologia atômica para aplacar os temores soviéticos sobre as intenções norte-americanas. Wallace escreveu em seu diário: "O sentimento de culpa dos cientistas atômicos é uma das coisas mais espantosas que já vi."

Wallace concordou com Oppenheimer. Era necessário um gesto de boa vontade, e este veio da pessoa mais inesperada. Henry

Stimson, "o Coronel", era um velho e autêntico soldado, mas estava aterrorizado com as forças que ajudara a liberar e, naquele momento, queria recolocar o gênio na garrafa. No começo de setembro, Stimson enviou um memorando para Truman explicando que "nossas relações com a Rússia são praticamente dominadas pelo problema da bomba atômica". Os soviéticos, ele aconselhou, devem ser tratados como aliados: "Se expusermos ostentosamente essa arma, as suspeitas e as desconfianças deles de nossos propósitos e motivos aumentarão... A lição principal que aprendi em minha longa vida é que a única maneira pela qual você pode tornar um homem confiável é confiando nele; e a maneira mais segura de torná-lo indigno de confiança é desconfiar dele e mostrar sua desconfiança."

Stimson propôs que os Estados Unidos desmantelassem suas bombas atômicas se os soviéticos concordassem que os dois países baniriam as armas atômicas e, portanto, se submeteriam a um sistema internacional de controle. Truman dedicou a reunião ministerial de 21 de setembro de 1945 — a última de Stimson — para discutir sua proposta.

Wallace aliou-se com Stimson, apontando o absurdo de tentar manter um "monopólio" atômico. "Então, com alguma minúcia, apresentei todo o *background* científico, descrevendo como cientistas judeus estrangeiros tinham vendido a ideia ao presidente no outono de 1939. Relembrei o grau pelo qual toda a abordagem tinha se originado na Europa e que era impossível conter a coisa, independentemente do quanto tentássemos."

Com Byrnes em Londres, James Forrestal, secretário da marinha, sustentou que os soviéticos não eram confiáveis. "Os russos, como os japoneses, são, basicamente, orientais em seu pensamento", ele disse. O ministério dividiu-se em relação à proposta de Stimson que teria colocado os Estados Unidos do lado da paz mundial. No entanto, Truman vacilou e, no fim, capitulou ante o grupo linha-dura de Byrnes e Forrestal. A temida e potencialmente suicida corrida armamentista se intensificaria gradativamente.

Em outubro de 1945, quando Truman finalmente se encontrou com Robert Oppenheimer, perguntou se o cientista tinha ideia de quando os russos desenvolveriam sua própria bomba atômica. Oppenheimer não sabia. Truman respondeu que conhecia a resposta: "Nunca." Surpreso com a ignorância truculenta do presidente e frustrado com o fato de Truman não entender a gravidade da crise em evolução, Oppenheimer falou de maneira impulsiva: "Senhor presidente, sinto que tenho sangue em minhas mãos." Furioso, Truman respondeu: "O sangue está em minha mãos. Eu é que devia me preocupar com isso."

Na sequência, Truman disse a Dean Acheson: "Não quero nunca mais ver esse filho da puta neste escritório."

Mais tarde, Oppenheimer foi acusado por conservadores de direita de ser agente da União Soviética e ficou sujeito a diversas investigações pelo FBI.

Em 1954, seu certificado de segurança [permissão dada a uma pessoa para ter acesso a segredos de estado] foi cancelado. Do ponto de vista das autoridades norte-americanas, seu crime foi se opor à construção da nova bomba de hidrogênio que ele considerava uma arma de genocídio.

Ao contrário da convicção do círculo íntimo de Truman, o lançamento das bombas atômicas sobre Hiroshima e Nagasáki não tornaram a União Soviética mais flexível. As tropas soviéticas ocuparam a metade norte da Península da Coreia, ficando cara a cara com as tropas norte-americanas, no sul. Tempos depois, a Coreia tornou-se o ponto crítico principal da Guerra Fria, que subjugaria o mundo por outros cinquenta anos.

No entanto, numa escala muito maior, o uso da bomba atômica assombrou a imaginação soviética. Anatoly, filho de Andrei Gromiko, futuro ministro das Relações Exteriores, lembra-se de seu pai revelando-lhe que Hiroshima "mexeu muito com a cabeça dos militares soviéticos. A neurose tomou conta do Krêmlin e do Estado-Maior. A desconfiança contra os Aliados aumentou rapidamente. As opiniões oscilavam em torno de preservar um grande exército terrestre, para estabelecer controle sobre territórios estendidos para reduzir as possíveis perdas com o uso de bombas atômicas".

E, no que muitos consideram uma ironia cruel, os japoneses puderam, afinal de contas, conservar o imperador, cuja retenção muitos especialistas acreditaram que foi fundamental para a estabilidade japonesa do pós-guerra. Truman não sofreu nenhuma repercussão política por causa dessa decisão.

Como Truman antecipou, o processo que ele desencadeou realmente ameaçou a existência futura de vida em nosso planeta. Até mesmo o belicoso Winston Churchill exibiu escrúpulos morais. Ele visitou Truman perto do final de sua presidência. Margaret, a filha de Truman, descreveu a cena: "Todos estavam entusiasmados, sobretudo papai. De repente, o senhor Churchill virou-se para ele e disse: 'Senhor presidente, espero que o senhor tenha sua resposta pronta para aquela hora em que o senhor e eu estivermos diante de São Pedro e ele disser: 'Para mim, vocês dois são responsáveis por aquelas bombas atômicas. O que têm a dizer sobre isso?''."

Embora Harry Truman deixasse a presidência com índices de aprovação muito baixos, só comparáveis aos alcançados por George W. Bush muitos anos depois, hoje em dia ele é visto como um bom presidente e costuma ser elogiado tanto por republicanos quanto por democratas. Condoleezza Rice, ex-conselheira da Segurança Nacional e secretária de Estado, a quem George Bush atribuiu a responsabilidade por lhe dizer tudo o que ele sabia acerca da União Soviética, indicou Truman como seu "Homem do Século" para a revista *Time*.

Em 1993, a biografia de Truman, escrita por David McCullough, fez muito sucesso e deu ao autor o Prêmio Pulitzer. Em 1995, o filme com base na biografia de McCullough venceu o prêmio Emmy de melhor filme de TV e foi visto por milhões de pessoas.

Na mitologia criada pelo filme, Henry Stimson e o general George Marshall são retratados como homens que encaram com desprezo o pobre coitado e medroso Truman, que está seguindo sua consciência moral. Mas as posições reais deles sobre a bomba atômica e o Japão são distorcidas.

No filme, o ponto de vista soviético é inteiramente ignorado e os personagens de Henry Wallace e Jimmy Byrnes são omitidos. No entanto, o real Harry Truman é muito mais sombrio do que o pobre coitado heroico de McCullough. Apesar dos desmentidos de Truman, sua decisão trágica e equivocada de usar a bomba contra o Japão foi uma advertência cruel e profundamente desnecessária de que os

Estados Unidos podiam se sentir desimpedidos de considerações humanitárias em utilizar essas mesmas bombas contra a União Soviética, se ela continuasse a interferir na Europa ou na Ásia. No entanto, numa escala moral maior, Truman sabia que estava iniciando um processo que poderia extinguir a vida no planeta, como afirmou explicitamente em, no mínimo, *três* ocasiões — e, no entanto, avançou temerariamente. Matar pessoas sem necessidade é crime de guerra. Ameaçar de extinção a humanidade vai muito, muito além disso.

Isso é o que Henry Wallace entendeu mais profundamente do que qualquer outro funcionário do governo. O homem que fez o melhor que pôde para terminar o monopólio norte-americano da bomba atômica passou muito despercebido pela história.

Wallace deixou o governo em 1946 e em 1948 concorreu à presidência como candidato do recém-criado Partido Progressista. Sua mensagem de paz numa época de tensões crescentes não foi ouvida. Frequentemente atacado por Truman e pela imprensa como um simpatizante do comunismo, Wallace obteve menos de 3% dos votos. Depois da eleição, ele se aposentou da política. Cada vez mais acusado de abrigar comunistas em sua campanha, ele transigiu sob as pressões da Guerra da Coreia e do macarthismo, condenando ruidosamente os soviéticos. No entanto, ele aferrou-se aos seus ideais progressistas e, mais tarde, condenou o envolvimento norte-americano no Vietnã. Viveu calmamente em sua fazenda no norte do estado de Nova Iorque, onde morreu em 1965.

Numa ironia que só o capitalismo norte-americano pode abarcar, a empresa de sementes de milho Hi-Bred, que Wallace criou em 1926, foi vendida no final da década de 1990 para a Du Pont por mais de nove bilhões de dólares: um recado agridoce para aqueles que repetidamente denegriram *A mulher faz o homem*, considerando-o ingênuo e comunista.

Wallace permanece como um dos heróis não celebrados da Segunda Guerra Mundial, revelando ao mundo uma América mais humana. Ainda que sua visão fosse objetada em cada passo, ela não morreu. Seguindo os passos de outros antes dele, Henry Wallace continuou a assentar as bases — e outros o seguiram.

Franklin Roosevelt afirmou: "Nenhum homem era mais do solo americano que Wallace."

No entanto, atualmente, poucos se lembram de quão perto Wallace chegou de obter a indicação a vice-presidente naquela noite agitada de Chicago, em julho de 1944.

Ali, Roosevelt cometeu o maior erro de sua brilhante carreira, consentindo na escolha de Harry Truman pelos caciques do partido. Ele podia ter resistido e, com o apoio do povo, teria Wallace de volta como vice-presidente. No entanto, ele estava cansado de defender sua visão em favor da paz do mundo; de fato, muito cansado e perto da morte. Esse momento triste indica muito claramente a falibilidade de toda a história. Fracassar não é trágico. Ser humano é. No que os Estados Unidos poderiam ter se convertido se Wallace houvesse sucedido Roosevelt em abril de 1945, em vez de Truman? As bombas atômicas não teriam sido usadas na Segunda Guerra Mundial? O país poderia ter evitado a corrida armamentista e a Guerra Fria? Os direitos civis e os direitos da mulher teriam triunfado nos anos próximos do pós-guerra? O colonialismo teria terminado décadas antes e os frutos da ciência e tecnologia teriam se espalhado de modo mais equitativo pelo mundo? Nunca saberemos.

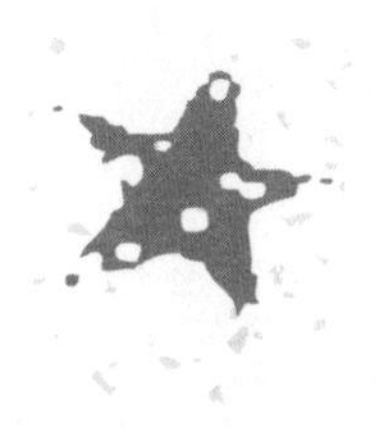

CAPÍTULO 6

QUANDO A Segunda Guerra Mundial chegou ao fim, os soldados norte-americanos e soviéticos celebraram juntos, às margens do rio Elba, sem saber que seus países em pouco tempo seriam inimigos ferrenhos.

Houve um breve momento em que os Estados Unidos, sozinho entre os vencedores, estava no topo do mundo. Seu número de mortos foi de 405 mil, em comparação com os 27 milhões de pessoas da União Soviética. A economia estava em rápida expansão. As exportações mais do que dobraram em relação aos níveis do pré-guerra. A produção industrial tinha crescido 15% ao ano. Os Estados Unidos detinham dois terços das reservas de ouro do mundo e três quartos do seu capital investido. Estavam produzindo incríveis 50% dos bens e serviços do mundo.

Em 1945, em Breton Woods, New Hampshire, os Estados Unidos criaram duas novas e importantes instituições econômicas do capitalismo — o Banco Mundial e o Fundo Monetário Internacional — com orçamentos de 7 a 8 bilhões de dólares.

O presidente Harry Truman, que adquirira renome investigando o excesso de gastos do Senado, estava supervisionando uma gigantesca desmobilização.

E mesmo assim, havia um mal-estar persistente nessa nova sociedade onde o setor civil prosperara enquanto os membros das forças armadas estavam longe.

A Segunda Guerra Mundial deixou setenta milhões de mortos na Europa e na Ásia; dois terços deles, civis. Hiroshima foi um aviso de antemão agourento. A Grande Depressão terminara, mas os planejadores empresariais e sociais norte-americanos temiam uma recaída e se preocupavam com as consequências da pobreza mundial, com populações deslocadas, sem lar e desempregadas. A revolução varreria o mundo? O que aconteceria com o comércio e o investimento norte-americanos?

Na França, o Partido Comunista, que tinha meio milhão de membros e lutara corajosamente na resistência aos nazistas, obteve 26% dos votos, em 1945. Na Itália, 1,7 milhão de pessoas se juntaram ao Partido Comunista Italiano.

Mesmo na Grã-Bretanha, as pessoas, exaustas e arruinadas como resultado de duas guerras mundiais, estavam de forma atípica se virando para o Estado para tornar tolerável suas vidas.

E a sorte que tornara Winston Churchill um dos mais respeitados estadistas de sua época, naquele momento, o abandonou com uma virada digna de tragédia grega.

Clement Attlee, seu sucessor como primeiro-ministro, encarnava o novo socialista europeu, prometendo criar um sistema de saúde gratuito para todos e defendendo a completa estatização de diversas das indústrias mais antigas da Grã-Bretanha. Attlee era um homem preocupado não com o império, mas, sim, com um grande Estado de bem-estar social. Em contraste, Churchill oferecia um império. No final de 1942, ele dissera, num momento em que a própria existência da Inglaterra estava ameaçada: "Não me tornei o primeiro-ministro do rei para presidir a liquidação do Império Britânico."

No entanto, o desmembramento foi exatamente o que Churchill viveria para ver. Attlee administraria a independência da Índia, do Paquistão, de Myanmar, do Sri Lanka, da Jordânia e da Palestina. Attlee entendeu que havia uma nova ordem mundial norte-americana. Os Estados Unidos concederam um empréstimo de quase quatro bilhões de dólares para a Grã-Bretanha para reembolso em cinquenta anos, e, naquele momento, estavam arrendando bases militares em solo inglês. Em essência, a Grã-Bretanha vinha se tornando um novo estado-cliente dos Estados Unidos.

Franklin Roosevelt, que sempre antipatizou com o conceito de rei e império e expressou a desaprovação norte-americana das políticas repressivas britânicas na Índia, Grécia e em outros países, conseguira alcançar um equilíbrio em suas relações com a Grã-Bretanha e a União Soviética. A possibilidade de um grande crédito norte-americano para ajudar os soviéticos na reconstrução do seu país fora discutida abertamente durante a guerra. No entanto, Harry Truman não mostrou a mesma habilidade de Roosevelt, quando mudou de conduta, num momento de máximo poder norte-americano, favorecendo cada vez mais os britânicos. Quando os soviéticos não receberam nada próximo do pacote de ajuda concedido aos britânicos, eles ficaram muito decepcionados. Logo deram-se conta de que a aliança do tempo da guerra seria a primeira vítima da era pós-guerra.

Em meados de setembro de 1945, em Londres, num encontro de ministros das Relações Exteriores, o secretário de Estado Jimmy Byrnes repreendeu severamente o ministro das Relações Exteriores Molotov acerca das políticas soviéticas na Europa Oriental. Em resposta, Molotov apontou para as políticas restritivas norte-americanas na Itália, na Grécia e no Japão e, cansado da beligerância de Byrnes, perguntou se ele estava escondendo uma bomba atômica no seu bolso. Byrnes respondeu: "O senhor não conhece os sulistas. Carregamos nossa artilharia no bolso. Se o senhor não desistir dessas evasivas e nos deixar trabalhar com afinco, vou tirar uma bomba atômica do meu bolso e jogá-la no senhor."

Em dezembro, Henry Wallace, secretário do Comércio, pressionou Truman para tirar o controle das armas atômicas norte-americanas das mãos de Leslie Groves, inimigo dos soviéticos, que ainda tinha controle unilateral sobre elas. Groves defendera um ataque preventivo contra qualquer possível rival que tentasse "construir ou possuir armas atômicas".

A União Soviética, depois de protagonizar o esforço antifascista e, naquele momento, possuindo o maior exército do mundo, provocava calafrios em alguns oficiais norte-americanos.

No início de 1946, uma pesquisa de opinião descobriu que 26% dos norte-americanos achavam que os soviéticos buscavam a dominação do mundo. 13% achavam isso em relação aos britânicos.

Os soviéticos, ainda que cientes da guinada para a direita do governo Truman, ainda esperavam manter a aliança do tempo de guerra e agiram para conter seus aliados comunistas na China, na Itália, na França e na Grécia. Stálin, cujo principal objetivo de política externa era assegurar que a Alemanha e o Japão nunca mais representassem uma ameaça ao seu país, tinha enormes problemas domésticos. Seu país experimentava uma pobreza devastadora, ainda envolvido numa guerra de guerrilha contínua e extensiva em sua região oeste, sobretudo na Ucrânia, que, em pouco tempo, seria assolada pela fome. Os soviéticos estavam isolados nas Nações Unidas e os Estados Unidos tinham o monopólio da bomba atômica. No entanto, os Estados Unidos estavam criando uma imagem da União Soviética como um país prestes a conquistar o mundo.

Na Alemanha, os dois sistemas já conflitavam. Roosevelt falara sobre converter a Alemanha num país agrícola, mas Truman decidiu revitalizar a economia alemã, considerando isso fundamental para a recuperação geral europeia. Em si, não era um má decisão, visto o que aconteceu na Alemanha Ocidental nos anos seguintes, mas, na ocasião, era muito insensível em relação às preocupações de um país que fora invadido duas vezes, na memória recente, pelo Exército alemão. Era, de fato, um profundo conflito de interesses e a imagem dos soviéticos esvaziando a zona oriental para enviar ao seu empobrecido país significou uma pilhagem para muitos norte-americanos.

Já no século XIX, o pré-comunista Império Russo entrou em conflito com o Império Britânico, ambos buscando influência na Turquia e no Irã. Frequentemente, a Rússia buscou acesso aos portos de água quente do Mediterrâneo.

Na Revolução Russa de 1917, Churchill, como primeiro lorde do almirantado, fora um adversário ferrenho do comunismo, que, segundo ele, devia ser "sufocado no berço". Ele atraiu os Estados Unidos para uma ação militar contra o novo regime comunista, e, na feroz contrarrevolução em oposição ao comunismo, quarenta mil soldados britânicos e quinze mil soldados norte-americanos participaram, envenenando as relações desde o início. Só em 1933 Roosevelt finalmente reconheceu a União Soviética.

Naquele momento, Churchill, fora do poder, estava desejoso de uma confrontação — que aconteceria, não previsivelmente, no Oriente Médio. A Grã-Bretanha controlava 72% do petróleo do Oriente Médio; os Estados Unidos tinham o controle de 10% e queriam uma participação maior. A União Soviética também desejava uma parte. Após ter acantonado tropas durante a guerra em sua fronteira no norte do Irã para manter o suprimento de petróleo fora do alcance dos nazistas, os soviéticos, naquele momento, entraram em conflito com os britânicos no sul.

Além disso, Churchill manifestou preocupação no concernente às sondagens soviéticas na Turquia, que ameaçava a esfera de interesse britânica no Oriente Médio.

No início de fevereiro de 1946, a revelação de um círculo de espionagem soviética no Canadá acrescentou credibilidade às advertências de Churchill. E um discurso de Stálin, em que ele proclamou um novo Plano Quinquenal do pós-guerra para reconstrução da União Soviética, foi considerado incendiário e interpretado erroneamente como declaração de que a guerra entre os dois sistemas era inevitável. Naquele contexto, no início de março de 1946, Winston Churchill lembrou ao mundo que ele ainda era um poder a ser levado em conta. Churchill viajou a Fulton, no Missouri, próximo da casa de Truman, para fazer um dos discursos mais consequentes da Guerra Fria; palavras que condenariam para sempre, na mente de muitas pessoas, a União Soviética.

Truman apresentou Churchill como "um dos grandes homens do nosso tempo". "Ele é um grande inglês, mas é meio americano", Truman comentou.

No palco da *Westminster College*, Churchill falou: "De Estetino, no Báltico, a Trieste, no Adriático, uma cortina de ferro desceu através do continente... numa grande quantidade de países... os partidos comunistas ou as quinta-colunas constituem um crescente desafio e um perigo para a civilização cristã... Não acredito que a Rússia soviética

Truman e Churchill acenam de um trem a caminho de Fulton, no Missouri, onde Churchill faria seu belicoso discurso sobre a "Cortina de Ferro", no início de março de 1946.

deseje a guerra. O que ela deseja são os frutos da guerra e a expansão indefinida do seu poder e das suas doutrinas."

Foi um avanço espetacular na beligerância contra a União Soviética. O *The New York Times* aplaudiu o discurso, afirmando que foi dito "com a força do profeta que foi provado pouco tempo atrás".

Visivelmente descontente, Stálin acusou Churchill de estar ao lado dos "fomentadores da guerra" que seguiam a "teoria racial" de que só os anglófonos podiam "decidir o destino do mundo".

O *Chicago Tribune*, apesar de concordar com a avaliação de Churchill da Europa Oriental, questionou enfaticamente o pedido de ajuda dele em favor "daquele império antigo e diabólico que queria manter a tirania em todo o mundo. Não podemos nos tornar parceiros da manutenção da escravidão".

Claude Pepper, senador da Flórida, observou que Churchill era "tão contrário à Rússia quanto ao governo trabalhista em seu próprio país". Pepper declarou aos jornalistas: "É chocante ver o senhor Churchill se alinhar com os velhos conservadores de Chamberlain que fortaleceram os nazistas como parte de sua cruzada antissoviética."

Eleanor Roosevelt lamentou os comentários provocativos de Churchill e James Roosevelt, filho mais velho de Franklin e Eleanor, pediu para Truman enviar Henry Wallace a Moscou para um encontro com Stálin para aliviar as tensões.

No mês seguinte, no primeiro aniversário de morte de Roosevelt, Wallace ofereceu uma visão distinta: "A única maneira de derrotar o comunismo no mundo é realizar um trabalho melhor e mais suave de produção máxima e distribuição ideal. Vamos construir uma raça limpa, uma raça determinada, mas, acima de tudo, uma raça pacífica, a serviço da humanidade. A origem de todos os erros é o medo. A Rússia teme o cerco anglo-saxão. Nós tememos a infiltração comunista. Se esses medos persistirem, chegará o dia em que nossos filhos e netos pagarão por esses medos com rios de sangue. Como resultado do medo, grandes países agiram como feras acuadas, pensando só em sobreviver. Há um mês, o senhor Churchill apareceu para o século anglo-saxão. Quatro anos atrás, repudiei o século americano. Hoje, repudio o século anglo-saxão com vigor ainda maior. A população mundial não tolerará o recrudescimento do imperialismo, mesmo sob os auspícios evoluídos da bomba atômica anglo-saxã. O destino dos anglófonos é servir o mundo, não dominá-lo."

Após o discurso de Churchill, as condições se deterioram rapidamente. Quando as tropas soviéticas permaneceram no Irã além do prazo final de março, Truman ameaçou declarar guerra. Ele escreveu: "Se os russos passarem a controlar o petróleo iraniano, direta ou indiretamente... será uma perda grave para a economia do mundo ocidental."

Posteriormente, Truman pediu ao senador Henry "Scoop" Jackson para que convocasse o embaixador soviético Andrei Gromiko à Casa Branca e o advertisse de que se as tropas soviéticas não saíssem em 48 horas "nós iremos jogar a bomba sobre vocês". As tropas se retiraram em 24 horas, mas não por motivo da chantagem atômica. Menos de dois meses depois, os Estados Unidos cortaram o pagamento das

O secretário do Comércio Henry Wallace chega à Casa Branca para uma reunião ministerial. Em seu discurso de 12 de setembro de 1946, no Madison Square Garden, após seu apelo por uma abordagem mais conciliatória em relação à União Soviética, Truman o demitiu. Partidários da linha-dura e da Guerra Fria, como James Byrnes, ajudaram a convencer Truman de que Wallace tinha de sair do governo.

reparações de que a União Soviética desesperadamente precisava com origem na Alemanha Ocidental.

Em julho de 1946, enviando outra mensagem arrepiante sobre suas intenções, os Estados Unidos decidiram realizar um teste atômico nas Ilhas Marshall.

Em setembro daquele ano, em Nova Iorque, diante de vinte mil pessoas no Madison Square Garden, Henry Wallace tentou pôr um fim na crescente loucura: "Quanto mais duros formos, mais duros os russos serão. Acredito que podemos obter cooperação assim que a Rússia entender que nosso principal objetivo não é salvar o Império Britânico nem conseguir petróleo do Oriente Médio à custa da vida dos soldados americanos. Sob uma competição pacífica e amigável, o mundo russo e o mundo norte-americano ficarão gradualmente mais parecidos. Os russos serão forçados a conceder cada vez mais liberdades individuais e nós ficaremos cada vez mais ocupados com os problemas de justiça social e econômica." No entanto, ele advertiu: "Aquele que confia na bomba atômica morrerá mais cedo ou mais tarde pela bomba atômica."

O discurso virou notícia mundial, o que constrangeu o secretário de Estado Jimmy Byrnes, que disse que Truman tinha de escolher entre ele e Wallace.

O apoio a Wallace, o último *New Dealer* remanescente no governo Truman, veio de pessoas como Eleanor Roosevelt e Albert Einstein, mas não dos assessores mais próximos de Truman.

James Forrestal considerava Wallace um risco à segurança e seu serviço de inteligência naval monitorava secretamente o secretário de Comércio. Ele compartilhava as informações com J. Edgar Hoover, do FBI, que nutria suspeitas sobre as lealdades de Wallace. Wallace, por sua vez, considerava Hoover um "Himmler americano".

Inicialmente, Truman admitiu que leu e aprovou todo o discurso com antecedência, mas, depois, negou. Enredado em sua própria fraude, expressou em seu diário que Wallace é "um pacifista completo. Ele quer que dissolvamos nossas forças armadas, entreguemos à Rússia nossos segredos atômicos e confiemos num bando de aventureiros do Politburo. Não entendo um 'sonhador' desse tipo".

Truman demitiu Wallace e com sua partida as chances de evitar uma corrida armamentista desapareceram. O ano de 1947 seria o ponto de inflexão, quando os Estados Unidos mergulhariam impetuosamente na Guerra Fria, no país e no exterior.

Por trás dos movimentos de libertação nacional, em lugares como a Malásia Britânica, a Indochina Francesa e as Índias Orientais Holandesas, os líderes norte-americanos enxergaram um terrível quadro de expansão da revolução mundial patrocinado por Stálin. Assim, eles descartaram negociações com seu antigo aliado e ignoraram quaisquer tons de cinza em suas conclusões preto no branco.

Na Grécia, o Exército britânico derrubou a Frente de Libertação Nacional, organização popular de esquerda, e restaurou a monarquia e a ditadura de direita, desencadeando um levante liderado pelos comunistas.

Depois do rigoroso inverno de 1946 a 1947, os britânicos, sem recursos financeiros, não conseguiram controlar a revolta e pediram para os Estados Unidos tomarem a iniciativa para derrotar os insurgentes gregos e modernizar o Exército turco.

Posteriormente, um funcionário do Departamento de Estado resumiu: "Em uma hora, a Grã-Bretanha entregou o trabalho de liderança mundial para os Estados Unidos."

A população cansada de guerra não tinha desejo por iniciativas custosas, mas Truman, dirigindo-se às duas casas do Congresso, pediu quatrocentos milhões de dólares, expondo uma nova visão dos Estados Unidos como polícia do mundo: "Hoje, a existência da Grécia está ameaçada pelas atividades terroristas de milhares de homens armados liderados pelos comunistas. No momento presente da história mundial, quase todos os países devem escolher entre alternativas de estilos de vida. Acredito que deva ser a política dos Estados Unidos a apoiar os povos livres que estão resistindo à tentativa de subjugação por minorias armadas ou por pressão externa."

Truman, ao não distinguir entre ameaças vitais e periféricas e ao ligar o destino dos povos de todo o mundo à segurança dos Estados Unidos, estava fazendo uma declaração muito importante. De fato, aquelas palavras podiam ser transpostas para a Coreia, o Vietnã, Iraque e Afeganistão. Após um debate acalorado, o Congresso aderiu às ideias do presidente.

Moscou ficou assombrada com a linguagem bélica e acusou os Estados Unidos de expansão imperialista sob o pretexto de caridade e de tentativa de estender a doutrina Monroe ao Velho Mundo.

De fora do governo, Henry Wallace liderava a oposição, censurando o "total absurdo" de descrever os governos turco e grego como democráticos e acusando Truman de "trair" a visão de Roosevelt em favor da paz mundial. "Quando o presidente Truman proclama o conflito mundial entre leste e oeste, está dizendo aos líderes soviéticos que estamos nos preparando para a guerra." "O presidente Truman", Wallace advertiu, "não pode impedir a mudança no mundo, assim como não pode impedir o movimento das marés nem o pôr do sol. Mas uma vez que a América representa a oposição à mudança, estamos perdidos. A América se tornará o país mais odiado do mundo". Antecipando que os soviéticos responderiam na mesma moeda, ele previu: "A política de Truman espalhará o comunismo pela Europa e pela Ásia."

Dois meses depois, os soviéticos patrocinaram um golpe comunista que derrubou o governo democraticamente eleito da Hungria. O *The New York Times* declarou: "O golpe na Hungria é a resposta russa à nossa ação na Grécia e na Turquia." Isso claramente contribuiu para a decisão soviética de impor uma nova e mais estrita ordem na Europa Oriental.

A guerra civil grega ganhou intensidade e o pessoal norte-americano, identificado como "conselheiros", chegou à zona de guerra em junho de 1947. Os Estados Unidos armaram a monarquia direitista e toleraram as prisões políticas e as execuções em massa de seu cliente. Foi um conflito especialmente selvagem, com táticas, algumas antigas, outras novas, que prenunciaram aquelas utilizadas tempos depois no Vietnã, tais como deportações em massa para campos de concentração, prisão em massa de mulheres e filhos de subversivos, execuções, destruição de sindicatos, torturas e bombardeio de vilarejos com napalm. A Grécia foi mantida sob o controle de empresários ricos, muitos dos quais antigos colaboradores dos nazistas; as vítimas foram principalmente trabalhadores e camponeses que resistiram aos nazistas.

A União Soviética ajudou temporariamente as forças de esquerda. No entanto, em fevereiro de 1948, Stálin ordenou que Josip Tito, da Iugoslávia, e os dirigentes das vizinhas Albânia e Bulgária, parassem de apoiar o movimento guerrilheiro. "Acha que os Estados Unidos, o país mais poderoso do mundo, permitirá que você quebre a linha de comunicação deles no Mar Mediterrâneo? Absurdo! E não temos marinha. O levante na Grécia deve ser interrompido o mais rápido possível", Stálin advertiu.

O tenaz Tito, que travara sua própria guerra extenuante contra os nazistas e não tinha medo dos assassinos de Stálin, recusou-se a cumprir a ordem e o ditador soviético o excomungou do movimento comunista internacional, contrariando aliados inflexíveis como Mao, da China. O Departamento de Estado relatou: "Pela primeira vez na história, podemos agora ter dentro da comunidade internacional um estado comunista independente de Moscou. Um novo fator de importância fundamental e profunda foi introduzido no movimento comunista mundial por meio da demonstração de que o Krêmlin pode ser desafiado com sucesso por um dos seus próprios apaniguados." Mas, apesar de fornecer apoio secreto para Tito, os Estados Unidos jamais ajustaram sua retórica para refletir o fato de que o comunismo não era monolítico. Nas declarações públicas dos líderes norte-americanos, a

União Soviética permanecia como centro da conspiração comunista para dominar o mundo.

Mas a verdade não era tão simples. Em 1956, fora do poder pela segunda vez e aposentado, o velho leão Churchill confirmou numa entrevista: "Stálin sempre cumpriu suas promessas. Concordamos em relação aos Bálcãs. Eu disse que ele podia ficar com a Romênia e a Bulgária e ele disse que eu podia ficar com a Grécia. Ele assinou um pedaço de papel e cumpriu sua promessa. Salvamos a Grécia dessa maneira."

A falta de apoio de Stálin ao levante grego condenou os rebeldes e a guerra civil terminou com a vitória, em 1949, do governo nacional. Ainda que os funcionários norte-americanos vibrassem com a vitória, os gregos não tiveram tanta certeza. Mais de cem mil pessoas perderam a vida e oitocentas mil se tornaram refugiadas. Sucessivos governos gregos utilizaram os aparatos estatais — a polícia, as forças armadas e os serviços de inteligência — para governar brutalmente o país.

Na frente doméstica, pressionado pela direita republicana, Truman decidiu aplacar a crescente inquietação pública com o comunismo, ainda que, como Clark Clifford admitiu depois: "O presidente não dava muita importância ao suposto medo do comunismo. Achava que era tudo conversa fiada." Truman ordenou a verificação de lealdade de todos os funcionários do governo para descobrir os "subversivos". O ponto de vista errado sobre religião, comportamento sexual, política exterior ou raça podia colocar sob suspeita a pessoa. Até 1952, as comissões de lealdade analisaram mais de 22 mil casos e mais de quatro mil funcionários públicos foram demitidos ou renunciaram.

Em outubro de 1947, o *House Un-American Activities Committee* [comitê de atividades antiamericanas da câmara dos representantes] realizou audiências amplamente divulgadas a respeito da influência comunista em Hollywood. Era um alvo fácil.

De modo vergonhoso, os executivos dos estúdios de Hollywood delataram os acusados e prometeram não contratar ninguém com filiações suspeitas. Embora uma grande quantidade de estrelas hollywoodianas criticasse publicamente a caça às bruxas, a "lista negra" foi substituída por uma "lista cinza" e centenas de outras pessoas não puderam mais trabalhar. Entre as testemunhas amigáveis, incluíam-se

Ronald Reagan, então presidente do *Screen Actors Guild* [sindicato dos atores], os atores Robert Taylor e Gary Cooper, e o executivo do estúdio Walt Disney.

De 1948 a 1954, mais de quarenta filmes fortemente anticomunistas foram produzidos, sem incluir parábolas aterrorizantes de ficção científica como *A guerra dos mundos*, adaptação da obra homônima de H. G. Wells, envolvendo a ameaça do comunismo.

O FBI, sob o comando de J. Edgar Hoover, homem bastante consciente dos efeitos da propaganda, cuja única e maior obsessão na vida era o comunismo, conduziu a maioria das investigações em sua existência nos Estados Unidos. Os acusados podiam não saber o fundamento das acusações. Em sua paranoia, Hoover desconfiava até da Casa Branca, do Pentágono e do Departamento de Justiça e ocultava o que fazia — tanto dentro como fora da lei —, elaborando planos para detenções em massa de comunistas no caso de um ataque soviético.

Em julho de 1947, Truman conseguiu aprovar a *National Security Act* [lei de segurança nacional] que criou uma nova e imensa burocracia comandada pelo antissoviético ferrenho James Forrestal, enquanto primeiro secretário de Defesa do país. A lei também criou a *Central Intelligence Agency* [CIA — agência central de inteligência], que recebeu quatro funções; três delas lidando com a coleta, análise e disseminação de informações. A quarta função se revelou a mais perigosa: um palavreado vago, que permitia à CIA executar "outras funções e deveres relacionados com inteligência que afetavam a segurança nacional", como o presidente considerasse adequado.

A CIA utilizou o palavreado vago para realizar centenas de operações secretas em todo o mundo, incluindo mais de oitenta durante o segundo mandato de Truman. Seu primeiro sucesso foi subverter a eleição italiana de 1948 para assegurar a vitória contra o Partido Comunista. Aparentemente, a democracia era uma virtude só quando atendia aos interesses norte-americanos. Às vezes chamada de "exército invisível do capitalismo", a CIA era realmente o começo de um novo país: os Estados Unidos erigidos sobre um estado secreto que cresceria exponencialmente nas décadas vindouras.

Apesar de sua face pública, Truman temera desde o início que a CIA se transformasse numa "Gestapo" ou numa "ditadura militar". E, em 1963, pouco depois do assassinato de John Kennedy, Truman, surpreendente e explicitamente, exigiu que a CIA encerasse suas operações e simplesmente coletasse informações. Seu artigo de opinião apareceu no *The Washington Post*, mas, estranhamente, gerou pouca discussão em outros veículos da mídia e desapareceu da atenção pública.

O general George Marshall, que liderou os exércitos aliados à vitória na Segunda Guerra Mundial, foi mais uma vez eleito "Homem do Ano" pela revista *Time* em 1948 e planejava uma aposentadoria tranquila. No entanto, Truman, que já estava cansado de Byrnes, forçou sua renúncia e nomeou Marshall seu novo secretário de Estado.

Acreditando pessoalmente que as descrições de Truman de uma ameaça comunista eram exageradas, o bom senso de Marshall ditou que a melhor maneira de ganhar uma guerra era impedi-la de acontecer. O necessário numa Europa arruinada e empobrecida não era uma resposta militar, mas humanitária. Com esse espírito, na cerimônia de formatura da Universidade Harvard, em junho de 1947, o general de maior prestígio dos Estados Unidos convidou os líderes europeus a sugerirem um plano de recuperação econômica. Como resultado, nasceu o Plano Marshall. Marshall explicou: "Nossa política é dirigida não contra algum país ou doutrina, mas contra a fome, a pobreza, o desespero e o caos."

O que os Estados Unidos fizeram depois da Segunda Guerra Mundial foi algo raro na história imperial. O país reconstruiu seus antigos rivais, Alemanha e Japão, tornando-os satélites economicamente poderosos dos Estados Unidos. "É um programa difícil. Mas não resta dúvida de que, se decidirmos executá-lo, poderemos realizá-lo com sucesso", Marshall afirmou.

Entre 1948 e 1952, os Estados Unidos acabaram gastando treze bilhões de dólares. Como a Alemanha, ao lado da Grã-Bretanha e França, era um de seus maiores beneficiários, os temores soviéticos em relação ao poder alemão restaurado aumentaram muito. Os soviéticos

Em junho de 1948, um homem trabalha em Berlim Ocidental num projeto financiado pelo Plano Marshall (como indicado pela placa no fundo). Os Estados Unidos gastaram 13 bilhões de dólares na recuperação europeia entre 1948 e 1952. Com a Grã-Bretanha, a França e a Alemanha como seus maiores beneficiários, o plano exacerbou os temores soviéticos referentes a uma Alemanha rearmada e a um cerco capitalista.

rejeitaram uma oferta para participar do plano, pois exigia muito controle norte-americano sobre a economia soviética.

Quando o governo de coalizão livremente eleito da Tchecoslováquia, liderado curiosamente pelo Partido Comunista, aceitou a oferta de ajuda de Marshall, isso significou ir longe demais para o desconfiado Stálin que exigiu que os tchecos rejeitassem o plano. Em fevereiro de 1948, um regime stalinista foi imposto sobre a Tchecoslováquia. Os liberais norte-americanos e europeus ficaram chocados. O ator James Cagney expressou o ponto de vista ocidental: "A subversão é naturalmente uma técnica importante de conquista comunista. Em 1948, a Tchecoslováquia é uma democracia estabelecida na Europa Oriental. De repente, uma onda de greves. Os elementos conservadores retornam da capital. Mas Jan Masaryk, filho do maior herói do país, não os acompanha e permanece no Ministério das Relações Exteriores. Duas semanas depois, é encontrado morto. Se ele foi assassinado ou suicidou-se, não se sabe até hoje."

O modo pelo qual Masaryk morreu — uma queda através da janela do banheiro — viria a assombrar Forrestal e justificou a visão mais sombria sobre as intenções soviéticas.

Em março de 1947, Truman discursa numa sessão conjunta do Congresso. O presidente pediu quatro milhões de dólares para apoiar os esforços na Grécia e Turquia, e, no que viria a ser conhecido como "Doutrina Truman", declarou que os Estados Unidos deviam apoiar "os povos livres que estão resistindo à tentativa de subjugação por minorias armadas ou por pressão externa".

Marshall, porém, dissera numa reunião ministerial em novembro do ano anterior que os soviéticos logo reprimiriam a Tchecoslováquia como um "movimento puramente defensivo", mas Truman usou o ultraje para acelerar a aprovação do Plano Marshall pelo Congresso e também o programa de rearmamento que o Pentágono pressionava havia muito tempo. Os Estados Unidos, também naquele momento, tomaram a decisão funesta de pressionar por um estado independente na Alemanha Ocidental.

Truman descreveu o Plano Marshall e a Doutrina Truman como "duas metades de uma mesma noz". Embora o plano estimulasse a recuperação europeia, grande parte da ajuda foi utilizada para adquirir exportações das grandes empresas norte-americanas. Pouca ajuda foi dada para reconstruir a própria capacidade europeia de refino e isso permitiu que as principais empresas petrolíferas norte-americanas dominassem o mercado europeu.

O Plano Marshall foi secretamente generoso com a CIA que desviou grandes somas de dinheiro de ajuda do plano para financiar operações secretas. No verão de 1948, depois do golpe na Tchecoslováquia, Truman aprovou uma escalada drástica de ação secreta mundial, incluindo operações de guerrilha na União Soviética e na Europa Oriental. Na Ucrânia, um projeto criou um exército guerrilheiro com codinome *Nightingale* [rouxinol] que fora originalmente organizado pelos nazistas, em 1941, composto de ucranianos ultranacionalistas. Naquele momento, os grupos devastavam as regiões assoladas pela fome, onde o controle soviético era fraco, levando a cabo o assassinato de milhares de judeus, soviéticos e poloneses que se opunham a uma Ucrânia independente.

Desde 1949, e ao longo de cinco anos, a CIA lançou de paraquedas rebeldes ucranianos sobre a região. Para os soviéticos, era como se eles tivessem infiltrado guerrilheiros nas regiões das fronteiras canadense e mexicana dos Estados Unidos e indicava até onde os norte-americanos estavam dispostos a ir para desalojar o controle soviético de suas próprias áreas de fronteira e esfera de interesse.

A CIA também estava ativa na Alemanha, assumindo o controle da Organização Gehlen do exército norte-americano. Gehlen, ex-nazista que chefiou a inteligência na Europa Oriental e na União Soviética para Hitler, recrutou uma rede de nazistas e criminosos de guerra que pertenceram à Gestapo e à SS. E, nos anos seguintes, apresentou o pior quadro possível das ações soviéticas. Um funcionário aposentado da CIA reconheceu: "Ele forneceu aquilo que queríamos ouvir. Usamos seu material constantemente e o fornecemos para todos: o Pentágono, a Casa Branca, os jornais. Eles também adoravam."

Em junho de 1948, quando os Estados Unidos instituíram a reforma monetária nos três setores ocidentais de Berlim que ficavam 160 quilômetros dentro da Alemanha Oriental, os soviéticos consideraram isso um passo importante para o estabelecimento de um estado independente e remilitarizado na Alemanha Ocidental e também uma traição norte-americana à promessa de prover reparações a partir das regiões ocidentais inerentemente mais prósperas. Os soviéticos cortaram o acesso ferroviário e rodoviário para Berlim.

Para Stálin, as potências ocidentais perderam o direito de acesso porque estavam rompendo o arcabouço do pós-guerra de uma Alemanha unificada. A mídia ocidental censurou a crueldade brutal do bloqueio de Berlim pelos soviéticos, acusando-os de tentar matar de fome os cidadãos dos setores ocidentais. No entanto, ao contrário dessa visão amplamente difundida, os soviéticos garantiram aos berlinenses ocidentais acesso à comida e ao carvão do setor oriental ou a partir das provisões soviéticas. Os analistas do serviço norte-americano de inteligência militar confirmaram isso relatando, em outubro, que o "bloqueio rodoviário, ferroviário e de água de Berlim não constitui um bloqueio econômico completo". O que a maioria das pessoas se lembra, porém, é de que, nos onze meses seguintes, numa manobra defensiva heroica contra a agressão soviética, a ponte aérea para Berlim, organizada pelo general Curtis LeMay, levou comida e combustível para 2,2 milhões de pessoas, numa cidade sitiada. Truman, que estava disposto a aprovar o uso de armas atômicas, escreveu em setembro: "Estamos muito perto da guerra."

Tanto a França quanto a Grã-Bretanha nutriram pouco entusiasmo por essa iniciativa norte-americana, temendo uma Alemanha remilitarizada, mas os Estados Unidos apostaram que seu monopólio atômico triunfaria. Assim, rejeitaram as tentativas soviéticas de acordo até conseguirem tanto uma lei básica esboçando um estado na Alemanha Ocidental como a criação, em abril de 1949, da OTAN — Organização do Tratado do Atlântico Norte. Pela primeira vez em sua história, isso comprometeu os Estados Unidos com uma aliança militar em tempos de paz com a Europa Ocidental.

Naquele momento, com seus objetivos alcançados, os Estados Unidos concordaram com conversações sobre o futuro da Alemanha. Então, os soviéticos levantaram o bloqueio.

A Alemanha, naquele momento, estava oficialmente dividida, e, em troca de sua ajuda externa, os Estados Unidos militarizariam, por meio da OTAN, a França, a Inglaterra, a Itália e a Alemanha, e, tempos depois, colocariam armas nucleares em solo alemão. De fato, os Estados Unidos estavam proclamando a Europa Ocidental a primeira linha de defesa e possível plataforma de lançamento da Terceira Guerra Mundial.

Com a aproximação da eleição norte-americana de 1948 e com os republicanos bastante favorecidos, Henry Wallace declarou-se candidato pelo Partido Progressista. Em seus discursos de campanha, ele enfatizou: "Quanto mais votos pela paz em 1948, mais claramente o mundo saberá que os Estados Unidos não estão por trás da política belicista reacionária bipartidária que vem dividindo o mundo em dois campos armados e tornando inevitável o dia em que os soldados americanos estarão usando seus trajes árticos sob a neve russa." "A população mundial", ele insistiu, "deve perceber que existe outra América, diferente dessa dirigida por Truman, dominada por Wall Street e apoiada pelos militares, que estão denegrindo o nome da democracia americana em todo o mundo".

O círculo íntimo de Truman desencadeou uma campanha sórdida usando os liberais para acusar o ex-vice-presidente de ser um instrumento de Moscou. Truman declarou: "Não quero e não aceitarei o apoio político de Henry Wallace e seus comunistas."

Embora Wallace repetidas vezes negasse qualquer envolvimento com o comunismo e advertisse que as acusações estavam sendo usadas para solapar as liberdades norte-americanas, turbas tumultuavam seus comícios, as universidades negavam-lhe o direito de falar nos *campi* e seus partidários eram despedidos dos seus empregos. Glen Taylor, senador de Idaho e companheiro de chapa de Wallace, foi preso e espancado pela polícia em Birmingham, no Alabama, por entrar numa reunião do *Southern Negro Youth Congress* por uma porta sinalizada com a palavra *Colored* [de cor]. Wallace telegrafou para Taylor: "Isso demonstra a hipocrisia de gastar bilhões em armas em nome de defender a liberdade no exterior, enquanto a liberdade é pisoteada aqui em casa."

As acusações contra Wallace taxando-o de comunista e o tratamento negativo dispensado a ele pelos principais jornais cobraram seu preço. A campanha de Wallace foi um desastre. Ele ficou em quarto lugar, atrás de um segregacionista da Carolina do Sul. No entanto, muito de sua agenda progressista em questões domésticas, sobretudo os direitos civis, parecem ter influenciado Truman. E, ironicamente, isso fez a diferença quando uma corrida de última hora em favor de Truman por parte dos eleitores democratas, que, naquele momento, temeram uma vitória republicana, permitiram que Truman derrotasse o favoritíssimo Thomas Dewey.

Embora fosse um dos grandes milagres de virada nas eleições norte-americanas, Harry Truman, como Churchill, assistiria à sua presidência desmoronar. Nos quatro anos seguintes, veria seu apoio despencar, o que deixaria o governo com índices de aprovação ao nível historicamente baixo de George W. Bush.

Em setembro de 1949, ocorreu o primeiro dos três principais acontecimentos; nenhum dos quais foi imprevisto. Truman disse a um país em estado de choque: "Temos provas de que nas últimas semanas uma explosão atômica aconteceu na URSS." Em 1948, Oppenheimer afirmara: "Nosso monopólio atômico é como um pedaço de gelo derretendo ao sol." Como Henry Wallace advertira em 1945, Truman e seu grupo estavam muito equivocados em supor que o monopólio norte-americano duraria.

Os norte-americanos se sentiram mais vulneráveis do que nunca e a corrida armamentista nuclear que Wallace e os cientistas tanto temeram naquele momento se agravara com os Estados Unidos apressando o desenvolvimento da bomba de hidrogênio.

No final de 1949, a China, o maior e mais populoso país do mundo, virou comunista. Quando Mao Tsé-Tung derrotou as forças nacionalistas corruptas de Chiang Kai-shek eclodiu a revolução inquestionavelmente mais importante desde a derrubada do czar, na Rússia, em 1917. A revista *Time* alertou a respeito da "Onda vermelha que ameaça engolfar o mundo". Na revista *Life*, o general Douglas MacArthur escreveu: "A queda da China coloca os Estados Unidos em perigo."

Indignado, como se a derrota dos nacionalistas corruptos não tivesse sido antecipada, o *lobby* conservador da China nos Estados Unidos não só culpou a União Soviética, os democratas, os especialistas em China do Departamento do Estado, mas também o secretário de Estado, George Marshall. Eram acusações falsas. Ao subordinar a revolução mundial às suas preocupações de segurança imediatas, os soviéticos forneceram ajuda mínima aos revolucionários chineses e pouco incentivo. Enfim, em fevereiro de 1950, Stálin firmou uma aliança com Mao, mas incitou o radicalizado líder chinês a manter relações cordiais com os Estados Unidos. Os dois lados fizeram declarações exageradas um contra o outro, mas o compromisso chinês com a mudança revolucionária e a recusa norte-americana de reconhecer a legitimidade do novo governo com um assento nas Nações Unidas, enquanto reconhecia países chefiados por ditadores, condenou quaisquer iniciativas de paz.

Em junho de 1950, a Coreia do Norte invadiu a Coreia do Sul e a Guerra Fria, naquele momento, tornou-se quente de verdade.

Tanto o ditador Kim Il-sung, colocado pelos soviéticos no norte, como o ditador Syngman Rhee, apoiado pelos norte-americanos no sul, fizeram ameaças de unificar o país pela força. Preocupado com a reconstrução do Japão — contra quem os soviéticos tinham travado duas guerras sangrentas — pelos Estados Unidos, Stálin deu a Kim o sinal verde para atacar o sul. Stálin disse a Kim Il-sung que a guerra era uma maneira de se vingar do "comportamento desonesto, pérfido e arrogante dos Estados Unidos na Europa, nos Bálcãs, no Oriente Médio e, sobretudo, sua decisão de criar a OTAN". Por outro lado, sabendo do poder dos Estados Unidos, Stálin não queria uma guerra muito ampla.

O Estado-Maior Conjunto e o Departamento de Estado tinham declarado publicamente que a Coreia estava fora do perímetro de defesa norte-americano na Ásia Oriental. No entanto, com a vitória comunista na China e com as forças revolucionárias ameaçando derrubar os regimes apoiados pelo Ocidente no Vietnã, na Malásia e nas Filipinas, Truman achou que tinha de opor resistência em algum lugar e a Coreia, naquele momento, era o mais adequado. "Se perdermos da Coreia, os soviéticos vão engolir um país da Ásia depois do outro. Se entregarmos os pontos na Ásia, o Oriente Próximo ruirá e não sei o que aconteceria na Europa."

Apesar de mobilizar dezenas de milhares de soldados, Truman se recusou a chamar a intervenção de "guerra", rotulando-a de "ação localizada".

Embora fosse nominalmente uma iniciativa das Nações Unidas, os Estados Unidos forneceram metade das forças terrestres e quase toda a força naval e aérea. A maior parte das outras forças terrestres era sul-coreana. Truman também optou por contornar a autorização do Congresso, preparando o terreno para intervenções futuras. A guerra sangrenta e inconclusiva de três anos custou caro a Truman.

Quanto a James Forrestal, embora seus pontos de vista tivessem ajudado a moldar o clima antissoviético em Washington, ele estivera no lado perdedor de diversas batalhas políticas com Truman e foi demitido do cargo em março de 1949. Ele estava "abalado".

Quando o amigo e futuro diretor da CIA John McCone foi visitá-lo, Forrestal, cada vez mais paranoico, fechou as venezianas e se sentou longe da janela para não virar alvo fácil para um franco-atirador. Se Forrestal se referia a comunistas ou a "agentes sionistas", ele jamais especificou. Rumores chegaram à imprensa, e foram divulgados mundialmente, afirmando que Forrestal foi encontrado nas ruas usando pijama e gritando: "Os russos estão chegando!"

O Pentágono informou que Forrestal fora fazer um check-up de rotina no Bethesda Naval Hospital, em Maryland. Foi diagnosticado com depressão reativa.

Sozinho em seu quarto no décimo sexto andar, Forrestal sofria de pesadelos constantes de perseguição. Achava que enfrentaria o mesmo destino de Jan Masaryk, ministro das Relações Exteriores tcheco: ser jogado pela janela. No entanto, seu estado começou a melhorar e na noite de 22 de maio de 1949 ele ficou acordado até tarde copiando *Ájax*, tragédia de Sofócles onde o herói reflete sobre seu destino longe de casa. Depois de escrever a palavra "rouxinol" ele pôs a caneta de lado. Em seguida, James Forrestal pulou do décimo sexto andar.

Walter Lippmann, filósofo e colunista de jornal, escreveu que Forrestal era como um médico que estuda uma doença e depois a contrai.

Atrás de si, Forrestal deixou o Pentágono, instituição recém-nascida, que, encarando aqueles que lutavam por um mundo diferente, via só conspirações comunistas.

Ainda hoje, há o equívoco fundamental de que os Estados Unidos entraram na Guerra Fria reagindo à agressão soviética em todo o mundo. Sem dúvida, a liderança soviética impôs ditaduras repressivas e, quando desafiadas, brutais, na Polônia, Hungria, Romênia, Bulgária, Alemanha Oriental, Albânia e Tchecoslováquia. No entanto, também é claro que os soviéticos estavam inicialmente dispostos a aceitar governos amistosos a eles nesses países, até o Ocidente começar a ameaçar tanto a ideologia como a segurança soviéticas.

James Forrestal, primeiro secretário da Defesa norte-americano, sofreu um esgotamento nervoso e, atormentado por sua paranoia anticomunista, cometeu suicídio, pulando do seu quarto no décimo sexto andar do Bethesda Naval Hospital.

Nesse período do pós-guerra, os Estados Unidos, com seu monopólio atômico, e não a União Soviética, tiveram a maior parte da responsabilidade pelo início da Guerra Fria.

Em 1941, o pacifista A. J. Muste escreveu: "O problema depois de uma guerra é com o vencedor. Ele acha que acabou de provar que a guerra e a violência compensam. Quem agora vai lhe dar uma lição?"

Os Estados Unidos ajudaram a libertar a Europa Ocidental, mas os acontecimentos seguintes indicaram que o país estava preso, quase paralisado, pelo medo e reagindo com agressão. Entre os sinais, incluíam-se a submissão de Truman às visões de anticomunistas convictos que acreditavam que a União Soviética estava inclinada à conquista mundial; seu repúdio ao entendimento de Roosevelt com Stálin; seu uso provocativo e desnecessário das bombas atômicas; sua decisão de enfrentar o comunismo na Grécia; seu exagero calculado em relação à ameaça comunista tanto no exterior como em casa; o discurso de

Churchill em Fulton; a criação da OTAN; a divisão e remilitarização da Alemanha; o teste contínuo de bombas atômicas cada vez mais potentes e de bombas de hidrogênio que os Estados Unidos utilizavam para ameaçar a União Soviética; e a perseguição e o silenciamento pelos Estados Unidos daqueles que desafiavam essas distorções.

Por que esse medo? Foi dito que como norte-americanos somos um povo imigrante em um novo país; pessoas que, de uma forma ou de outra, escaparam das perseguições, da pobreza e do medo, e, embora separadas por dois oceanos imensos, ainda estão sujeitas àquele medo. Isso até contagia nossos filhos e netos. Aos norte-americanos foi ensinado o mito de começar de novo com uma nova pureza numa nova terra e ficamos enamorados dele — o mito da excepcionalidade norte-americana numa nova Jerusalém, uma cidade sobre uma colina. Então, é necessário exagerar o medo da perseguição, do exterior, do estrangeiro corrupto, que sempre representaria todo o caminho antigo e nocivo?

No início do século XXI, existiam mais de trezentos milhões de armas nos lares norte-americanos. Os Estados Unidos são o país mais armado do mundo. No entanto, quando um país busca um grau extremo para se proteger, é inevitável que essa proteção jamais venha a parecer suficiente psicologicamente. Também é frequentemente verdade que a imagem do inimigo crescerá proporcional ao tamanho da defesa, resultando numa reação exagerada e num dispêndio de energias acelerado, numa tentativa inútil de suprimir esse medo que parece nunca se desgastar.

Desde o princípio dos tempos, o medo e a incerteza são dois elementos inevitáveis da vida. Eles devem ser aceitos como aceitamos o nascimento e a morte. Foi Alexandre, o Grande, quem, segundo se informa, chamou a atenção para a ideia de que "se você conseguir dominar seu medo, você conseguirá dominar a morte". E suportando e controlando o medo e a incerteza, ficamos naturalmente mais fortes. A ironia da vida — pessoal e pública — é que, com a passagem do tempo, muitas vezes, o objeto do medo, o inimigo, torna-se, para surpresa dos antigos inimigos, um amigo, frequentemente, o melhor amigo ou aliado.

Claro que, em retrospecto, os líderes norte-americanos exageraram a ameaça de um inimigo de que achavam que precisavam querendo enquadrar o mundo como um conflito existencial entre dois sistemas sociais antagônicos. Henry Wallace, que advertiu que a origem de todos os nossos erros é o medo, afirmara que poderia haver uma competição saudável entre aqueles sistemas. No entanto, os linhas-duras entre os estrategistas políticos norte-americanos acharam que isso era impossível e Wallace foi demitido e considerado ingênuo ou desleal. James Forrestal, um desses linhas-duras, o primeiro secretário da Defesa, matou-se de maneira violenta, tornando-se um prenúncio estranho de uma política externa norte-americana cada vez mais apavorada com sua própria sombra.

Na metade do caminho entre 1900 e 2000, na década de 50 do século XX, os Estados Unidos forjaram a base de uma nova mentalidade. O país se desenvolvera num tipo de império completo, se não único. Economicamente superior e maciçamente armado, policiando o mundo e, ao mesmo tempo, professando a liberdade e a democracia. Para um policial, é necessário localizar e prender os inimigos. Portanto, o enredo dos sessenta anos seguintes da história norte-americana se assemelhará a um padrão que já ocorreu, sob o modelo de atividades secretas crescentes, desconhecidas para o povo do império; cada vez mais guerras regionais; e uma forma de controle imposta repetidas vezes.

CAPÍTULO 7

EM 1952, o republicano Dwight David Eisenhower foi eleito presidente numa vitória esmagadora, vencendo em 39 estados. Ike, herói da Segunda Guerra Mundial, foi tanto moderado quanto forte. Ele sabia que o militarismo tinha seus limites e rejeitou a continuidade da Guerra da Coreia, considerando-a "inútil". Como presidente, ele acabaria com aquela guerra e restauraria a confiança e o otimismo norte-americano, afirmando: "Agora, olhamos para o futuro, com fé em nós mesmos, em nosso país e no Criador, que é o Pai de todos nós."

Ele também tinha fé no arsenal mais poderoso já reunido. E apenas três dias antes de sua eleição, os Estados Unidos testaram sua primeira bomba de hidrogênio no que fora a Ilha de Elugelab.

O dispositivo de 65 toneladas era muito grande para ser lançado por avião. A ilha queimou durante seis horas sob uma nuvem em forma de cogumelo de 160 quilômetros de largura e, depois, desapareceu para sempre.

Quem era o novo presidente norte-americano com cara de avô? Em Potsdam, Ike se opusera ao uso de bombas atômicas no Japão. Em 1942, pressionara bastante pela abertura de um segundo *front* para ajudar os soviéticos e ficou furioso quando Churchill convenceu Roosevelt a invadir a África do Norte. Ele desenvolvera um relacionamento amistoso com o general soviético Zhukov. Stálin tinha muita consideração por ele: "O general Eisenhower é um homem notável, não só por

Em Dresden, Alemanha, cerimônia em homenagem a Stálin por ocasião de sua morte.

causa de seus feitos militares, mas também por sua natureza humana, amigável, amável e franca."

Ele foi o primeiro estrangeiro a testemunhar uma parada militar na Praça Vermelha, na plataforma sobre a tumba de Lênin. E seis semanas antes de sua posse, em março de 1953, uma nova oportunidade se apresentou. Os norte-americanos despertaram com a notícia da morte de Josef Stálin. Apesar de sua incomum brutalidade, a maioria dos russos o reverenciou por liderar o país na vitória sobre os nazistas e por converter a atrasada Rússia num estado industrial moderno.

Enquanto o povo pranteava, os novos líderes soviéticos, de certa forma incertos, livres do fantasma opressor de um homem que governara suas vidas como um antigo czar por trinta anos, decidiram aliviar as tensões com o Ocidente capitalista. Queriam, acima de tudo, concentrar-se na melhoria da qualidade de vida doméstica e preconizaram a coexistência e a competição pacífica. Como a nova liderança norte-americana reagiria?

Em 1951, Winston Churchill, reeleito uma segunda vez para o cargo de primeiro-ministro, tinha naquele momento cinquenta anos de diplomacia internacional, desde a idade de ouro dos impérios europeus até a terrível ascensão do fascismo. No entanto, aquela nova era nuclear causava-lhe um pavor especial. Ele encorajou Washington a aproveitar a oportunidade inédita e pressionou em favor de uma reunião de cúpula internacional com os novos líderes soviéticos. Esperou por uma resposta de Eisenhower, que se manteve calado por seis semanas. E, então, Eisenhower falou de modo eloquente sobre a paz: "Cada arma fabricada, cada navio de guerra lançado ao mar, cada foguete disparado significam um roubo daqueles que têm fome e não são alimentados, daqueles que sentem frio e não são vestidos. Esse não é um estilo de vida. Sob a nuvem da guerra ameaçadora está a humanidade pendurada numa cruz de ferro."

Os soviéticos, entusiasmados, reimprimiram o discurso em grandes tiragens, mas, dois dias depois, John Foster Dulles, secretário de Estado de Eisenhower, respondeu a Moscou. A "paz ofensiva" soviética, ele acusou, era uma "paz defensiva", dada em resposta à força norte-americana, e os comunistas estavam "conspirando continuamente para derrubar todo governo genuinamente livre do mundo".

Era insultante e os soviéticos ficaram perplexos querendo saber se era o moderado Eisenhower ou o mais radical Dulles que falava por aquele novo governo.

Filho de um pastor presbiteriano, Dulles fizera carreira em Wall Street nas décadas de 1920 e 1930 como advogado do importante escritório Sullivan & Cromwell. Dulles nunca hesitou em seu compromisso de proteger os interesses empresariais norte-americanos ou em relação ao seu ódio do comunismo. Apesar de seus desmentidos enfáticos no que concernia a negócios com os nazistas, ele trabalhou para empresas e bancos alemães e ajudou a assegurar a venda de mais de um bilhão de dólares em títulos alemães nos Estados Unidos. Dulles também negociou muito com a megaempresa I. G. Farben, contribuinte importante do regime hitlerista.

Dulles estava acossado pela ideia de uma libertação agressiva dos cidadãos sob controle soviético.

No início da presidência de Eisenhower, a Guerra da Coreia se tornara um pesadelo de dois anos e meio, uma guerra terrestre brutal,

Em 1948, o tenente-general Curtis LeMay, mentor por trás dos ataques aéreos em tempo de guerra contra as cidades japonesas, assumiu o comando do SAC — *Strategic Air Command* [comando aéreo estratégico] da Força Aérea norte-americana e começou a convertê-lo numa força de combate de primeira classe pronta para lutar contra os soviéticos a qualquer momento.

cujas baixas e manobras intermináveis por encostas de colinas inúteis eram tão frustrantes quanto as operações nas selvas do Vietnã do Sul seriam, quinze anos depois.

Ao combater os soldados norte-coreanos, treinados e equipados pelos soviéticos, o general Douglas MacArthur, herói da Segunda Guerra Mundial, empurrara o inimigo para o norte, na direção da fronteira chinesa, apesar das repetidas advertências de Pequim. MacArthur garantiu a Truman que os chineses jamais entrariam na guerra. No final do outono de 1950, centenas de milhares de soldados chineses atravessaram o rio Yalu forçando o recuo das forças norte-americanas e aliadas numa retirada desesperada. Para a revista *Time*, foi "a pior derrota que os norte-americanos já sofreram". Truman escreveu em seu diário: "A Terceira Guerra Mundial é aqui."

Em novembro de 1950, numa entrevista coletiva, MacArthur e Truman, separadamente, ameaçaram utilizar a bomba atômica. A população, de acordo com uma pesquisa de opinião, aprovou por uma margem de 52% contra 38%. MacArthur apresentou uma lista de 26

Em 1951, no *Soldier Field*, em Chicago, o general Douglas MacArthur em sua excursão de despedida após sua demissão por Truman e pelo Estado-Maior Conjunto por exigir que os Estados Unidos atacassem a China.

alvos e pediu oito bombas atômicas adicionais para jogar sobre as tropas invasoras e as "concentrações críticas do poder aéreo inimigo".

O general Curtis LeMay se voluntariou para dirigir os ataques e, assim, pilotos norte-americanos e soviéticos se envolveram em combates aéreos diretos que não vieram a conhecimento público; os únicos combates prolongados entre os dois lados durante a Guerra Fria.

Com o *The New York Times* relatando a perda catastrófica do prestígio norte-americano em todo o mundo, MacArthur começou a emitir declarações de Tóquio culpando os outros pelo fiasco militar e pressionando por uma guerra total contra a China. Ao saber que Truman procurava um cessar-fogo, MacArthur transmitiu seu próprio ultimato à China. Quando uma carta contendo críticas de MacArthur foi lida no Congresso, o Estado-Maior Conjunto recomendou por unanimidade seu afastamento do comando. Truman anunciou a demissão de MacArthur.

O drama de Truman ao demitir MacArthur por insubordinação e o choque de ver o todo-poderoso exército norte-americano incapaz de

ACIMA: Um avião norte-americano lança napalm sobre a Coreia do Norte. Mesmo após o início das negociações de paz, na primavera de 1951, a guerra aérea norte-americana prosseguiu com força total, com o napalm como arma preferencial. Quase todas as principais cidades da Coreia do Norte foram reduzidas a cinzas.

ABAIXO: Mulheres e crianças procuram entre os escombros em Seul.

derrotar camponeses chineses mal equipados levaram os índices de aprovação de Truman a um recorde negativo de 22%.

Sem vitória à vista, mês após mês, as forças da ONU golpearam o norte e o sul com bombardeio aéreo maciço, implacável e convencional, semelhante à campanha desencadeada no Japão cinco anos antes. A arma preferencial foi o napalm. Quase toda cidade importante da Coreia do Norte foi reduzida a cinzas e pouco foi deixado de pé na Coreia do Sul.

Embora Mao Tsé-Tung estivesse imaginando um conflito mundial, Stálin, no verão de 1951, empurrou os norte-coreanos para a mesa de negociação, mas as negociações se arrastaram por mais dois anos.

Apesar de algum progresso nas negociações e da iniciativa de paz soviética após a morte de Stálin, Eisenhower, naquele momento, ameaçou ampliar a guerra. Ele sugeriu aos seus comandantes que a área de Kaesong, na Coreia do Norte, poderia ser um bom lugar para exibir as novas bombas atômicas táticas norte-americanas.

O Estado-Maior Conjunto e o Conselho de Segurança Nacional apoiaram os ataques atômicos sobre a China. Eisenhower e Dulles fizeram com que os líderes comunistas tomassem conhecimento dessas ameaças.

Os Estados Unidos também começaram a bombardear as barragens perto de Piongiang, na Coreia do Norte, provocando inundações enormes e destruindo as plantações de arroz. O tribunal de Nuremberg condenara ações nazistas similares, na Holanda, em 1944, como crime de guerra.

Com as baixas subindo muito, em ambos os lados, um armistício foi finalmente firmado em julho de 1953, dividindo o país exatamente onde a guerra começara três anos antes. Os Estados Unidos, apesar de afirmarem ter detido o comunismo, foram vistos como país perdedor, pois não ganhara a guerra.

Posteriormente, o vice-presidente Richard Nixon insistiu que as ameaças nucleares de Eisenhower funcionaram de maneira brilhante, ensinando a Nixon o valor da imprevisibilidade e inspirando sua própria tese de "louco", que aplicou no Vietnã menos de vinte anos depois.

Clara foi a mensagem aos asiáticos que tentaram desafiar os interesses norte-americanos. De 3 a 4 milhões de coreanos perderam a vida em uma população de trinta milhões de habitantes — 10% ou mais —, assim como mais de um milhão de chineses e mais de 37 mil norte-americanos. A China resistiu orgulhosamente aos norte-americanos — como os norte-vietnamitas resistiriam tempos depois —, o que aumentou seu prestígio internacional, mas os Estados Unidos impediram a entrada da China nas Nações Unidas até 1971. Os soviéticos, em comparação, pareceram fracos e isso ampliou seu abismo em relação à China. Quanto aos Estados Unidos, Churchill captou o significado real: "Na realidade, a Coreia não importa agora. Jamais ouvi falar de paz sangrenta até meus 74 anos. Sua importância reside no fato de que levou ao rearmamento dos Estados Unidos."

Farto da crescente tendência militarista da política norte-americana, George Kennan, arquiteto da política de contenção, renunciou ao cargo de diretor de planejamento de políticas do Departamento de Estado em 31 de dezembro de 1949. Foi substituído por Paul Nitze, protegido de Forrestal e íntimo de Wall Street. Imediatamente, Nitze tomou a iniciativa de elaborar um relatório do Conselho de Segurança Nacional conhecido como NSC-68 que, basicamente, renovaria a postura de defesa dos Estados Unidos. O relatório apresentava um quadro tão terrível das intenções soviéticas e exagerava tanto as capacidades soviéticas que sua aprovação pareceu inviável. A deflagração da guerra na Coreia deu-lhe nova vida, lançando os Estados Unidos no caminho do hipermilitarismo.

Com a aprovação do relatório NSC-68, o orçamento de defesa quadruplicou, alcançando quase 50 bilhões de dólares. E o gasto militar ficaria acima de 50% do orçamento norte-americano pelo restante da década de 1950. Sob o governo de Eisenhower, uma economia de guerra permanente deveria ser alcançada. Em outros termos, não só a General Motors era boa para os Estados Unidos, mas também o anticomunismo era bom para os negócios.

Em sua campanha presidencial, Eisenhower realmente pouco fizera para baixar a temperatura da Guerra Fria insuflando o fogo do antissovietismo com apelos para um avanço além da "contenção" dos

O até então pouco conhecido senador de Wisconsin, Joseph McCarthy, tornou-se a cara do anticomunismo.

democratas, alcançando a "libertação" do Bloco Oriental proposta pelos republicanos.

Embora desprezasse Joseph McCarthy, venenoso senador anticomunista de Wisconsin e intimamente lastimasse sua tática, Eisenhower, durante a campanha, desistiu de defender seu mentor, o general George Marshall, a quem McCarthy acusou de traição por "perder" a China como secretário de Estado. McCarthy chamou Marshall de "homem impregnado de falsidade" e exigiu sua renúncia. Ele declarou: "Mesmo se houvesse um único comunista no Departamento de Estado, seria muito."

Marshall recusou-se a responder e disse a Truman que se naquela altura da vida tivesse de explicar que não era um traidor, o esforço não valeria a pena. No entanto, não demorou muito para ele renunciar ao cargo de secretário de Defesa. Desde o início de 1950, McCarthy vinha gerando manchetes, inicialmente afirmando, em 9 de fevereiro, em Wheeling, na Virgínia Ocidental: "Tenho aqui em minha mão uma lista de 205 nomes enviada ao secretário de Estado como sendo membros do Partido Comunista e que, no entanto, ainda estão trabalhando e formulando políticas no Departamento de Estado." No dia seguinte, em outro estado, ele baixou esse número para 57.

Apesar de manter silêncio quando isso era de seu interesse, Truman, em um dos seus melhores discursos — ao qual presidentes posteriores deveriam prestar atenção —, lastimou a atmosfera de histeria para cuja criação ele tanto contribuíra. "Bem, direi a vocês como não vamos combater o comunismo: não vamos transformar nosso excelente FBI numa Gestapo. Isso é o que algumas pessoas gostariam de fazer. Não vamos tentar controlar aquilo que o nosso povo lê, diz e pensa. Não vamos transformar os Estados Unidos num país totalitário de direita para enfrentar a ameaça totalitária de esquerda. Em resumo, não vamos acabar com a democracia. Nós iremos manter a Declaração de Direitos de acordo com as regras."

No entanto, durante a década de 1950, o debate político basicamente desapareceu nos Estados Unidos, pois Eisenhower jamais repudiou publicamente as táticas extremistas relacionadas tanto à *Red Scare* [ameaça vermelha] como à *Lavender Scare* [ameaça lilás], que visou gays e lésbicas.

Nos bastidores, o poder real vinha sendo exercido por J. Edgar Hoover, diretor do FBI, que tinha o apoio total de Eisenhower. Hoover, que grampeou telefones, violou correspondências, instalou microfones ocultos, arrombou escritórios e cofres, muitas vezes divulgou falsas ameaças de um ataque soviético de surpresa contra os Estados Unidos e, em 1956, informou a Eisenhower sobre o espectro de uma "bomba suja" a ser lançada em Manhattan que mataria centenas de milhares de pessoas e deixaria Nova Iorque inabitável durante anos.

Hoover tinha certeza absoluta de que os comunistas estavam por trás do movimento de direitos civis dos negros desde a Primeira Guerra Mundial e espionara todo líder negro desde então. Seu FBI estava atarefado em diversas outras frentes, vazando informações aos seus contatos de alto nível na imprensa e lançando, em 1956, um programa de golpes baixos, denominado Cointelpro, que foi idealizado para desorganizar 2,3 mil organizações de esquerda. Em 1960, o FBI iniciou investigações de mais de 400 mil indivíduos e grupos; tudo com o apoio de Eisenhower.

Ainda que o nome de Joseph McCarthy se tornasse sinônimo de Ameaça Vermelha, foi J. Edgar Hoover, diretor do FBI, que exerceu o poder real. Em 1960, o FBI iniciara a investigação de mais de 430 mil indivíduos e grupos. Hoover também utilizou seus contatos na mídia para insuflar o fogo da histeria anticomunista.

As cerimônias patrióticas e os juramentos de lealdade marcavam a paisagem. A paranoia era desenfreada.

Uma segunda e mais danosa série de audiências envolvendo Hollywood começou. Artistas e cidadãos eram colocados diante de comissões a fim de dar nomes.

Para a escritora Mary McCarthy, o objetivo das audiências não era combater a subversão, mas convencer os norte-americanos a aceitar "o princípio da traição como norma de boa cidadania". Funcionou.

O renomado jornalista investigativo I. F. Stone tinha anteriormente denunciado a tentativa de converter "toda uma geração de americanos em dedos-duros".

Naquele momento, a percepção do heroico aliado norte-americano da Segunda Guerra Mundial estava bastante denegrida nos Estados Unidos por causa da ponte aérea de Berlim, os espiões, a Guerra da

Coreia e as revelações adicionais das brutalidades dos expurgos stalinistas. No entanto, a Ameaça Vermelha em si foi muito mais prejudicial aos Estados Unidos. Seguramente dizimou o legal Partido Comunista dos Estados Unidos cujas filiações caíram de oitenta mil membros em 1944 para menos de 10 mil membros em meados da década de 1950, dos quais 1,5 mil eram informantes do FBI, provavelmente.

Mais importante, a Ameaça Vermelha desentranhou a esquerda norte-americana, os sindicatos dos trabalhadores e as organizações políticas e culturais que estimularam as reformas do *New Deal* na década de 1930. Com exceção dos movimentos dos direitos civis e antinucleares, a reforma dissidente e progressista da esquerda desapareceria na década de 1950 e o movimento dos trabalhadores jamais se recuperaria.

Até hoje, a década de 1950 de Eisenhower é lembrada como a época do homem leal à empresa capitalista, solitário e triste, e da sua conformidade ao terno de cor cinza. A sociedade ficou intimidada em silêncio e docilmente submissa.

Temendo que os gastos de defesa levassem o país à falência, Eisenhower e Dulles recomendaram uma política de defesa "New Look", que reduziria o tamanho das forças armadas e recorreria a armas nucleares mais baratas e que "seriam tão disponíveis para uso como outras munições", com base na suposição de que qualquer guerra contra os soviéticos se tornaria uma guerra nuclear total.

Ainda que outrora tivesse abominado as armas atômicas, Eisenhower disse ao embaixador britânico: "Prefiro ser atomizado do que comunizado", quando resolveu convencer a sociedade desconfiada de que não havia diferença entre armas convencionais e nucleares. Em 1955, ele declarou a um jornalista: "Não vejo motivo pelo qual elas não sejam usadas como usamos uma bala ou alguma outra coisa."

Churchill ficou aturdido. Assim como James Reston, colunista do *The New York Times* e vencedor do Prêmio Pulitzer, que quis saber por que nem um único congressista questionara o compromisso de Eisenhower com a "retaliação atômica súbita" sem a aprovação do Congresso.

Em agosto de 1953, os soviéticos explodiram o protótipo de uma bomba de hidrogênio de quatrocentos quilotons no Casaquistão, causando espanto no mundo. Ao que tudo indicava, eles haviam reduzido a diferença e, naquele momento, pareciam estar apenas dez meses atrás da iniciativa envolvendo a bomba H norte-americana.

Em dezembro de 1954, Eisenhower ordenou que 42% das bombas atômicas e 36% das bombas de hidrogênio fossem posicionadas no exterior, mais perto da União Soviética.

Enquanto isso, ele e Dulles intensificaram seus esforços de superar os tabus que cercavam o uso de armas nucleares.

Em dezembro de 1953, Eisenhower expôs seu programa "Átomos para a Paz", num discurso nas Nações Unidas, impressionando os 3,5 mil delegados. Ele prometeu "energia muito barata", no país e no exterior, ignorando as advertências dos cientistas acerca dos perigos da proliferação. Ao longo dos anos, o governo proporia iniciativas de uso das bombas nucleares para escavações planetárias, criando portos no Alasca, liberando depósitos de petróleo inacessíveis, criando reservatórios subterrâneos, produzindo vapor e dessalinizando a água. Havia planos para criar um Canal do Panamá maior e melhor, alterar os padrões climáticos e até derreter as calotas polares.

No entanto, em março de 1954, quando um teste de bomba de hidrogênio nas Ilhas Marshall deu errado e contaminou ilhéus e pescadores japoneses, a indignação internacional sobreveio. As palavras "precipitação radioativa" entraram no léxico e a oposição aos testes nucleares cresceu mundialmente. Novas organizações foram criadas. As pessoas voltaram a participar de passeatas nas ruas.

O respeitado primeiro-ministro indiano Nehru denunciou publicamente os líderes norte-americanos como "lunáticos perigosos e egocêntricos" que "destruiriam qualquer povo ou país que se intrometesse no caminho da sua política". Eisenhower disse ao Conselho de Segurança Nacional: "Todos parecem achar que somos seres desprezíveis, belicistas e fomentadores da guerra." Dulles se preocupou: "Agora estão fazendo comparações entre nós e a máquina militar de Hitler."

Contudo, no final de 1953, Eisenhower ainda podia falar de modo eloquente e ser acreditado. Ele anunciou: "Venho aqui representando um país que não quer um hectare de terra de outro povo; que não busca o controle do governo de outro povo; que não persegue um programa de expansão do comércio, da política ou do poder à custa de outro povo."

Havia outros motivos, além da escalada nuclear, para a denúncia de Nehru contra a liderança norte-americana no mundo. Ele sabia mais do que a sociedade norte-americana sabia. Nehru sabia que Eisenhower não estava falando a verdade.

No Irã, os britânicos pediram ajuda para a CIA, com advertências de que o petróleo do Oriente Médio estava ficando sob o controle soviético. Essa região rica em petróleo, desde o Mar Cáspio até o Golfo Pérsico, ao contrário da Coreia, era decisiva para os interesses ocidentais.

Democraticamente eleito, o muito popular primeiro-ministro Mohammad Mossadegh foi o primeiro iraniano a obter o título de doutor em direito de uma universidade europeia. Em 1951, a revista *Time* o elegeu "Homem do Ano". Ele inspirou as massas árabes de toda a região que se agitavam por meio da febre nacionalista, prontas para assumir o controle dos seus próprios interesses.

John Foster Dulles e seu irmão Allen, que na ocasião era o diretor da CIA, sabiam que Mossadegh não era comunista, mas temiam uma tomada de poder pelo pequeno Partido Comunista iraniano. E com a aprovação total de Eisenhower, mobilizaram a CIA para se livrar do "louco Mossadegh", comprando jornalistas, oficiais militares, parlamentares e, abominavelmente, os serviços de um grupo terrorista extremista, os Combatentes do Islã.

Em agosto de 1953, turbas organizadas provocaram o caos em Teerã, difundindo boatos de que Mossadegh era judeu e comunista. A CIA e o serviço de inteligência britânico pagaram para que criminosos destruíssem mesquitas. Entre os desordeiros, incluía-se o aiatolá Khomeini, futuro líder iraniano. Mossadegh e milhares de seus partidários foram presos por traição. Alguns foram executados.

Depois de recolocar o xá no trono do Irã, os Estados Unidos ligaram as torneiras financeiras pelos 25 anos seguintes, criando seu aliado militar mais forte no Oriente Médio.

Naquele momento, cortando a participação britânica, as empresas petrolíferas norte-americanas receberam 40% do controle acionário do novo consórcio. Embora isso fosse celebrado na mídia ocidental como uma grande vitória, o aspecto negativo seria enorme. Em vez de perceber uma mudança de atitude após a morte de Stálin, os soviéticos

Em fevereiro de 1953, no Irã, manifestação em favor de Mohammad Mossadegh. Muito popular em seu país e bastante respeitado internacionalmente, Mossadegh foi derrubado pela CIA, em 1953.

viram os Estados Unidos impondo outro governo fantoche num país com o qual dividiam uma fronteira de dois mil quilômetros. Juntamente com a aliança da OTAN, agora, enxergavam uma estratégia ocidental de cerco.

Blowback é um termo de espionagem que designa consequências violentas e involuntárias de uma operação secreta sobre a população civil do país agressor. E, nesse caso, os Estados Unidos, apesar do sucesso temporário e de um novo suprimento de petróleo, tinham indignado os cidadãos de um país orgulhoso.

O *blowback* pode ter levado mais de 25 anos para se manifestar, mas, em 1979, manifestou-se. Fartos de eleições fraudulentas e das repressões da Savak — serviço secreto desprezado, dado a torturas — o povo revoltou-se, abraçando a Revolução Islâmica liderada pelo aiatolá Khomeini e derrubou o xá.

O golpe iraniano envenenaria as relações dos Estados Unidos com os iranianos por outros trinta anos, envolvendo as presidências de George W. Bush e Barack Obama.

Na ocasião, a CIA ganhara respeito e, no ano seguinte, organizou a derrubada de Jacobo Árbenz Guzmán, líder popular da Guatemala que desafiou os enormes interesses comerciais norte-americanos no empobrecido país centro-americano. Árbenz anunciou planos para um maciço programa de reforma agrária, começando com a nacionalização de 94,6 mil hectares de terras da United Fruit Company — mais de 90% dessas terras não estavam sendo usados pela empresa. Foster Dulles acreditava que Árbenz era secretamente comunista e, se não fosse detido, permitiria a infiltração soviética na região. O secretário de Estado advertiu: "O futuro da Guatemala está à disposição dos líderes leais à Guatemala que não se tornaram agentes de um despotismo alienígena que procura usar a Guatemala para seus próprios fins diabólicos traiçoeiramente." Na realidade, a influência comunista era mínima; um partido com cerca de quatro mil membros.

Em junho de 1954, de bases em Honduras e Nicarágua, mercenários treinados pela CIA atacaram e Árbenz se rendeu para uma junta militar. Dulles exultou: "Os acontecimentos dos recentes meses e dias acrescentaram um novo e glorioso capítulo à já formidável tradição dos estados americanos."

O substituto de Árbenz, o tirano anticomunista Carlos Castillo Armas, estabeleceu uma ditadura militar brutal empregando esquadrões da morte. Foi assassinado três anos depois.

O democraticamente eleito Árbenz advertiu que "vinte anos de tirania fascista sangrenta" estavam chegando. Ele se equivocou. Na realidade, a tirania que tomou o poder durou quarenta anos e matou cerca de duzentas mil pessoas.

Naquele momento, o rótulo "comunista" era usado não só para descrever defensores do sistema soviético, mas também qualquer um, em qualquer lugar, em qualquer momento que quisesse promover mudanças progressistas num país, fosse ele um líder operário, um reformista, um ativista camponês, um militante dos direitos humanos ou até um padre lendo o evangelho e organizando grupos de autoajuda com base em mensagens radicais ou pacifistas.

Acontecimentos de importância ainda maior estavam se desenvolvendo simultaneamente no Vietnã. Os britânicos tinham cedido a maior parte do seu império, mas a França, que fora humilhada pela invasão alemã durante a Segunda Guerra Mundial, ainda lutava por suas grandes colônias na Indochina e na África.

Como os britânicos no Irã tinham feito, a fim de receber ajuda norte-americana, os franceses demonizaram seu inimigo, Ho Chi Minh, taxando-o de comunista fanático, embora soubessem que ele representava a mesma rebelião que estiveram combatendo desde o final do século XIX. Para os vietnamitas, sempre fora uma luta pela independência, bem antes de a Revolução Russa e o conceito de comunismo terem criado raízes. No entanto, naquele momento, assumia-se naturalmente que o comunismo asiático era dirigido de Moscou. A verdade era que Stálin quase sempre revelara cautela na Ásia, negando ajuda significativa para Mao, assim como para Ho Chi Minh, vendo pouco a ganhar enfurecendo a França.

Ho, que recebera auxílio norte-americano quando liderou a resistência aos japoneses na Segunda Guerra Mundial, pedira ajuda ao presidente Truman para a criação de um estado vietnamita independente. Ele não recebeu resposta. Em 1950, descobriu o motivo. Truman estava apoiando o outro lado.

Em abril de 1954, o exército camponês de Ho Chi Minh transportou canhões antiaéreos muito pesados e morteiros através da selva quase impenetrável e terrenos montanhosos para submeter a um cerco o exército francês em Dien Bien Phu.

Inacreditavelmente, os Estados Unidos estavam pagando 80% das despesas de guerra francesas. Eisenhower justificou isso ao descrever a possibilidade de os países da região caírem como dominós, começando na Tailândia e terminando no Japão, passando pela Indonésia e Malásia.

Ainda que Eisenhower descartasse o envio de forças terrestres norte-americanas, o Estado-Maior Conjunto elaborou planos para a Operação Vulture, campanha aérea contra as posições do Viet Minh, que incluía a possibilidade do uso de duas ou três bombas atômicas táticas. Mais tarde, Eisehower questionou esses relatos, mas oficiais franceses de alto escalão relataram que Dulles lhes oferecera duas bombas atômicas. No entanto, os franceses, ao lado dos britânicos, rejeitaram essa opção e em 7 de maio, após 56 dias duros, as tropas francesas foram derrotadas e os dias da França de conquista colonial na Ásia chegaram ao fim.

Embora suas forças controlassem a maior parte do país, Ho cedeu às pressões dos soviéticos e chineses, que temiam uma intervenção norte-americana, e aceitou uma proposta, em Genebra, que dividiria temporariamente o Vietnã no paralelo 17, com as tropas de Ho retirando-se para o norte e as tropas apoiadas pela França recuando para o sul.

Uma eleição nacional foi marcada para 1956 para unificar o país. Os Estados Unidos prometeram não interferir, mas interferiram, empossando no sul um católico conservador e corrupto num país budista. Ngo Dinh Diem não perdeu tempo e logo subjugou rivais e prendeu comunistas, milhares dos quais foram executados.

Com o apoio norte-americano, Diem subverteu a disposição mais importante do acordo de Genebra, cancelando a eleição de 1956. Posteriormente, Eisenhower explicou que, se as eleições tivessem sido realizadas, "possivelmente 80% da população teria votado no comunista Ho Chi Minh". Como resultado, a insurgência logo recomeçou e, em poucos anos, a guerra da França se tornaria a guerra dos Estados Unidos.

Na África, a luta dos vietnamitas tornou-se uma inspiração para os revolucionários argelinos que venceriam os franceses numa guerra brutal de oito anos de duração, de 1954 a 1962. Finalmente, o império francês na África chegara ao fim.

Em 1953, Eisenhower ofereceu um grande empréstimo ao temido ditador fascista Francisco Franco, em troca do estabelecimento de bases nucleares. Então, em 1955, a Espanha tornou-se país-membro das Nações Unidas, embora a China comunista continuasse impedida de ser admitida.

Os Estados Unidos também apoiaram Portugal, que se agarrava a um enorme império decrépito baseado na monocultura de exportação e na segregação racial na África meridional, assim como a vizinha África do Sul, onde a minoria branca reprimia brutalmente a maioria negra.

Em meados da década de 1950, a reputação dos Estados Unidos no Terceiro Mundo alcançou o nível mínimo, conforme se aliava com alguns dos regimes mais reacionários do mundo.

Eisenhower e Dulles cumprimentam o presidente sul-vietnamita Ngo Dinh Diem, no Aeroporto Nacional de Washington. Os líderes norte-americanos manobraram para substituir Bao Dai, fantoche da França, por Diem, que não perdeu tempo em subjugar seus rivais e desencadear uma onda de repressão contra os ex-membros do Viet Minh no sul, com a execução de milhares de seus membros.

A capacidade norte-americana de retaliação maciça podia manter o equilíbrio de poder com os soviéticos, mas se mostraria inútil em impedir o surto revolucionário no mundo em desenvolvimento que queria adotar um rumo não alinhado entre os blocos capitalista e socialista e considerava obsceno gastar bilhões de dólares em armas quando o dinheiro para o desenvolvimento era escasso.

Do ponto de vista dos países não alinhados, a Guerra Fria norte-americana sob a vigilância de Eisenhower não só era uma guerra contra o comunismo como também era uma guerra contra os povos pobres pelos recursos do planeta.

Em 1955, 29 líderes asiáticos e africanos se reuniram em Bandung, na Indonésia. O anfitrião era Sukarno, da Indonésia, que liderara a luta contra o colonialismo holandês. As estrelas eram o marechal Tito, líder renegado da Iugoslávia, que tinha, apesar de diversas tentativas de assassinato, se libertado das garras de Stálin, juntamente com Nasser, do Egito, que enfrentara o Império Britânico; Nehru, primeiro líder da Índia independente; Kwame Nkrumah, de Gana; e Ho Chi Minh, do Vietnã.

Israel, percebido como aliado dos Estados Unidos, não foi convidado. A China comunista foi. Eles se reuniram em Java, a bela ilha da Indonésia, o quarto maior país do mundo, que combinava a maior população muçulmana do planeta e o terceiro maior Partido Comunista.

Dulles considerou a neutralidade uma concepção obsoleta, imoral e míope. E num dos episódios mais estranhos e menos conhecidos dessa época, Chu En-Lai, primeiro-ministro chinês, foi selecionado como alvo pelo governo nacionalista de Chiang Kai-shek, de Taiwan, numa operação apoiada secretamente pela CIA. Um detonador e uma bomba foram colocados em seu avião. No entanto, Chu sobreviveu pois mudou de avião, embora as dezesseis pessoas a bordo tenham vindo a morrer em circunstâncias misteriosas. Chu manteve um silêncio enigmático e a conferência foi considerada um grande sucesso. Contudo, muitos desses líderes independentes, no devido tempo, seriam derrubados pelos Estados Unidos.

A União Soviética começava a confrontar seu próprio passado. Em fevereiro de 1956, o primeiro-ministro Nikita Khrushchev, que como Eisenhower tinha origens humildes e viu o pior da Segunda Guerra Mundial de perto como organizador político na Batalha de Stalingrado, chocou o mundo comunista ao revelar emocionalmente as verdades mais sombrias do passado recente da URSS. Ele detalhou o terror sanguinário de Stálin, que assassinara milhões de pessoas e deixou a sociedade aterrorizada, numa conformidade muito pior que aquela que subjugara a sociedade norte-americana. Khrushchev condenou o culto à personalidade de Stálin e iniciou uma política providencial de desestalinização.

A reação no mundo comunista foi explosiva; muitos ficaram aturdidos. Na China, Mao se enfureceu. A inquietação varreu a maior parte da Europa Oriental. Na Hungria, multidões se reuniram do lado de fora do parlamento, derrubaram a enorme estátua de Stálin e lincharam nas ruas os agentes da polícia secreta.

Dwight Eisenhower e Nikita Khrushchev tinham muito em comum. Os dois eram de origem humilde e acreditavam muito na superioridade do seu próprio sistema político.

Khrushchev permitiu que a revolta prosperasse, mas, quando o moderado primeiro-ministro húngaro anunciou eleições livres e disse que a Hungria estava se retirando do Pacto de Varsóvia que fora estabelecido em 1955 para se opor à OTAN, Khrushchev percebeu que tinha de agir; caso contrário, seria deposto pelos linhas-duras. Assim, os tanques russos avançaram sobre Budapeste e esmagaram a resistência. Cerca de 2,5 mil húngaros perderam a vida. Embora esse número fique pálido em comparação com as baixas totais das intervenções norte-americanas nos países do Terceiro Mundo, a Hungria se tornou um dos maiores episódios da Guerra Fria, simbolizando a perversidade e dominação soviéticas.

A revista *Time* elegeu o Combatente da Liberdade Húngaro como "Homem do Ano". Ao mesmo tempo, sem conhecimento do público norte-americano, o duro poder dos Estados Unidos continuou a se manifestar mundialmente.

Na Indonésia, Sukarno se tornou um alvo importante. Às vezes, os planos da CIA para derrubá-lo eram ridículos, envolvendo filmes pornográficos e belas loiras russas, e um golpe militar em 1957 em que pilotos da CIA bombardearam alvos. Eisenhower negou o envolvimento norte-americano. No entanto, sua fraude foi desmascarada quando o piloto norte-americano Al Pope foi alvejado e exposto numa entrevista coletiva. Enfurecido com as ações norte-americanas, Sukarno se aproximou ainda mais dos soviéticos. Os Estados Unidos precisariam de outros oito anos para mudar a estrutura de poder na Indonésia num dos massacres mais sangrentos do século.

No outono de 1957, quando Eisenhower foi forçado a enviar tropas federais para o Arkansas para proteger de multidões violentas e odientas os recém-matriculados estudantes negros de escolas do ensino médio, a imagem internacional norte-americana sofreu outro grande abalo.

A União Soviética, por outro lado, ganhou aclamação internacional com o lançamento do *Sputnik*, o primeiro satélite a orbitar em torno da Terra.

Os Estados Unidos tinham bombas, mas, de repente, os soviéticos tinham o espaço; bem como foguetes e mísseis. Lyndon Johnson, líder da maioria no Senado, afirmou que os soviéticos em pouco tempo "estariam jogando bombas sobre nós do espaço, como crianças atirando pedras nos carros dos viadutos das autoestradas".

A resposta de Eisenhower denotou indiferença. Os soviéticos "colocaram uma bolinha no ar", ele afirmou. E para tentar convencer, ele, segundo se informou, jogou cinco partidas de golfe naquela semana.

O motivo era que Eisenhower sabia a verdade e não podia revelá-la: a tecnologia norte-americana desenvolvera os altamente secretos aviões de reconhecimento U-2, que tinham, durante um ano, voado a mais de vinte mil metros de altura sobre o espaço aéreo soviético, fotografando o quão atrasados os russos realmente estavam na corrida armamentista. Mais tarde, Allen Dulles, diretor da CIA, vangloriou-se: "Eu conseguia ver cada folha de grama da União Soviética."

Um mês depois, os soviéticos lançaram o *Sputnik II*, satélite bem mais pesado, com seis toneladas. Contudo, Khrushchev estendeu a mão para Eisenhower, pedindo uma competição espacial pacífica e o fim da Guerra Fria. No entanto, Ike, sentindo enorme pressão política, vangloriou-se publicamente da imensa e crescente superioridade militar norte-americana. "Estamos bem à frente dos soviéticos, tanto em quantidade como em qualidade. Pretendemos permanecer à frente", ele se gabou, apontando para os submarinos e os enormes porta-aviões equipados com armas nucleares.

Não obstante, os democratas aproveitaram a iniciativa. John McCormack, líder da Câmara dos Representantes, declarou que os Estados Unidos se defrontavam com a "extinção nacional". Entre aqueles que criticaram a disparidade em favor dos soviéticos na quantidade de armas nucleares estava John F. Kennedy, senador de Massachusetts. Eisenhower repudiou os críticos, considerando-os "cretinos hipócritas", mas o desalento abundava.

Eisenhower pediu uma análise secreta da segurança nacional, que foi escrita basicamente por Paul Nitze, anticomunista feroz de Wall Street e protegido de James Forrestal. Seu relatório, o *Gaither Report* [relatório Gaither], era devastador e foi vazado, aparentemente, pelo próprio Nitze, para o *The Washington Post* que escreveu que "retrata nosso país no perigo mais grave de sua história". Na melhor tradição da imprensa marrom, o jornal descreveu os Estados Unidos se movendo para um *status* de potência de segunda classe e pediu de modo urgente um aumento considerável do gasto militar, começando na época e continuando até 1970.

Em 1957, a publicação de *A hora final*, romance de Nevil Shute, seguida dois anos depois por um filme internacionalmente aclamado, mostrava friamente um pequeno número de sobreviventes de uma guerra nuclear esperando em Melbourne, na Austrália, a cidade mais meridional do mundo, pela precipitação radioativa que já tinha exterminado o resto da humanidade.

Winston Churchill, então aposentado, estava numa festa quando lhe perguntaram se enviaria um exemplar do romance para Eisenhower. O outrora feroz guerreiro da Guerra Fria respondeu desesperançado: "Seria uma perda de dinheiro. Ele está muito confuso agora. Acho que a Terra será destruída logo. E se eu fosse Deus, não a recriaria, pois Ele também poderá ser destruído da próxima vez."

Após dois ataques cardíacos, Eisenhower ainda dava a impressão de ser um homem decente e bem-intencionado, mas parecia perdido e desligado. Debaixo de seu nariz, no quintal norte-americano, no início de 1959, Fidel Castro e seus revolucionários, enfim, derrubaram a ditadura Batista, sob a qual os interesses empresariais norte-americanos controlavam mais de 80% dos recursos cubanos.

Castro começou redistribuindo terras e reformando o sistema de educação. Ele desapropriou grande quantidade de terras e mais de quatrocentos mil hectares da United Fruits e de outras duas empresas, oferecendo indenizações, que a United Fruits rejeitou. Como muitos líderes não alinhados do Terceiro Mundo, Castro aceitou as ofertas de ajuda soviética.

Em abril de 1959, Castro visitou os Estados Unidos e se encontrou brevemente com o vice-presidente Nixon que considerou Castro ingênuo acerca do comunismo e, posteriormente, apoiou a eliminação do cubano.

Quando as empresas petrolíferas norte-americanas e britânicas se recusaram a processar o petróleo bruto russo em suas refinarias cubanas, Castro as nacionalizou e ameaçou expropriar todas as propriedades norte-americanas na ilha. Eisenhower anunciou um embargo comercial, negando aos cubanos, entre outras coisas, mercados para seu açúcar, que os soviéticos e os chineses se ofereceram para comprar.

O embargo cobraria um preço terrível. Embora fosse aliviado pelos Estados Unidos na virada do século XXI, durava mais de cinquenta anos e dez governos norte-americanos. O embargo foi condenado repetidas vezes por uma grande maioria na Assembleia Geral das Nações Unidas. Em 2011, 186 países eram contra; dois países apoiavam: os Estados Unidos e Israel.

Em março de 1960, Eisenhower aprovou um plano da CIA para organizar uma força paramilitar de exilados cubanos para derrubar Castro. Esse plano incluiu a possibilidade de assassinato. Como símbolo para o resto do mundo, Castro não podia ter sucesso.

O Congo Belga foi retratado de forma infame no romance *O coração das trevas*, de Joseph Conrad, no início do século XX. Não muita coisa tinha mudado. Em 1960, quando os belgas partiram, o novo primeiro-ministro socialista, Patrice Lumumba, desesperado por ajuda, foi para Washington, mas Eisenhower se recusou a recebê-lo. Allen

Dulles, diretor da CIA, disse a Ike que Lumumba era um Fidel Castro africano e convenceu Eisenhower a autorizar um plano para assassiná-lo. Foi um trabalho malfeito, mas, quando o Congo caiu numa guerra civil anárquica, Lumumba foi deposto, em janeiro de 1961, por rebeldes do exército, na presença de oficiais belgas. Ele foi torturado e assassinado. Rapidamente, tornou-se um mártir e herói nacionalista para o Terceiro Mundo. Muitos culparam os Estados Unidos.

A CIA, abandonando o Plano de Paz da ONU, apoiou Joseph Mobutu. Roubando bilhões de dólares em recursos naturais e também dos seus apoiadores norte-americanos e massacrando multidões para conservar seu poder, Mobutu governou durante três décadas como ditador bilionário e como o aliado mais confiável da CIA na África.

Em janeiro de 1961, em seu notável discurso de despedida, Eisenhower pareceu entender o monstro que criara e quase deu a impressão de estar pedindo perdão. "Fomos obrigados a criar uma indústria bélica permanente de imensas proporções. Três milhões e meio de homens e mulheres estão diretamente envolvidos nas instituições de defesa. A influência total — econômica, política e até espiritual — é sentida em cada cidade, em cada palácio do governo, em cada escritório do governo federal. Nos conselhos de governo, devemos nos prevenir contra a conquista de influência injustificável, quer solicitada, quer não, pelo complexo militar-industrial. Jamais devemos deixar o peso dessa combinação ameaçar nossas liberdades ou processos democráticos."

Em particular, Eisenhower disse a Allen Dulles: "Deixo um legado de cinzas para o meu sucessor." Ele estava perto da verdade. Além de derrubar governos estrangeiros e intervir irrestritamente em todo o mundo, Eisenhower fez mais do que qualquer outro presidente para criar o complexo militar-industrial sobre o qual ele advertiu.

Sob o governo de Ike, o arsenal norte-americano expandiu-se de pouco mais de mil para 22 mil armas nucleares. No total, ele autorizou mais de trinta mil armas; as restantes foram entregues durante a presidência de Kennedy.

Naquele momento, as bombas nucleares eram a base do império norte-americano e proporcionaram ao novo imperador, seu presidente, um poder sobrenatural que exigia cada vez mais segredos asfixiantes e outros poderes que iam muito além dos limites originais do poder executivo definido na Constituição.

Embora as bombas em si não fossem onerosas, a imensa infraestrutura era, exigindo bases nos Estados Unidos e no exterior e enormes sistemas de lançamento constituídos de aviões bombardeiros, mísseis, porta-aviões e submarinos.

Além disso, Eisenhower tornou aceitável a política norte-americana de ameaça de ataque nuclear.

Em 1956, numa entrevista para a revista *Life*, Dulles, defendendo sua política de *brinkmanship* [estratégia de beira do abismo], apontou para três ocasiões distintas em que o governo chegara até a beira da guerra nuclear e forçara os comunistas a recuar: na Coreia, no Vietnã e em Taiwan. Na realidade, os Estados Unidos fariam isso novamente contra os soviéticos que também ameaçaram utilizar suas armas nucleares durante a Guerra do Suez, em 1956, e uma vez mais na crise com a China em relação às ilhas de Quemoy e Matsu, em 1958.

Os sucessores de Eisenhower na Casa Branca seguiram seu exemplo, ameaçando os inimigos percebidos dos Estados Unidos se não concordassem com as exigências norte-americanas.

Adicionalmente, é pouco conhecido o fato de que Eisenhower delegou a alguns comandantes militares a autoridade de lançar um ataque nuclear se acreditassem que eram obrigados pelas circunstâncias e estivessem impossibilitados de se comunicar com o presidente.

Além disso, com a aprovação de Eisenhower, alguns desses comandantes tinham, por sua vez, delegado a mesma autoridade para oficiais de escalão inferior. Portanto, existiam dezenas de dedos nos gatilhos, numa época em que não existiam dispositivos de bloqueio nas armas nucleares.

Em agosto de 1960, Eisenhower aprovou um plano operacional para lançar um ataque nuclear simultâneo contra a URSS e a China nas primeiras 24 horas de uma guerra. Uma avaliação conservadora do número de mortos por causa das bombas norte-americanas e da precipitação radioativa alcançou seiscentos milhões de pessoas — mais de cem Holocaustos — e previu a possibilidade de um inverno nuclear em todo o mundo, que extinguiria todas as formas de vida.

Em retrospecto, Eisenhower, presidindo o país mais poderoso do mundo, talvez, durante o período prolongado mais tenso de sua história, poderia ter, com uma ação corajosa, colocado o mundo num caminho diferente. Sinais provindos de Moscou indicavam que o Krêmlin estava pronto para mudar de curso. No entanto, por causa de questões ideológicas, cálculos políticos, exigências de um estado militarizado e imaginação limitada, Eisenhower falhou repetidas vezes em agarrar as oportunidades surgidas.

É interessante considerar que, em 1953, quando Eisenhower estava se tornando um guerreiro da Guerra Fria, seu mentor, o general George Marshall, tornou-se o único oficial militar de carreia a ser premiado com o Prêmio Nobel da Paz. Enfatizando a necessidade de um melhor conhecimento da história e das causas da guerra, ele afirmou: "O custo da guerra está constantemente espalhado diante de mim, escrito de maneira organizada em diversos livros contábeis, cujas colunas são lápides."

Marshall, um conservador que passou por duas guerras mundiais e pela Grande Depressão, ao contrário de muitos generais, raramente ostentava suas medalhas em público. De acordo com as informações disponíveis, ele recusou uma grande soma de dinheiro por sua autobiografia e permaneceu, até sua morte, em 1959, numa espécie de grandeza respeitada, mas solitária, condenado ao ostracismo por muita gente da direita pela moderação numa época de fanatismo e pela tolerância que ele verdadeiramente personificava.

Não resta dúvida de que os anos Eisenhower são lembrados como pacíficos e prósperos, e, num período em que a guerra com a União Soviética parecia bastante possível, ele certamente merece o crédito por evitá-la. No entanto, a verdade incontestável é que o estimado Dwight Eisenhower colocou o mundo numa trajetória rumo à aniquilação com a maior expansão do poder militar da história e tornou o mundo um lugar muito mais perigoso do que quando ele tomou posse em seu primeiro mandato.

CAPÍTULO 8

A ELEIÇÃO PRESIDENCIAL de 1960 foi disputada envolvendo principalmente a questão do comunismo. Posicionando-se como o candidato da mudança, como Barack Obama em 2008, o jovem desafiante John F. Kennedy repreendeu Richard Nixon, candidato republicano e intensamente anticomunista, por não conseguir impedir a disparidade em favor dos soviéticos na quantidade de armas nucleares e por permitir o estabelecimento de um regime comunista a apenas 145 quilômetros da costa da Flórida.

Kennedy, primeiro presidente católico dos Estados Unidos, ganhou por pequena margem, talvez numa eleição "roubada", mas cativou Washington e o mundo com seu humor e sua elegância. Seu governo foi apelidado de Camelot, em homenagem à lendária Távola Redonda da paz do rei Artur. Sua escolha oportunista, mas politicamente perspicaz, do texano Lyndon Johnson como vice-presidente fortaleceu a desconfiança da ala liberal do partido em relação a ele.

Eleito para o Senado em 1952, Kennedy foi um liberal na Guerra Fria, quando evitou criticar Joseph McCarthy, antigo amigo da família. Robert, seu irmão mais jovem, tinha até trabalhado na equipe de McCarthy. Aludindo ao título do livro *Profiles in Courage* [perfis de coragem], que deu o Prêmio Pulitzer a Kennedy, Eleanor Roosevelt afirmou que queria que Kennedy tivesse "tido um pouco menos de perfil e um pouco mais de coragem".

O novo governo de Kennedy recrutou indivíduos da elite, ambiciosos e muito inteligentes, a quem David Halberstam rotularia, posteriormente, com certa ironia, como "os melhores e os mais brilhantes". Eles eram tipificados pelo conselheiro da Segurança Nacional McGeorge Bundy (com Kennedy, na foto à esquerda), diretor da Faculdade de Artes e Ciências de Harvard; e pelo secretário da Defesa Robert McNamara (foto à direita), conhecido por sua mente prodigiosa e sua genialidade administrativa.

Sua equipe, uma combinação de gente de fundações, corporações e empresas de Wall Street e, também, de progressistas e intelectuais, foi considerada a melhor e a mais brilhante por sua inteligência, suas realizações e seu espírito de iniciativa tipificada por McGeorge Bundy, conselheiro da Segurança Nacional, o primeiro candidato a obter nota máxima em todos os três exames de admissão de Yale.

Para o Departamento de Defesa, Kennedy trouxe um civil não especialista: Robert McNamara. No comando da Ford Motor Company, ele era conhecido por sua mente prodigiosa. McNamara ganhou a desconfiança imediata dos generais ao colocar o Pentágono sob análise detalhada. Um plano de guerra nuclear devastador fora legado à instituição. McNamara ficou alarmado com o que descobriu: uma cultura de piores cenários possíveis, em geral, paranoicos. No entanto, quando Kennedy pediu uma avaliação de quão

Em agosto de 1957, a União Soviética testou com sucesso o primeiro míssil balístico intercontinental (ICBM). Para a URSS, os ICBMs podiam potencialmente compensar a enorme vantagem militar dos Estados Unidos derivada dos bombardeiros situados em bases da OTAN, na Europa. Quando os soviéticos utilizaram um ICBM para lançar o *Sputnik*, em outubro, alguns norte-americanos entraram em pânico.

grande era de fato a disparidade em favor dos soviéticos na quantidade de armas nucleares, McNamara precisou de três semanas para confirmar que não existia disparidade e diversos meses para descobrir que havia uma grande diferença. Os Estados Unidos tinham cerca de 25 mil armas nucleares; a URSS, apenas 2,5 mil. Os Estados Unidos possuíam 1,5 mil bombardeiros pesados, sendo mil na Europa, capazes de alcançar a União Soviética; a URSS, apenas, 192. Os Estados Unidos dispunham de 45 mísseis balísticos intercontinentais; a URSS, apenas quatro.

Kennedy foi informado por Allen Dulles do plano de Eisenhower de invasão de Cuba. Dulles também lhe assegurou que os cubanos apoiariam. Diversos assessores civis discordaram do plano, mas o presidente inexperiente temeu impedir uma operação apoiada por Eisenhower e o Estado-Maior Conjunto.

Em abril de 1961, três dias antes da operação, oito bombardeiros B-26 norte-americanos pilotados por exilados cubanos incapacitaram metade da força aérea de Castro.

Adlai Stevenson, embaixador norte-americano nas Nações Unidas, numa antecipação embaraçosa do desempenho de Colin Powell nas Nações Unidas sobre o Iraque, em 2003, afirmou que os Estados Unidos não tinham cometido agressão contra Cuba e nenhum ataque fora lançado a partir da Flórida nem de nenhuma outra região dos Estados Unidos. Ele exibiu uma foto de um avião, supostamente pilotado por um desertor cubano, mas foi logo desmascarado como pertencente à CIA.

Entre 1,5 mil e 1,6 mil exilados cubanos chegaram à Baía dos Porcos em sete navios, dois deles pertencentes à United Fruit. No entanto, as tropas cubanas estavam prontas e nenhum levante popular jamais ocorreu.

Os invasores pediram o apoio direto norte-americano e, para grande espanto da CIA, Kennedy recusou esse apoio, pois advertira que recusaria, temendo um contramovimento soviético contra Berlim Ocidental.

Numa reunião à meia-noite, os líderes militares e o chefe de serviços clandestinos da CIA pressionaram Kennedy durante três horas, pedindo o envio de apoio terrestre e aéreo. Eles esperavam isso; Eisenhower teria concordado. O chefe do Estado-Maior Conjunto afirmou que era "censurável, quase criminoso" puxar o tapete naquele momento. No entanto, Kennedy se manteve firme. Mais de cem rebeldes perderam a vida e cerca de 1,2 mil foram capturados.

Era um início arrepiante para uma das décadas mais turbulentas — e uma que mudaria o mundo para sempre: a década de 1960.

Todo aquele caso sórdido teve um efeito profundo sobre o presidente que disse a um jornalista amigo e muito influente: "O primeiro conselho que darei ao meu sucessor será vigiar os generais e não achar que só porque são militares suas opiniões sobre assuntos militares valem alguma coisa." Pelo visto, Kennedy começou a entender a advertência de Eisenhower, mas sua curva de aprendizagem precisaria ser brilhante para escapar da armadilha de aço do pensamento associado à Guerra Fria.

Em setembro de 1960, Fidel Castro numa reunião da Assembleia Geral das Nações Unidas. Castro liderou a revolução que derrubou a ditadura de Fulgêncio Batista, aliada dos Estados Unidos, no dia 1º de janeiro de 1959. Quando os Estados Unidos tentaram estrangular economicamente o novo regime, Castro buscou a ajuda da União Soviética.

Publicamente, Kennedy assumiu toda a responsabilidade pelo fiasco. Em particular, ficou furioso com os "filhos da puta" do Estado-Maior Conjunto e com "os desgraçados da CIA", ameaçando "quebrar a CIA em milhares de pedaços, e espalhá-los aos quatro ventos". Para espanto geral, Kennedy demitiu Allen Dulles, embora com diplomacia, e dois outros funcionários de alto escalão, e todo o pessoal da CIA no exterior foi colocado sob as ordens dos embaixadores locais.

A crescente desconfiança de Kennedy em relação aos seus assessores militares e de inteligência deixou mais fácil repelir a pressão deles em favor do envio de tropas, em 1961, para o Laos, minúsculo país asiático sem acesso ao mar; algo que Eisenhower lhe afirmara ser necessário para derrotar os comunistas.

O Estado-Maior Conjunto quis que Kennedy se comprometesse com uma força invasora em grande escala.

Arthur Schlesinger, auxiliar de Kennedy e respeitado historiador, afirmou posteriormente: "Após a Baía dos Porcos, Kennedy passou a desprezar o Estado-Maior Conjunto. Ele os rejeitava e os considerava um grupo de velhos. Kennedy achava que Lyman Lemnitzer, chefe do

Estado-Maior Conjunto, era um imbecil." Como resultado, Kennedy optou por uma solução de neutralidade, algo que enfureceu o Pentágono. Essa decisão voltaria para assombrá-lo.

Em junho de 1961, a atmosfera estava carregada quando Kennedy viajou para Viena para se reunir com Khrushchev na primeira reunião de cúpula deles. Khrushchev repreendeu o jovem presidente em relação ao imperialismo mundial norte-americano. "Na URSS, achamos que o processo revolucionário deve ter o direito de existir", ele disse a um senador norte-americano. Para Khrushchev, a principal questão era a Alemanha. Ele estava apavorado com a perspectiva de a Alemanha Ocidental finalmente obter controle sobre as armas nucleares norte-americanas posicionadas tão perto da União Soviética.

Além disso, também em 1961, cerca de 20% da população da Alemanha Oriental — 2,5 milhões de pessoas, aproximadamente — tinha fugido através da fronteira aberta procurando uma vida melhor na Alemanha Ocidental. Era uma humilhação para os soviéticos que, naquele momento, queriam um tratado reconhecendo duas Alemanhas separadas e a retirada das forças ocidentais de Berlim Ocidental.

Khrushchev explicou a um jornalista norte-americano: "Temos uma história muito mais longa com a Alemanha. Vimos o quão rapidamente os governos na Alemanha podem mudar e o quão fácil é para a Alemanha se tornar um instrumento de assassinato em massa. Temos um ditado: 'Dê uma arma a um alemão e, mais cedo ou mais tarde, ele a apontará para os russos." Nos Estados Unidos, vocês acham que não temos opinião pública. Não tenha tanta certeza disso. Quando se trata da Alemanha, nosso povo possui ideias muito fortes. Não acho que nenhum governo consiga sobreviver se tentar ir contra isso. Podemos destruir a Alemanha em poucos minutos. Mas... tememos a capacidade alemã de comprometer os Estados Unidos para iniciar uma guerra atômica mundial. Quantas vezes vocês têm de ser queimados para respeitar o fogo?" O comentário de despedida de Kennedy para Khrushchev, em Viena, foi: "Vejo que será um inverno muito rigoroso."

Naquele verão, algum tempo depois, Kennedy aumentou a crise mediante um discurso belicista: "A origem dos problemas e das

Em junho de 1961, em Viena, durante uma reunião de cúpula, Khrushchev repreendeu Kennedy acerca do imperialismo mundial norte-americano. Ele declarou que as relações entre Estados Unidos e URSS dependiam da solução da questão alemã. Kennedy partiu frustrado.

tensões mundiais é Moscou, não Berlim. E se a guerra começar, terá começado em Moscou, não em Berlim."

Kennedy anunciou recursos adicionais de 3,4 bilhões de dólares para defesa, planos para aumentar o efetivo militar em trezentos mil homens e um programa nacional de construção de abrigos atômicos públicos e privados. Ele lembrou aos cidadãos: "Na era termonuclear, qualquer mau juízo de um dos lados sobre as intenções do outro pode causar mais devastação em algumas horas do que foi causado em todas as guerras da história."

Os países do Pacto de Varsóvia reagiram de modo radical. Em 13 de agosto, os soldados da Alemanha Oriental começaram a erguer barricadas e barreiras em estradas, em toda a Alemanha, para deter a fuga maciça de alemães orientais. O arame farpado logo foi substituído pelo concreto. Kennedy, em desafio, enviou 1,5 mil soldados norte-americanos por via terrestre da Alemanha Ocidental para Berlim Ocidental, onde eram aguardados pelo vice-presidente Johnson.

Um modelo de abrigo atômico projetado pelo *U.S. Office of Civil and Defense Mobilization*. Em 1961, a crise de Berlim introduziu uma nova noção de urgência no debate sobre o abrigo atômico.

Naquele mesmo mês, Khrushchev reiniciou os testes nucleares. Quando Kennedy soube, teve um ataque de raiva: "Ferrado de novo!"

Apesar da superioridade nuclear norte-americana, a força aérea queria aumentar a quantidade de mísseis para três mil. McNamara não concordou, reduzindo o número para mil.

Em outubro, os soviéticos detonaram uma bomba de trinta megatons — a maior já testada — e, na semana seguinte, uma de mais de cinquenta megatons; três mil vezes mais potente que a bomba usada em Hiroshima. Naquela altura, Kennedy tinha herdado a ira plena referente à estratégia de beira do abismo de Dulles.

Um observador externo talvez tivesse a impressão de que os norte-americanos haviam enlouquecido no verão e no outono de 1961, já que o país promovia conversações prolongadas relativas à construção de abrigos atômicos nas casas das pessoas e também da ética de matar vizinhos ou amigos para proteger aquele abrigo — o que ficou conhecido como o fenômeno "atire no vizinho".

Apesar da pressão da mídia, surpreendentemente, poucas pessoas construíram abrigos, como resultado de uma resignação entorpecida ou por causa do reconhecimento das dificuldades de uma sobrevivência significativa.

Em retrospecto, a construção do monstruoso Muro de Berlim realmente neutralizou a ameaça imediata de guerra, permitindo que Khrushchev acalmasse seus linhas-duras. Kennedy confidenciou: "Não é uma solução muito boa, mas um muro é muito melhor do que uma guerra."

Em outra região do mundo, porém, Kennedy assumiu o compromisso com a politicamente importante comunidade de exilados cubanos da Flórida de derrubar o governo de Castro. Esse gesto desencadeou tensões significativas com a União Soviética.

No começo de novembro, Kennedy autorizou o início da Operação Mongoose — uma campanha de terror supervisionada por seu irmão Robert e chefiada por Edward Lansdale —, projetada para arruinar a economia cubana e, entre outras coisas, prosseguir secretamente com as tentativas de assassinato de Castro.

Procurando um pretexto para uma ação militar, o Estado-Maior Conjunto aprovou a Operação Northwoods que incluía um incidente do tipo "Lembrem-se do *Maine*", modelado sobre o navio de guerra afundado que desencadeou a Guerra Hispano-Americana em 1898. Esse plano incluiu os Estados Unidos encenando o sequestro de um avião pelo governo cubano; a derrubada de um avião civil, de preferência, com universitários a bordo; o afundamento de barcos com refugiados cubanos fugindo para a Flórida; a orquestração de diversos incidentes ao redor de Guantánamo; e a responsabilização do governo comunista.

Kennedy rejeitou o plano, mas as ações norte-americanas durante o ano de 1962 convenceram os soviéticos de que uma invasão a Cuba era iminente. Em janeiro, os Estados Unidos forçaram os países latino-americanos a expulsar Cuba da Organização dos Estados Americanos (OEA). Na primavera, no verão e no outono de 1962, os Estados Unidos realizaram diversos exercícios militares de grande escala no Caribe; um deles envolvendo 79 navios, trezentos aviões e mais de quarenta mil militares. O último exercício, em outubro, com a participação de 7,5 mil fuzileiros navais, codinome Ortsac, simulou a invasão a uma ilha, com a derrubada do seu governo. A mensagem era clara. "Ortsac" era "Castro" escrito de trás para a frente.

Kennedy também tinha a intenção de enfrentar os comunistas no Vietnã. No entanto, como estudioso da história, deve ter ficado em dúvida acerca de outra guerra terrestre na Ásia. Em 1951, como jovem congressista, ele visitara o Vietnã durante o desastre da Guerra da Coreia e foi contra a ajuda aos colonialistas franceses. Posteriormente, falou em linhas gerais da necessidade de conquistar o apoio de árabes, africanos e asiáticos, que "odiavam o homem branco que os extorquia, que os espancava, que os explorava e que os dominava". Kennedy já assinalara a contradição de apoiar o Império Francês na África e na Ásia e, ao mesmo tempo, se opor aos movimentos soviéticos na Hungria e Polônia.

Contudo, naquele momento, ele era presidente dos Estados Unidos e defendia um governo sul-vietnamita corrupto que estava proibindo reuniões públicas, alguns partidos políticos e até danças públicas.

Adotando a teoria do dominó de Eisenhower, Kennedy insistia que o Vietnã representava o marco do mundo livre no sudeste asiático; uma tentativa de impedir o avanço de algo indesejável.

Em maio de 1961, Lyndon Johnson foi ao Vietnã e consagrou Diem, o "Winston Churchill do sudeste asiático", e, expondo um quadro sombrio, pressionou por um envolvimento muito maior dos Estados Unidos. Os generais e McNamara concordaram que só tropas de combate norte-americanas poderiam evitar uma vitória comunista. No entanto, Kennedy, condecorado veterano da Segunda Guerra Mundial, resistiu em enviar tropas de combate. Ele disse a Arthur Schlesinger: "As tropas marcharão; as bandas tocarão; as multidões aplaudirão; e, em quatro dias, todos terão esquecido. Então, dirão que temos de enviar mais tropas. É como tomar um drinque. O efeito desaparece e você tem de tomar outro."

Contudo, na Segunda Guerra Mundial, Kennedy foi um admirador da guerrilha que os britânicos e norte-americanos tiveram de enfrentar em lugares como a selva de Burma e aprovou outras recomendações dos generais, expandindo o envolvimento militar. O pessoal norte-americano no Vietnã saltou de oitocentos consultores militares quando Kennedy tomou posse para mais de dezesseis mil em 1963. Ele também permitiu que um crescente número de operadores da CIA e de fornecedores civis norte-americanos afluísse a esse novo pote de mel de empreendimento. Nos três anos do governo Kennedy, a CIA realizou 163 operações secretas importantes em todo o mundo, apenas sete a menos do que as realizadas nos oitos anos do governo Eisenhower.

O Vietnã, nas primeiras fases, era, ocasionalmente, apresentado como uma "guerra da CIA". Em West Point, Kennedy reforçou isso, afirmando que era "outro tipo de guerra, nova em sua intensidade, antiga em suas origens... guerra por meio de emboscadas... desgastando e exaurindo o inimigo, em vez de travar combate com ele". A história sabe que o contrário demonstrou ser verdade no Vietnã.

No governo Kennedy, ocorreu algo que é pouco conhecido pelo público norte-americano. Os Estados Unidos começaram a reassentar os aldeões sob a mira de armas em áreas cercadas por arame farpado, vigiadas por tropas não confiáveis do governo sul-vietnamita e utilizaram herbicidas para desfolhar áreas de guerrilha. As consequências de longo prazo para o meio ambiente e para a saúde foram desastrosas para os vietnamitas e também para os norte-americanos.

No entanto, seria a crise dos mísseis de Cuba, em outubro de 1962, que realmente convenceu Kennedy das repercussões potencialmente desastrosas das suas políticas confrontantes associadas à Guerra Fria. Num domingo, 14 de outubro, um avião espião U-2 trouxe provas fotográficas de mísseis balísticos de médio alcance posicionados em Cuba. Foi um grande choque.

Khrushchev mentira para Kennedy, prometendo nenhuma arma ofensiva em Cuba, mas estava cometendo um erro de proporções épicas. Em 1962, a última coisa que os soviéticos queriam era um confronto militar direto com os Estados Unidos. Com pouco mais de dez ICBMS que podiam confiavelmente alcançar o território norte-americano e menos de trezentas ogivas nucleares, a União Soviética não

Um avião norte-americano borrifa herbicida sobre uma floresta sul-vietnamita, desfolhando uma área de guerrilha.

tinha chance contra as cinco mil bombas nucleares e os quase dois mil ICBMs norte-americanos.

Por que Khrushchev fez isso? Os norte-americanos nunca entenderam. A mídia apresentou as ações soviéticas em Cuba como um caso de agressão soviética. Porém, do ponto de vista soviético, era uma reação razoável aos repetidos sinais de que os Estados Unidos estavam preparando o uso inicial de armas nucleares num conflito contra a União Soviética. Os mísseis também podiam dissuadir a pairante invasão a Cuba que, de certa maneira, naquele momento, tinha se tornado uma peça do jogo. Os mísseis fariam os Estados Unidos pensar duas vezes antes de atacar; como Khrushchev disse, oferecendo aos norte-americanos "um pouco do seu próprio veneno".

Também não restava dúvida de que Khrushchev admirava Castro de verdade, um homem que chegara sozinho ao poder, sem ajuda externa, e tinha imenso valor simbólico no Terceiro Mundo. Finalmente, os mísseis eram um jeito barato para Khrushchev aplacar

Foto tirada de Cuba por um avião espião U-2, em 14 de outubro de 1962. A foto revelou que os soviéticos instalaram mísseis balísticos de médio alcance (MRBMs) na ilha caribenha capazes de levar ogivas de um megaton até o território norte-americano. A revelação desencadeou a crise dos mísseis de Cuba.

aqueles que questionavam sua liderança no mundo comunista. Contudo, foi muito perigoso o que ele fez; muito perigoso.

Khrushchev pretendera anunciar a presença dos mísseis nucleares em 7 de novembro, no 45º aniversário da Revolução Bolchevique. No entanto, como o analista militar Daniel Ellsberg assinalou, ao guardar segredo do fato de que fornecera mísseis balísticos e táticos de cruzeiro, juntamente com suas ogivas nucleares, Khrushchev transformara um meio potencialmente eficaz de dissuadir a invasão norte-americana numa provocação desestabilizadora com efeito contrário ao desejado. Os Estados Unidos jamais entenderam que as ogivas já tinham chegado.

Mesmo hoje em dia, poucas pessoas se dão conta da gravidade da crise de mísseis de Cuba e ainda menos gente parece compreender suas lições duradouras. O legado da estratégia de beira do abismo de Dulles enfim gerara seu Frankenstein.

Dois dias depois, Kennedy se reuniu com seus principais assessores numa reunião supersecreta, esperando deter os mísseis antes que fossem totalmente instalados. Três dias depois, em 19 de outubro, ele se reuniu com o Estado-Maior Conjunto. Seus integrantes pressionaram por um ataque aéreo cirúrgico, sem aviso prévio, para eliminar os mísseis e, em seguida, uma invasão total a Cuba. LeMay assegurou a Kennedy que os soviéticos não reagiriam.

LeMay considerava inevitável uma guerra nuclear, e era uma guerra que, naquele momento, os Estados Unidos estavam em condições de ganhar. Talvez não houvesse uma segunda oportunidade. Ele criticou o Urso Russo: "Arranquemos sua perna até a altura dos testículos. Pensando melhor: arranquemos seus testículos também."

Após o encontro, Kennedy comentou com seu auxiliar Kenny O'Donnell: "Se nós os escutarmos e fizermos o que eles querem, nenhum de nós sobreviverá para dizer a eles que estavam errados."

Com os mísseis norte-americanos na Turquia, tão próximos da União Soviética, McNamara sustentou que o equilíbrio estratégico do poder não tinha mudado. Kennedy concordou, mas, compreendendo o simbolismo político, afirmou que permitir a permanência dos mísseis em Cuba enfraqueceria a percepção dos Estados Unidos no mundo e, sobretudo, na América Latina.

Kennedy confidenciou ao seu irmão Robert que, se não adotasse uma ação firme depois do que fizera em relação à Baía dos Porcos, sofreria um *impeachment*.

Aquele momento se tornou um teste crucial do caráter de Kennedy. No contexto de construção daquele caráter, ele lutara corajosamente e salvara a vida de seus homens como tenente da Marinha, no Pacífico Sul, e não ficava mais tão intimidado diante de generais uniformizados. Nos dias seguintes, Kennedy rejeitou os conselhos de homens mais velhos, como Paul Nitze, Dean Acheson e até Dwight Eisenhower. Em vez disso, optou por um bloqueio, que chamou de "quarentena", para minimizar o fato de que aquilo também era um ato de guerra. Em 22 de outubro, oito dias após a revelação das fotos,

Kennedy reúne-se com o Comitê Executivo do Conselho de Segurança Nacional durante a crise.

informou solenemente aos norte-americanos: "Todos os navios, de qualquer tipo, com destino a Cuba, de qualquer bandeira ou porto, se descoberto contendo cargas de armas ofensivas, será mandado de volta. Se esses preparos militares ofensivos continuarem, aumentando a ameaça ao hemisfério, outras ações serão justificadas."

Kennedy retratou os Estados Unidos como vítima inocente da agressão soviética sem motivo, não revelando que seu governo estivera travando uma guerra de terror contra Cuba desde o final de 1959.

A temperatura do mundo ficou mais alta. As pessoas estavam inquietas, grudadas nas televisões e nos rádios. As crianças assistiam aos noticiários, com os pais morrendo de medo. Naquele mesmo dia, o *Strategic Air Comand* entrou em *Defcon 3* [estado de alerta 3, numa escala de 1 a 5, com 1 igual a estado de alerta máximo e 5 igual a estado de preparação normal], e dois dias depois, pela primeira vez na história, em *Defcon 2*, pronto para atacar alvos na União Soviética. A decisão de chegar à beira da guerra nuclear foi tomada, de acordo com a autoridade dada por Eisenhower, pelo general Thomas Power, comandante do SAC, sem consultar o presidente. Para piorar as coisas, em vez de divulgar a ordem em código, como seria esperado, foi enviada às claras, para assegurar que os operadores de radares soviéticos a captassem. Dali em diante, a frota do SAC permaneceu no ar, reabastecida por aviões-tanques.

Em 1960, Power declarou a um analista de defesa: "A ideia é matar os desgraçados! Veja, no final da guerra, se existirem dois americanos e um russo, nós ganhamos!" Sensatamente, o analista respondeu: "Bem, seria bom que fossem um homem e uma mulher."

Diversos incidentes angustiantes ocorreram. Qualquer um deles poderia ter desencadeado um holocausto. Um míssil de teste do SAC foi lançado dos Estados Unidos para as Ilhas Marshall e oficiais relataram por engano que Tampa e Minnesota estavam sob ataque.

Em 25 de outubro, os líderes soviéticos decidiram que retirariam os mísseis de Cuba, mas queriam uma negociação visando a retirada dos mísseis norte-americanos da Turquia. Antes que conseguissem agir de acordo com aquela decisão, Khrushchev recebeu a informação incorreta de que a invasão de Cuba estava começando.

Em 26 de outubro, os aviões norte-americanos voavam sobre Cuba, em *Defcon 3*, e 250 mil soldados norte-americanos se achavam reunidos na costa da Flórida, prontos para entrar em combate. Dois mil voos de bombardeiros estavam planejados. Castro previu um ataque norte-americano em 72 horas. Uma força soviética de 42 mil homens, comandada por um veterano de Stalingrado e apoiada por cem mil cubanos, possuía, sem o conhecimento do serviço de inteligência norte-americano, cerca de cem armas nucleares para campo de batalha.

Khrushchev estava perdendo o controle da situação. Num instante assombroso, quis saber dos seus generais se podiam garantir que a manutenção daquele rumo não resultaria na morte de quinhentos milhões de pessoas. "Que bem teria feito a mim, na última hora da minha vida, saber que, embora nossa grande nação e os Estados Unidos estavam em completa ruína, a honra nacional da União Soviética estava intacta?"

No que McNamara descreveu como "a mensagem diplomática mais extraordinária que já vira", Khrushchev enviou a Kennedy uma carta urgente pedindo simplesmente uma promessa de não invadir Cuba. Ele advertiu que os dois países se encaminhavam inexoravelmente para a guerra e "não estaria em nosso poder detê-la... a guerra acaba depois de atravessar cidades e vilarejos, semeando, em todos os lugares, a morte e a destruição".

Em 27 de outubro, ocorreu um incidente que Schlesinger descreveu como não só o momento mais perigoso da Guerra Fria, mas, também, "o momento mais perigoso da história". Os navios russos se dirigiam para a linha de quarentena. Um dos quatro submarinos soviéticos enviados para proteger os navios estava sendo caçado o dia todo pelo porta-aviões *USS Randolph*. A mais de 160 quilômetros de distância do bloqueio, o *Randolph* começou a lanças cargas de profundidade, ignorando o fato de os submarinos carregarem armas nucleares.

A explosão sacudiu o submarino. As luzes se apagaram, exceto pelas luzes de emergência. A temperatura subiu muito; o dióxido de carbono no ar alcançou níveis quase letais; e a tripulação mal conseguia respirar. Os homens começaram a desmaiar e cair. O sofrimento durou quatro horas. Então, o oficial de comunicação relatou: "Os americanos nos acertaram com algo mais forte. Achamos que é o fim." O pânico aumentou. O comandante Valentin Savitsky tentou, em vão, informar o estado-maior. Ele supôs que a guerra começara e que eles iriam morrer em desonra por não terem feito nada. Savitsky ordenou que o torpedo nuclear fosse preparado para disparo. Virou-se para os outros dois oficiais a bordo. Felizmente para a humanidade, Vasili Arkhipov, comissário político, foi capaz de acalmá-lo e convencê-lo a não lançar o torpedo, provavelmente, impedindo a guerra nuclear.

Em meio a esse confronto angustiante, o ponto crucial veio quando o Conselho de Segurança Nacional recebeu a notícia de que um avião U-2 fora abatido sobre Cuba. Khrushchev não autorizara isso. O Estado-Maior Conjunto norte-americano quis agir imediatamente e destruir todas as rampas de lançamento e os mísseis. "Não", Kennedy disse. Depois da derrubada do U-2, Kennedy e Khrushchev perceberam que estavam perdendo o controle de suas enormes máquinas militares. Os norte-americanos, recebendo notícias continuamente pela TV, estavam paralisados diante de algo com que até então só tinham sonhado. Posteriormente, Robert McNamara descreveu sua visão do pôr do sol sobre o rio Potomac, na noite de sábado, 27 de outubro: "Era um belo anoitecer de outono, o auge da crise, e eu saí ao ar livre para vê-lo, pois achei que seria o último sábado que eu veria na vida."

Os diplomatas soviéticos queimavam seus documentos em Washington e Nova Iorque. A elite de Washington começara a evacuar suas famílias da capital, pedindo para as esposas e os filhos seguirem rapidamente para o sul.

Num último e desesperado esforço, Kennedy, naquele sábado, enviou seu irmão para um encontro com Anatoly Dobrynin, embaixador soviético, para lhe informar que os Estados Unidos estavam prestes a atacar, a menos que recebessem um imediato compromisso soviético de remover suas bases de Cuba. Robert prometeu que os Estados Unidos não invadiriam Cuba e que retirariam seus mísseis da Turquia num prazo de quatro a cinco meses.

Dobrynin transmitiu às pressas a mensagem para Khrushchev, que afirmou em sua autobiografa que a mensagem de Robert Kennedy era ainda mais desesperada, incluindo a informação de que "o presidente não tem certeza de que os militares não o derrubarão e tomarão o poder".

A manhã seguinte — um domingo, 28 de outubro — começou misericordiosa. Os soviéticos anunciaram que retirariam os mísseis. O mundo respirou aliviado, como se fosse uma única respiração coletiva. Na realidade, a crise continuou nos bastidores por mais três semanas e, finalmente, terminou em 20 de novembro, quando os soviéticos conseguiram recuperar o controle de suas armas nucleares para campo de batalha e dos seus bombardeiros Il-28 dos cubanos. Realmente, as armas deixariam Cuba.

Em retrospecto, é interessante notar que, durante toda a crise, os mísseis soviéticos jamais foram abastecidos; os reservistas do Exército Vermelho não foram convocados; e nenhuma ameaça foi feita contra Berlim.

Trinta anos depois, em 1992, McNamara se chocou quando soube que, se as tropas norte-americanas tivessem invadido Cuba, não só encontrariam quatro vezes mais soldados soviéticos e quase três vezes mais soldados cubanos que os previstos como também enfrentariam cem armas nucleares para campo de batalha. Ao supor que mil norte-americanos poderiam ter perdido a vida, McNamara disse que os Estados Unidos teriam reagido varrendo Cuba do mapa, com o alto risco de uma guerra nuclear total entre os Estados Unidos e a União Soviética. Centenas de milhões de pessoas poderiam ter morrido, possivelmente, toda a humanidade. Estudos recentes revelam que na ilha de Okinawa uma grande força de mísseis com ogivas nucleares e caças-bombardeiros F-100 armados com bombas de hidrogênio estava de prontidão para a ação. O provável alvo não era a União Soviética, mas, sim, a China.

No fim da crise, os líderes militares ficaram furiosos com a ausência de um ataque contra Cuba. McNamara recordou a amargura deles: "O presidente convidou os chefes militares para agradecer-lhes pelo apoio durante a crise e houve uma tremenda cena. Curtis LeMay começou a dizer: 'Nós perdemos. Devíamos ir para lá hoje e liquidá-los rapidamente!'."

Khrushchev, ainda mais que Kennedy, merece a maior parte do crédito por ter evitado a guerra. Por isso, ele foi difamado, como Mikhail Gorbachev seria, três décadas depois, quando, democraticamente, presidiu, contra sua vontade, a dissolução da União Soviética. Os chineses acusaram Khrushchev de covardia pelo recuo; os linhas-duras russos disseram que ele tinha "feito cocô na calça". A maior parte do Pentágono, porém, acreditando que sua disposição de ir à guerra forçara os soviéticos a recuar, decidiu que a força superior também funcionaria em outros lugares, sobretudo no Vietnã, onde mais uma vez os oficiais norte-americanos afirmavam ser necessário opor resistência ao comunismo.

Os soviéticos tiraram uma lição contrária, decidindo nunca mais ser tão humilhados e forçados a capitular por fraqueza. Assim, deram início à produção maciça de armas nucleares, para alcançar paridade com os Estados Unidos. Enfraquecido pela crise, Khrushchev seria destituído do poder no ano seguinte.

No entanto, antes disso, Khrushchev escreveu a Kennedy uma longa e notável carta: "O mal trouxe algum bem... As pessoas sentiram de maneira mais palpável a aragem das chamas flamejantes da guerra termonuclear." Devido a isso, ele fez uma série de propostas corajosas para eliminar "tudo em nossa relação capaz de gerar uma nova crise". Sugeriu um tratado de não agressão entre os países da OTAN e o Pacto de Varsóvia. Por que não, perguntou, "extinguir todos os blocos militares", cessar o teste de todas as armas nucleares, na atmosfera, no espaço, debaixo d'água e também no subsolo? Ele propôs soluções para os conflitos relacionados à Alemanha e à China.

É interessante notar que, ao mesmo tempo, houve uma grande revitalização do cristianismo, com o papado efêmero do papa João XXIII, um dos papas mais populares da história. Ele convocou o Concílio Vaticano II, que publicou uma nova encíclica que abalou os católicos de todo o mundo. Recebeu o nome de *Pacem in Terris* — Paz na Terra — e precedeu uma mudança de pensamento, sobretudo na América Latina, onde padres, freiras e leigos levaram a mensagem do Evangelho para os pobres e os perseguidos, estimulando-os a pegar o destino com as próprias mãos, para superar a miséria de suas existências. O que se tornou conhecido como "teologia da libertação" levou a muitos problemas posteriores com os sucessores de Kennedy, no quintal dos Estados Unidos.

Embora mais tépido do que Khrushchev em sua resposta, o pensamento de Kennedy estava evoluindo, e, no ano seguinte ao da crise dos mísseis, passou por uma transformação notável. Ele começou a ver o Vietnã como um lugar para retroceder em relação ao confronto entre leste e oeste, mas sabia que não seria fácil.

Às vezes, as discussões sobre as verdadeiras intenções de Kennedy no Vietnã eram bastante cáusticas e as suas declarações contraditórias e os sinais trocados aumentaram a confusão. Sem dúvida, ele estava sob enorme pressão para persistir. E, em julho de 1963, Kennedy disse numa entrevista coletiva que "Para nós, recuar significaria um colapso não só do Vietnã do Sul, mas, também, do sudeste asiático".

Em particular, porém, Kennedy manifestava dúvidas. No final de 1962, ele pediu a Mike Mansfield, respeitado líder da maioria no

Senado, para ir ao Vietnã e avaliar a situação. O senador voltou com uma avaliação muito pessimista, recomendando a retirada das forças norte-americanas. O auxiliar Kenny O'Donnell descreveu a reação de Kennedy: "O presidente ficou tão perturbado com a argumentação inesperada do senador que não conseguiu responder. Mais tarde, ele me disse quando falamos a respeito: 'Fiquei chateado com Mike por discordar completamente da nossa política e fiquei chateado comigo mesmo porque me vi concordando com ele'."

Em 11 de junho de 1963, numa imagem que chocou o mundo, o monge budista vietnamita Thich Quang Duc se imolou até a morte, num cruzamento movimentado de Saigon, protestando contra o governo corrupto sul-vietnamita.

McNamara começou a pressionar o Estado-Maior Conjunto por um plano de retirada gradual. Em maio de 1963, Kennedy aprovou o plano, mas não conseguiu formalizá-lo. Os primeiros mil homens deviam sair do Vietnã no final daquele ano. Em setembro, o presidente enviou McNamara e o general Maxwell Taylor, o novo e confiável chefe do Estado-Maior Conjunto, numa viagem de inspeção de dez dias ao Vietnã. Em 2 de outubro, eles entregaram seu relatório a Kennedy, recomendando o início da retirada das tropas antes do final de 1963 e o término no final de 1965.

Naquele momento, Kennedy formalizou seu compromisso no *National Security Action Memorandum 263*, que assinou em 11 de outubro e liberou para a imprensa. Sem dúvida, Kennedy sentia-se dividido. Ele explicou a O'Donnell: "Em 1965, serei um dos presidentes mais impopulares da história. Serei amaldiçoado em todo lugar como um apaziguador comunista. Mas não me importo. Se eu agora tentasse sair completamente do Vietnã, teríamos de lidar com outra Ameaça Vermelha de Joe McCarthy, mas posso fazer isso depois de ser reeleito. Então, melhor garantir a minha reeleição."

Os republicanos queriam castigá-lo de alguma maneira. Nelson Rockefeller, governador de Nova Iorque, afirmou que Kennedy era mole como o comunismo, acreditando ingenuamente que os líderes soviéticos eram "razoáveis e desejavam alcançar um acordo básico com o Ocidente". Rockefeller, que era um republicano moderno, disse:

"As bases de nossa segurança estão sendo solapadas." Kennedy não detivera a agressão comunista no Laos. Fracassara em fornecer apoio aéreo durante a invasão da Baía dos Porcos e "não tomara nenhuma atitude enquanto o muro estava sendo construído em Berlim". Brotando atrás de Rockefeller estava o senador Barry Goldwater, republicano radical, que seria lançado candidato à presidência em 1964.

Em outubro de 1963, esperando que a situação no Vietnã do Sul pudesse melhorar, Kennedy apoiou a derrubada do regime opressivo de Diem, mas não o seu assassinato. Quando o presidente e seu irmão foram mortos pelos militares sul-vietnamitas, Kennedy ficou muito perturbado. Não obstante, sua mentalidade não mudou.

Entre aqueles que mais tarde confirmaram a intenção de Kennedy em promover a retirada do Vietnã incluíam-se Robert McNamara, Arthur Schlesinger, Mike Mansfield, o assistente do secretário de Estado Roger Hilsman, Ted Sorensen, o senador Wayne Morse, Kenny O'Donnell e o presidente da Câmara de Representantes Tip O'Neill.

Tempos depois, em 1967, Daniel Ellsberg entrevistou Robert Kennedy, antes da mudança da opinião pública sobre a guerra de 1968. Robert afirmou que seu irmão "estava absolutamente decidido a não enviar unidades terrestres". Ellsberg perguntou-lhe se seu irmão teria aceitado a derrota para os comunistas e Robert Kennedy respondeu: "Teríamos mascarado isso. Colocaríamos um governo que pediria nossa saída ou que teria negociado com o outro lado. Teríamos lidado com isso como no Laos." Ellsberg perguntou-lhe por que seu irmão era tão lúcido, ao contrário dos seus assessores mais velhos, que continuavam decididos a levar a melhor. Robert respondeu com emoção: "Porque estávamos ali! Por estarmos ali, em 1951. Vimos o que acontecia com os franceses. Vimos isso. Meu irmão decidiu que aquilo jamais deveria acontecer conosco."

Em seus últimos meses de vida, Kennedy até considerou uma mudança de rumo em relação à Cuba castrista — um relacionamento em que suas políticas eram sistematicamente equivocadas. No entanto, da mesma forma que Kennedy se apegou à esperança de vitória no Vietnã enquanto tomava medidas para uma retirada, ele apoiou uma nova rodada de sabotagens da CIA em Cuba enquanto explorava diversas possibilidades de contato discreto com o próprio Castro. Ele disse a Jean Daniel, influente jornalista francês, que estava prestes a se encontrar com Castro: "Acho que não há país no mundo onde a colonização, a humilhação e a exploração foram piores do que em Cuba, em parte devido às políticas do meu país durante o regime Batista." Daniel finalmente se encontrou com Castro dois dias antes do assassinato de Kennedy. Castro, criticando o comportamento norte-americano, mas admirando o potencial de Kennedy, também tinha a esperança de um novo começo. "Kennedy", Castro declarou, "ainda tem a possibilidade de se tornar, aos olhos da história, o maior presidente dos Estados Unidos, o líder que pode, enfim, entender que é possível haver coexistência entre capitalistas e socialistas".

Kennedy, no centro da Guerra Fria, encarava a verdade permanente dos políticos norte-americanos: ser forte. Se fosse percebido como fraco, não duraria. Essa é a coisa confusa acerca do poder. O próprio Kennedy sofria de doença de Addison e dos efeitos das operações na coluna por causa dos ferimentos sofridos na Segunda Guerra Mundial. Dependente de analgésicos e do seu desejo voraz, encontrando-se num casulo de logros não só em relação a si, mas em relação à sua mulher, às suas políticas para Cuba e Vietnã e ao seu país, John Kennedy ainda dava a impressão de ser indiferente ao medo. Como Roosevelt, ele encarnava um encanto que perdoava muita coisa na nova era da realidade televisionada.

Em junho de 1963, num discurso de paraninfo na *American Univesity*, sem ouvir a opinião do Estado-Maior Conjunto, da CIA ou do Departamento de Estado, Kennedy proferiu um dos discursos presidenciais mais extraordinários do século XX. O discurso se baseava num rascunho oferecido por Norman Cousins, editor da *Saturday Review* e ativista antinuclear, que estivera servindo de ligação entre Kennedy e Khrushchev. Nele, Kennedy encorajava os ouvintes a pensar acerca dos soviéticos em termos humanos e pediu o fim da Guerra Fria:

"Que tipo de paz tenho em mente? Que tipo de paz buscamos? Não uma Pax Americana imposta ao mundo pelas armas de guerra norte-americanas. Reexaminemos nossa atitude em relação à União Soviética... é triste constatar a extensão do abismo entre nós. E se não

A resposta mais enfática de Kennedy às propostas de paz de Khrushchev do ano anterior vieram em 1963, em seu discurso de paraninfo na *American University*. Auxiliado por Ted Sorensen e Norman Cousins, ele esboçara o discurso sem ouvir a opinião do Estado-Maior Conjunto, da CIA e do Departamento de Estado.

conseguirmos acabar agora com nossas diferenças, ao menos poderemos ajudar a tornar o mundo seguro para a diversidade. Pois, em última análise, nosso vínculo comum mais básico é que todos nós habitamos este pequeno planeta. Respiramos o mesmo ar. Todos cuidamos do futuro dos nossos filhos. E todos somos mortais."

Em setembro daquele ano, o Senado aprovou o Tratado de Proibição Parcial dos Testes Nucleares com oitenta votos a favor e dezenove contra. Ted Sorensen, redator de discursos presidenciais, afirmou que "nenhuma outra conquista na Casa Branca deu maior satisfação a Kennedy".

Em outra guinada impressionante, Kennedy preconizou a substituição da corrida espacial por uma viagem à Lua e pela exploração do espaço conjunta pelos Estados Unidos e pela União Soviética. Ele afirmou: "A lei internacional e a Carta das Nações Unidas se aplicarão. Por que a primeira viagem do homem à Lua deve ser uma competição nacional?"

Na época em que John Kennedy passava com o carro presidencial pelo centro de Dallas, para iniciar campanha de reeleição para 1964, tinha feito inimigos poderosos nos altos escalões das comunidades de inteligência, das forças armadas e dos negócios, sem falar na Máfia, nos segregacionistas sulistas e nos cubanos a favor e contra Castro. Para eles, Kennedy era culpado de não chegar às últimas consequências na Baía dos Porcos, de reduzir o poder da CIA, de demitir seus líderes, de resistir ao envolvimento no Laos, de concluir um Tratado de Proibição dos Testes Nucleares, de planejar uma retirada do Vietnã, de abandonar a corrida espacial, de estimular o nacionalismo do Terceiro Mundo, de flertar com o fim da Guerra Fria, e, talvez de modo mais condenatório, de aceitar um acordo negociado na crise dos mísseis de Cuba. A raiva contra ele era visceral.

Kennedy tinha lido o romance *Sete dias de maio, best-seller* de 1962, que descreve um golpe de estado promovido por um furioso Estado-Maior Conjunto contra o novo acordo nuclear de um presidente liberal com os soviéticos.

Kennedy disse a um amigo: "É possível. Pode acontecer neste país." Se houvesse uma terceira Baía dos Porcos, poderia acontecer.

A Comissão Warren, muito influenciada por Allen Dulles, ex-diretor da CIA, concluiu que Lee Harvey Oswald era o assassino solitário, embora, ao contrário da maioria dos assassinos solitários com uma causa, negasse com firmeza sua culpa. A conjetura contra Oswald foi realizada de modo eficaz pela mídia nacional, mas quatro dos sete membros da Comissão Warren manifestaram dúvidas. Lyndon Johnson, Robert Kennedy e o governador John Connally, que se ferira no ataque, também questionaram os resultados. A opinião pública considerou o relatório não convincente. Talvez nunca venhamos a saber a identidade dos responsáveis ou quais foram os motivos, mas sabemos que os inimigos de Kennedy incluíam algumas das mesmas forças que tinham derrubado Henry Wallace em 1944 quando ele tentava conduzir os Estados Unidos a uma trajetória parecida de paz.

John F. Kennedy fez um discurso de posse vibrante, que tanto estendeu a mão para a União Soviética, na esperança de construir uma amizade, como reafirmou a disposição de sua geração de "defender a liberdade em sua hora de máximo perigo" e "pagar qualquer preço, suportar qualquer fardo, enfrentar qualquer adversidade" a fim de conseguir aquilo.

Khrushchev sofreu um destino igualmente ignominioso, embora menos sangrento, quando foi derrubado por seus inimigos do Krêmlin, no ano seguinte. Ele se tornou um crítico do governo soviético e contrabandeou sua autobiografia para ser publicada no Ocidente sob o título *Khrushchev Remembers* [Khrushchev lembra], que se tornou um *best-seller*. Ao morrer, em 1971, Khrushchev foi enterrado num canto do cemitério de Moscou; durante anos, nenhum monumento foi erguido em sua homenagem.

As gerações futuras possuem uma imensa dívida e, possivelmente, devem sua própria existência a esses dois homens corajosos que encararam o abismo e recuaram diante do que viram. Também têm uma dívida especial com um obscuro oficial de submarino soviético que sozinho impediu o início de uma guerra nuclear.

Com a subida ao poder do vice-presidente Lyndon Johnson, aconteceram mudanças importantes em diversas políticas de Kennedy, sobretudo em relação à União Soviética e ao Vietnã.

Em seu discurso de posse, no início daquela década, em janeiro de 1961, Kennedy expusera sua mensagem de esperança: "Que não se restrinja a este momento, nem a este lugar, e que chegue igualmente a amigos e inimigos a notícia de que a tocha foi passada a uma nova geração de norte-americanos."

No entanto, com seu assassinato, a tocha foi devolvida para uma geração mais velha — a geração de Johnson, Nixon, Ford e Reagan —, líderes que destruíram sistematicamente as promessas de Kennedy do último ano, pois levaram o país de volta para a guerra e para a repressão. Ainda que a visão que Khrushchev e Kennedy expressaram partisse com eles, não morreria. As sementes que ambos plantaram, germinariam e floresceriam novamente muito tempo depois de suas mortes.

Para aqueles que sobreviveram a década de 1960, a crise dos mísseis de Cuba, nas pegadas do medo da guerra por causa de Berlim, foi um acontecimento aterrorizante. Foi um dos muitos pesadelos de uma nova geração de norte-americanos que jamais viu a história se desdobrar de maneira tão rápida, dramática e violenta. Logo em seguida viria a guerra do Vietnã; um banho de sangue, um pesadelo causado pelos próprios erros norte-americanos e que causaria grande sofrimento para norte-americanos e vietnamitas por quase uma década. Coisas piores viriam no fim daquela década, mas, em retrospecto, naquela tarde em Dallas, quando John Kennedy foi baleado na cabeça à luz do dia, foi como se uma Medusa grega, gigante e horrível, tivesse revelado sua face abominável para os norte-americanos, petrificando-os com o oráculo das coisas ainda por vir.

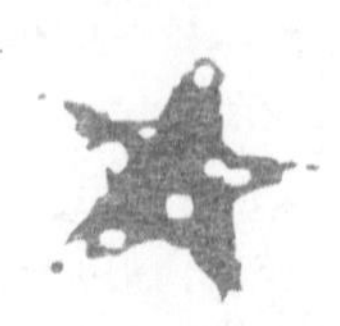

CAPÍTULO 9

EM ABRIL DE 1967, o dr. Martin Luther King Jr., ganhador do Prêmio Nobel da Paz, quebrou seu silêncio sobre a invasão do Vietnã pelos Estados Unidos: "Caminhando entre os jovens desesperados, rejeitados e furiosos, disse-lhe que os coquetéis molotov e os rifles não resolveriam seus problemas. ... Mas eles perguntaram, e com razão: 'E o Vietnã?' Se a alma norte-americana ficar totalmente envenenada, parte da autópsia deverá indicar Vietnã. Um país que continua, ano após ano, gastando mais dinheiro em defesa militar do que em programas sociais está se aproximando da morte espiritual. A necessidade de manter a estabilidade social para os nossos investimentos explica a ação contrarrevolucionária na Guatemala. Diz por que os helicópteros norte-americanos estão sendo usados na Colômbia e por que o napalm norte-americano e os Boinas Verdes já atuaram contra os rebeldes no Peru. Eles perguntam se o nosso país não estava usando doses maciças de violência para solucionar seus problemas, para viabilizar as mudanças desejadas. Suas perguntas fazem sentido e sei que nunca mais poderei erguer minha voz contra a violência dos oprimidos dos guetos sem ter primeiro falado claramente com o maior patrocinador da violência do mundo atual: meu próprio governo."

Depois de dois dias no cargo, no domingo — um dia antes do enterro de John Kennedy —, Lyndon Johnson reuniu-se com seus assessores militares e afirmou que ele não iria perder o Vietnã. Ele nunca concordara com o memorando de Kennedy sobre a retirada e,

Lyndon Johnson fazendo o juramento de posse depois do assassinato de Kennedy, em 22 de novembro de 1963. O novo presidente era muito diferente do seu antecessor de todas as maneiras imagináveis.

dois dias depois, emitiu um novo memorando, sinalizando que os Estados Unidos adotariam um enfoque mais prático. Suas ideias de política externa eram profundas de um modo primitivo. "Há três bilhões de pessoas no mundo", ele considerou, "e só temos duzentos milhões delas. Estamos em inferioridade numérica de 15 para um. Se pudessem, eles varreriam os Estados Unidos e se apossariam do que possuímos. Nós temos o que eles querem."

Quem eram "eles"? Suas analogias podiam ser toscas, mas revelavam, em outras palavras, que a luta não tinha a ver realmente com o comunismo, e sim com o Primeiro e o Terceiro Mundos.

Abandonando as tentativas de reforma de Kennedy, Johnson deixou claro na nova *Doutrina Mann* que todos os países latino-americanos seriam julgados pela forma como protegiam os nove bilhões de dólares em investimentos norte-americanos e pelo modo como defendiam os interesses de seus próprios povos. Os Estados Unidos não mais tomariam partido contra ditadores de direita e considerariam a

Em abril de 1962, o presidente brasileiro João Goulart em Nova Iorque. Em vez de impor medidas de austeridade, Goulart instituiu um programa de reforma agrária, propôs o controle do capital estrangeiro e reconheceu o governo cubano. Goulart foi derrubado por um golpe apoiado pelos Estados Unidos.

ajuda militar como um investimento mais sensato do que a ajuda econômica de Kennedy.

O Brasil, quinto maior país do mundo e rico em recursos naturais, seria o primeiro a sofrer. Em 1964, João Goulart, presidente democraticamente eleito, implantou a reforma agrária e propôs controle sobre o capital estrangeiro. O reconhecimento do governo cubano foi a gota d'água. O exemplo de Castro não podia ser imitado. Assim, Johnson reduziu drasticamente a ajuda norte-americana. A inflação disparou. A CIA financiou grandes comícios antigovernistas e a embaixada norte-americana estimulou os oficiais militares de direita a derrubar o governo.

Em poucos dias, o novo regime declarou estado de sítio. Quinze mil pessoas foram presas só no primeiro mês. A tortura foi instituída. A ajuda e os investimentos norte-americanos fluíram para o Brasil e um regime militar repressivo governou pelos vinte anos seguintes, produzindo a maior desigualdade entre ricos e pobres do mundo. Os dominós — nesse caso, as democracias — começaram a cair de novo na América do Sul.

Tropas hondurenhas a caminho da República Dominicana, para apoiar a invasão do país pelos Estados Unidos, em 1965. Os Estados Unidos esmagaram um levante popular que pretendia restaurar a ordem constitucional e recolocar no poder Juan Bosch, presidente democraticamente eleito, que fora recentemente destituído pelos militares.

Em 1965, Johnson enviou 23 mil militares para a República Dominicana para esmagar um levante popular que procurava restaurar a ordem constitucional após um golpe militar. Johnson disse ao seu advogado: "Não resta dúvida de que isso agora envolve Castro. Os cubamos estão se deslocando para outros lugares do hemisfério. Pode ser parte de um padrão comunista associado ao Vietnã."

Na Grécia, berço da democracia, onde a Guerra Fria começou e os Estados Unidos apoiaram um governo de direita por muitos anos, um novo anseio pela democracia surgiu, certo de trazer de volta o veterano liberal George Papandreou como primeiro-ministro. Johnson convocou o embaixador grego e disse: "Escute-me, senhor embaixador: para o inferno com o seu parlamento e a sua constituição! Os Estados Unidos são um elefante, Chipre é uma pulga. A Grécia é uma pulga. Se essas duas pulgas continuarem irritando o elefante, poderão ser atiradas para longe pela tromba do elefante. Para bem longe! Pagamos um monte de bons dólares para os gregos, senhor embaixador. Se o seu primeiro-ministro me falar de democracia, parlamentos e constituições, ele, seu parlamento e sua constituição poderão não durar muito."

De fato, não durou. A junta militar tomou o poder em 1967, banindo minissaias, cabelos compridos e jornais estrangeiros, tornando obrigatória a presença nos serviços religiosos, e, ao mesmo tempo, envolvendo-se em diversos incidentes de tortura e crueldade sexualmente orientados. Seu novo primeiro-ministro, que tinha sido capitão num batalhão de segurança nazista que perseguia guerrilheiros da resistência grega, tornou-se o primeiro agente da CIA a se tornar premiê de um país europeu.

No entanto, foi a Ásia que impôs a maior resistência aos objetivos norte-americanos, com exceção do Japão, que estava se tornando um próspero estado-cliente e pagava para os Estados Unidos manterem bases militares. Em outubro de 1964, a China detonou sua primeira bomba atômica, pegando Washington totalmente desprevenido. Na Indonésia, situada no meio das principais rotas marítimas do sudeste asiático, onde seu Partido Comunista, com 3,5 milhões de membros, era o terceiro maior do mundo, atrás do soviético e chinês, Sukarno, que sobrevivera a diversas tentativas norte-americanas de derrubá-lo, irritou mais uma vez os Estados Unidos ao declarar que testaria uma bomba atômica. No entanto, a China negou-lhe ajuda. E, quando ele reconheceu o governo do Vietnã do Norte, expropriou as plantações de borracha norte-americanas e ameaçou nacionalizar as empresas petrolíferas norte-americanas, Lyndon Johnson bateu forte. Quase metade do oficialato indonésio tinha recebido algum treinamento norte-americano e, em outubro de 1965, com o apoio da CIA, o general Suharto liderou o exército, esmagando os partidários de Sukarno.

Nos meses seguintes, as milícias de Suharto e turbas civis foram de casa em casa, matando de meio milhão a um milhão de presumidos comunistas e suas famílias. Os serviços de inteligência norte-americano, britânico e australiano forneceram ao exército milhares de nomes de comunistas, educadores e reformistas.

ACIMA: O presidente Sukarno durante uma visita aos Estados Unidos, em 1956.

ABAIXO: O presidente Nixon cumprimenta o presidente Suharto, que tomou o poder na Indonésia após os Estados Unidos ajudarem no massacre de meio milhão a um milhão de comunistas e outros militantes de esquerda, no que a CIA, posteriormente, considerou "um dos piores assassinatos em massa do século XX".

Em 1967, Sukarno foi finalmente deposto e substituído por Suharto, que enriqueceu a si mesmo, a sua família e as corporações norte-americanas por décadas, até que foi derrubado pelo povo, liderado pelos ativistas estudantis, em 1998.

Bastante ignorado pelo público, o golpe na Indonésia foi saudado em Washington como uma das maiores operações individuais da CIA de sua história. Em 1968, a CIA reconheceu que o massacre na Indonésia foi um dos piores assassinatos em massa do século XX.

McGeorge Bundy, conselheiro da Segurança Nacional do presidente Kennedy, ao criticar posteriormente a política norte-americana em relação à Guerra do Vietnã, escreveu que a Indonésia foi o verdadeiro ponto de ruptura na Ásia; muito mais importante para os objetivos norte-americanos do que o Vietnã, que era, segundo ele, "desnecessário". No entanto, agora, na história, até mesmo o banho de sangue na Indonésia empalidece em comparação ao infligido pelos Estados Unidos ao Vietnã.

Johnson e seus assessores entendiam muito pouco da história do Vietnã e da sua forte resistência às invasões chinesa e francesa ao longo dos séculos. Eles subestimaram totalmente o aspecto nacionalista do movimento de Ho Chi Minh e supuseram que, se infligissem bastante devastação e matassem bastante gente, os vietnamitas se submeteriam. Dois meses depois da morte de Kennedy, em janeiro de 1964, Johnson e McNamara expandiram as atividades militares secretas contra o Vietnã do Norte enviando equipes de inteligência e unidade de assalto para destruir pontes, ferrovias e instalações portuárias, sequestrando norte-vietnamitas e bombardeando vilarejos da fronteira.

Johnson era patológico em sua capacidade de mentir. Assim como na busca por armas de destruição em massa no Iraque, em 2003, os norte-americanos acabariam descobrindo as falsas origens da Guerra do Vietnã.

Em agosto de 1964, Johnson e McNamara utilizaram um incidente fabricado no Golfo de Tonkin, no Vietnã do Norte, como pretexto para expandir ainda mais a guerra. A mídia ecoou a notícia de que um navio norte-americano fora atacado.

Johnson correu ao Congresso para pedir autorização para uma ação militar direta dos Estados Unidos. E a Câmara dos Representantes, após quarenta minutos de debate, aprovou a resolução por unanimidade, alcançando 416 votos. No Senado, foi aprovada por 88 a 2 votos.

Alguns dias depois, Johnson disse ao subsecretário de Estado: "Droga, aqueles marinheiros idiotas só estavam atirando num peixe--voador." O senador Wayne Morse comentou de modo visionário: "Duvido que os americanos entendam o que essa resolução realmente é. É uma resolução que procura dar ao presidente dos Estados Unidos o poder de guerrear sem uma declaração de guerra."

Na eleição de 1964, Johnson venceu com folga Barry Goldwater, senador do Arizona, que ameaçou usar armas nucleares no Vietnã. Essa vitória foi anunciada como uma conquista esmagadora em favor da paz. No entanto, depois da eleição, Johnson iniciou um processo firme de escalada militar, expandindo bastante as "zonas livres de descarga de armas de fogo", em que qualquer coisa que se movia era considerada um alvo legítimo. O arsenal norte-americano de armas admissíveis se ampliou, passando a incluir napalm, bombas de fragmentação e fósforo branco, que queimava desde a pele até os ossos, provocando mortes terríveis. Todas essas armas teriam sido consideradas armas químicas ilegais nos julgamentos de Nuremberg.

As mentiras de Johnson sobre seus planos se avolumaram rapidamente e em abril de 1965 ele enviou 75 mil homens para o Vietnã e mais de quinhentos mil no fim de 1967. O recrutamento mensal alcançou 35 mil homens, enquanto os militares norte-americanos procuravam achar o ponto de ruptura do Vietnã.

No entanto, quando o Estado-Maior Conjunto, numa reunião, pediu mais poder de fogo ou uma guerra total, o major Charles Cooper recorda que Johnson começou a gritar obscenidades: "Imaginem que vocês são eu — que vocês são o presidente dos Estados Unidos —, e cinco incompetentes entram em seu gabinete e tentam convencê-lo a começar a Terceira Guerra Mundial. O risco é muito alto. Como vocês, malditos imbecis, ignoram o que a China pode fazer? Vocês acabaram de infectar meu gabinete, seus cinco bundas-moles imundos! Caíam fora daqui já!"

Bombas de napalm (ACIMA) e fósforo branco (ABAIXO) sendo lançadas sobre o Vietnã. No governo Johnson, o arsenal norte-americano de armas admissíveis no Vietnã se ampliou, passando a incluir napalm, bombas de fragmentação e fósforo branco, que queimava desde a pele até os ossos, provocando mortes terríveis e dolorosíssimas.

O general Nguyen Van Thieu com Johnson (em segundo plano) e o marechal do ar Nguyen Cao Ky com McNamara (em primeiro plano). Ky e Thieu encabeçavam o governo sul-vietnamita que tomou o poder em maio de 1965. Posteriormente, William Bundy comentou que o novo regime "pareceu para todos nós o fim do mundo; sem dúvida, o fim do mundo".

Os generais saíram. E, após uma pausa, Johnson continuou a expandir o bombardeio do Vietnã do Norte.

Dessa maneira inigualável, Johnson explicou a George McGovern sua estratégia para intensificar o bombardeio sem provocar uma resposta mais firme da China e do Vietnã do Norte: "Vou escalar a perna dela um pouquinho de cada vez. Alcançarei a xoxota antes de ela saber o que está acontecendo."

Os Estados Unidos lançaram três vezes mais bombas no minúsculo Vietnã do que em toda a Segunda Guerra Mundial. Em terra, numa política sancionada por Kennedy, mais de cinco milhões de camponeses foram tirados de seus vilarejos e reassentados em campos cercados com arame farpado. Dezenas de milhares de supostos comunistas, muitos dos quais reformistas ou críticos do governo, foram assassinados como parte do Programa Phoenix, mas ele fez pouco para arrefecer o movimento de resistência. O assassinato de civis tornou-se corriqueiro, enquanto as lideranças militares norte-americanas exageravam a contagem de corpos para dizer à população que os comunistas estavam à beira da ruína, embora continuassem pedindo mais e mais tropas.

Cinco governos sul-vietnamitas se sucederam, o último deles agarrando-se ao poder por meio de corrupção e violência maciça contra seu próprio povo.

As universidades norte-americanas começaram a se agitar. Em outubro de 1967, um primeiro confronto violento ocorreu na Universidade de Wisconsin. Johnson, convencido de que os comunistas estavam por trás do movimento antiguerra, ordenou que a CIA descobrisse provas por meio de vigilância pesada e outras iniciativas de coleta de informações. Com codinome *Caos*, as operações domésticas ilegais da CIA duraram quase sete anos, compilando um índex de trezentos mil cidadãos e organizações e extensos arquivos sobre mais de sete mil indivíduos, mas não conseguiu provar o envolvimento comunista.

Entre os principais alvos do FBI incluía-se o dr. Martin Luther King Jr., ganhador do Prêmio Nobel da Paz. Os negros norte-americanos encontravam-se em estado de quase rebelião. Os distúrbios agitaram as cidades norte-americanas por vários anos, mas, naquele momento, 25 distúrbios importantes, que duraram dois dias ou mais, e trinta distúrbios menores abalaram o verão de 1967. A polícia e a guarda nacional mataram 26 negros em Newark e 43 em Detroit.

Um artigo da revista *Ramparts*, de março de 1967, revelou que a CIA financiara a *National Student Association*. Outros grupos liberais foram expostos como fachadas da CIA, com o dinheiro da Agência indo para professores, jornalistas, assistentes sociais, líderes operários e ativistas de direitos civis anticomunistas que faziam o trabalho sujo para a CIA. Entre os desmascarados, incluíam-se a Fundação Ford, a *Radio Free Europe*, a *Radio Liberty* e o *Congress for Cultural Freedom*.

Mesmo McNamara, com sua racionalidade característica, vinha tendo dúvidas. Em outubro de 1967, cem mil pessoas marcharam até o Pentágono. A infantaria armada as impediu de alcançá-lo, mas

À ESQUERDA: Peter Kuznick falando num comício antiguerra no *campus* da *Rutgers University*, em New Brunswick, em New Jersey. Quando os relatos de atrocidades chegaram aos Estados Unidos, o movimento antiguerra cresceu.

ABAIXO: Em 1967, Oliver Stone se alistou no Exército norte-americano e se voluntariou para lutar no Vietnã, onde serviu por quinze meses. Ali, foi ferido duas vezes e condecorado por bravura em combate.

Em outubro de 1967, manifestantes antiguerra marcharam até o Pentágono. Quando a oposição popular contra a guerra explodiu, o FBI tentou rachar o movimento antiguerra.

McNamara ordenou que os soldados não carregassem suas armas. Ele observou sozinho de um posto de comando, no telhado do prédio.

Naquele momento, isolado dentro do *establishment*, McNamara se desesperou. Rumores de um possível colapso mental chegaram a Johnson. "Não podemos nos permitir ter outro Forrestal", ele disse. Quando McNamara afirmou que mais bombardeios não funcionariam, Johnson se enfureceu. Ele exigiu lealdade, dizendo de outro auxiliar: "Não quero lealdade. Quero LEALDADE. Quero que ele beije meu traseiro na vitrine da Macy's ao meio-dia e me diga que cheira como rosas. Quero o peru dele no meu bolso."

Johnson removeu McNamara e anunciou que ele se tornaria presidente do Banco Mundial. Em sua última reunião ministerial, um auxiliar relatou que McNamara finalmente teve um ataque: "A maldita campanha de bombardeio não valeu nada; não teve nenhum valor. Jogaram mais bombas que em toda a Europa em toda a Segunda Guerra Mundial e não adiantou droga nenhuma!"

O ano de 1968 foi de mudanças extraordinárias. Em janeiro, no mesmo dia, as forças norte-vietnamitas e vietcongues lançaram ataques contra a maioria das principais cidades e capitais provinciais do Vietnã. Os ataques acabaram repelidos, com grandes perdas de vietnamitas, mas o estado de ânimo em Washington era de desespero.

Em fevereiro de 1968, Johnson, visivelmente angustiado, e McNamara durante uma reunião ministerial. Apesar de McNamara atrair a ira do presidente depois de manifestar dúvidas sobre a guerra, Johnson o surpreendeu nomeando-o presidente do Banco Mundial.

Um grupo bipartidário de estadistas aposentados reavaliou a situação: era hora de sair do Vietnã.

Em março de 1968, Lyndon Johnson, com seu ego imenso muito ferido pelas dúvidas em relação a sua liderança, sitiado por inimigos internos e externos, com a popularidade em queda livre, anunciou, surpreendentemente, que não concorreria à reeleição. O país ficou aturdido. O líder do esforço de guerra estava desistindo.

Para aqueles contra a guerra, foi uma grande vitória. No entanto, para muitos norte-americanos, assim como para países neutros e aliados, os Estados Unidos pareciam, naquele momento, um país à deriva, imoral: um imperador sem roupas. "Um tigre de papel", os chineses disseram.

Atormentado por demônios internos, Johnson permitiu que seu sonho sincero de ser um grande reformista social fosse enterrado nos campos de matança do Vietnã. "A perda da Grande Sociedade era um pensamento terrível, mas não tão terrível quanto a noção de ser o responsável por nosso país perder uma guerra para os comunistas. Nada poderia ser pior do que aquilo", Johnson lamentou tempos depois para um historiador. Ali estava um homem, um possível gigante, que, negando sua compaixão, sofria de uma obsessão verdadeiramente norte-americana: o medo da fraqueza.

O FBI de Hoover vinha fazendo o máximo para abalar o movimento antiguerra, como fizera durante anos em relação ao movimento dos direitos civis. Centenas de agentes se infiltraram nas organizações da Nova Esquerda. Os propagandistas do FBI e da CIA na imprensa procuravam marginalizar os críticos da guerra e contestar seu patriotismo.

A grande preocupação de Hoover era que os protestos antiguerra se fundissem com a luta de emancipação negra, pois uma quantidade desproporcional de soldados negros morria nas linhas de frente.

Convencido de que os comunistas estavam por trás do movimento dos direitos civis, Hoover perseguiu Martin Luther King de corpo e alma e não fez nada para protegê-lo, até o momento em que King foi baleado e morto por outro assassino supostamente solitário e lunático, em abril de 1968. Hoover até mesmo encorajara King a cometer suicídio, numa carta anônima ameaçadora e cheia de ódio.

De novo, revoltas raciais irromperam nos Estados Unidos. Os irmãos Berrigan, que eram padres, foram presos por queimar os cartões de convocação militar. Falavam contra a guerra abertamente: Benjamin Spock, o pediatra mais importante do mundo; William Sloane Coffin, capelão da Universidade Yale; Jane Fonda, jovem estrela do cinema; e Muhammad Ali, ídolo do boxe.

Em 1968, por todo o país, um recém-carismático Robert Kennedy capturou a imaginação de jovens e velhos cansados da guerra. Cumprindo o legado de seu irmão, ele preconizava uma nova nação. Brancos, negros, morenos, não importava. Seus olhos refletiam Camelot. De novo, o fogo da mudança e da reforma estava aceso.

Johnson, secretamente esperando ser uma escolha de última hora para presidente, temia muito ter de enfrentar Robert Kennedy, uma vez convocado. No entanto, o destino foi cruel além da imaginação

ACIMA: Reunião de cúpula dos "Homens Sábios". Em março de 1967, após dois dias de reuniões com os estadistas aposentados, Dean Acheson resumiu a visão de consenso ao afirmar que "não é mais possível realizar o trabalho que planejamos na época em que nos retiramos, e devemos começar a nos livrar do envolvimento".

ABAIXO: Em 31 de março de 1968, conferência de imprensa de Johnson anunciando que ele não concorreria a reeleição. A presidência de Johnson estaria longe da última baixa no Vietnã.

Em julho de 1968, um atormentado Johnson escuta uma gravação enviada do Vietnã. Em detrimento tanto de sua presidência como do país, Johnson escolheu o Vietnã, em vez da Grande Sociedade.

para os irmãos Kennedy, pois, na noite quente de junho da sua vitória na primária da Califórnia, Robert foi assassinado por um jovem palestino supostamente demente em outro conjunto de circunstâncias estranhas e difíceis de acreditar. Era um golpe sério e devastador para o movimento reformista.

Os *baby boomers* [pessoas nascidas alguns anos depois da Segunda Guerra Mundial nos Estados Unidos] começaram a afluir às universidade em 1964. Imbuídos de idealismo, indiferentes à ideologia da Guerra Fria, descontentes com os valores conformistas e os medos dos pais, seus protestos se espalharam por todo o mundo. Os estudantes e os trabalhadores convulsionaram os países industrializados; os confrontos agitaram Praga, Tóquio, Berlim Ocidental, Turim, Madri, Roma e Cidade do México, onde os soldados massacraram centenas de estudantes.

No verão de 1968, na convenção do Partido Democrata, dez mil manifestantes foram tratados com truculência, assim como a mídia, pela polícia de Chicago. Na ocasião, a televisão apresentava uma realidade que o público jamais vira: figuras do governo norte-americano agindo como agressores, tanto no país como no exterior. Aparentemente, o país estava se desintegrando. As pessoas falavam do abismo entre a esquerda antiguerra e a direita pró-guerra, como uma guerra civil como aquela que despedaçou o país mais de cem anos antes.

No meio dessa aterrorizante agitação, o anticomunista ferrenho Richard Nixon, derrotado tão amargamente na eleição presidencial de 1960 por John Kennedy, achou o destino de sua vida. Mas quase perdeu. De maneira impressionante, nesse clima, George Wallace, governador do Alabama, de direita e segregacionista, com o general da reserva Curtis LeMay como companheiro de chapa, tinha 21% das intenções de voto, segundo as pesquisas, e ameaçava as chances de vitória de Nixon apenas um mês antes da eleição. Apostando no ressentimento daqueles que Nixon depois chamou de "maioria silenciosa", sua mensagem de lei e ordem repercutiu entre os eleitores brancos, assustados com as rebeliões dos guetos, os distúrbios nas universidades e o aumento da criminalidade, e ele conseguiu com dificuldade a vitória por uma estreita margem de votos.

Nixon também disse que tinha um "plano secreto" para pôr fim à guerra do Vietnã e se recusou a divulgar os detalhes. Na realidade, Richard Nixon não proporcionou paz, lei ou ordem ao país, mas sim guerra, caos e desordem, como o único presidente a renunciar ao mandado desacreditado.

Nixon e Henry Kissinger, seu conselheiro de Segurança Nacional e depois secretário de Estado, expandiram a guerra, que durou mais sete anos. Metade das baixas norte-americanas na guerra ocorreram durante o governo Nixon. Posteriormente, Kissinger declarou: "Não posso acreditar que uma pequena potência de quarta categoria como o Vietnã do Norte não tenha um ponto de ruptura."

Assim, Kissinger e Nixon resolveram procurá-lo. O plano secreto de Nixon para acabar com a guerra incluiu a retirada das forças norte-americanas, começando em abril de 1969, com sua substituição por forças do Vietnã do Sul, treinadas e equipadas pelos norte-americanos,

Nixon durante a campanha de 1968. Apostando no ressentimento daqueles que Nixon chamou de "maioria silenciosa" e afirmando ter um plano secreto para pôr fim à guerra do Vietnã, Nixon derrotou Hubert Humphrey por uma pequena margem de votos.

mas mantendo o bombardeio sistemático e brutal dos norte-vietnamitas e dos vietcongues.

Traçando paralelos com as ameaças nucleares de Eisenhower na Coreia, que ele disse que acabaria com aquela guerra, Nixon vangloriou-se para um auxiliar: "Chamo isso de teoria do louco. Quero que os norte-vietnamitas acreditem que cheguei a um ponto em que não posso fazer nada para parar a guerra. Vamos deixar escapar para eles que 'Nixon está obcecado com os comunistas. Não podemos contê-lo quando ele se enfurece e ele está com a mão sobre o botão nuclear', e o próprio Ho Chi Minh estará em Paris em dois dias implorando pela paz."

Com dois meses no cargo, Nixon começou uma campanha secreta de bombardeio no interior do vizinho Camboja para destruir os santuários militares norte-vietnamitas. Ele tomou providências extraordinárias para esconder isso do Congresso. Mesmo os tripulantes dos aviões acreditavam estar atingindo alvos no Vietnã do Sul.

Ainda que a maioria dos norte-americanos permanecesse na ignorância a respeito do país que estavam invadindo, a verdade, ocasionalmente, surgia, como quando Sy Hersh, jornalista *freelance*, em novembro de 1969, revelou que um ano e meio antes as forças norte-americanas tinham massacrado quinhentos civis na aldeia de My Lai, apelidada de "Pinkville", por causa de sua grande simpatia em relação ao inimigo vietcongue comunista.

Crianças, mulheres grávidas, velhos e velhas foram estuprados, escalpelados e mutilados. Nem um único tiro foi disparado contra as forças norte-americanas. Indicativo da crescente desumanização da época e semelhante às atitudes norte-americanas em relação aos japoneses na Segunda Guerra Mundial, 65% dos norte-americanos disseram aos pesquisadores de opinião pública que não ficaram perturbados com a notícia do massacre.

O único oficial considerado culpado recebeu um perdão parcial de Nixon. A opinião pública apoiou firmemente esse gesto.

Nixon tinha poucos limites. Ele e Kissinger planejaram um ataque brutal, possivelmente, usando armas nucleares, no outono de 1969, mas tiveram de mudar de ideia quando, em outubro, milhões de pessoas participaram, em todo o país, de uma moratória pelo fim da guerra e 750 mil manifestantes tomaram Washington em novembro. No entanto, temerária e secretamente, Nixon colocou os militares em alerta. Dezoito bombardeiros B-52, equipados com armas nucleares, foram enviados à União Soviética, sobrevoando a calota polar, tentando forçar os líderes soviéticos — novamente sem sucesso — a pressionar os norte-vietnamitas a aceitar as condições de paz dos norte-americanos.

Le Duan, que assumiu a liderança quando Ho Chi Minh morreu em 1969, disse, tempos depois, a um jornalista que os Estados Unidos tinham ameaçado usar armas nucleares em treze ocasiões distintas. Mas aquilo não mudara as políticas norte-vietnamitas.

Embora pagassem um preço terrível por sua independência, os norte-vietnamitas entenderam uma verdade básica nunca compreendida pelos líderes norte-americanos. Tempos depois, o ministro das Relações Exteriores norte-vietnamita afirmou: "Sabíamos que os

Em 1970, os soldados sul-vietnamitas são treinados pelos Estados Unidos. Em abril de 1969, Nixon aprovou os planos de retirada das forças norte-americanas, substituindo-as por forças sul-vietnamitas treinadas e equipadas pelos Estados Unidos. Se essa abordagem não funcionasse, Nixon achava que sempre teria sua última cartada: ameaçar o Vietnã do Norte com um ataque nuclear.

Estados Unidos não poderiam ficar no Vietnã para sempre, mas o Vietnã devia ficar no Vietnã para sempre."

A Guerra do Vietnã envolveu independência e tempo, não território ou número de vítimas. Um século antes, John Quincy Adams, sexto presidente norte-americano, advertira que o país não deveria ir "ao exterior, em busca de monstros para destruir". Ali no Vietnã, os Estados Unidos se depararam com seu monstro supremo: um povo que não podia ser derrotado, pois estava lutando para proteger sua terra natal contra os invasores estrangeiros. Os Estados Unidos venceram todas as principais batalhas, mas jamais ganharam a guerra.

De acordo com seu advogado, John Dean, e outras pessoas íntimas, Nixon ficou realmente obcecado com os manifestantes contra a guerra e ajustou sua belicosidade para reduzir a revolta deles.

Vietnamitas mortos em consequência do massacre norte-americano em My Lai. Em novembro de 1969, os norte-americanos souberam por meio do jornalista Seymour Hersh que as forças norte-americanas tinham, em março de 1968, assassinado cerca de quinhentas mulheres, crianças e velhos numa aldeia.

Mas, naquele momento, bebendo de maneira exagerada para se fortalecer e assistindo ao filme *Patton* repetidas vezes, Nixon, em abril de 1970, anunciou uma invasão terrestre conjunta de tropas norte-americanas e sul-vietnamitas do Camboja, para destruir bases ao longo da fronteira.

Seis estudantes foram baleados e mortos na *Jackson State University*, em Mississipi, e na *Kent State University*, em Ohio. Quatro milhões de estudantes e 350 mil funcionários de faculdades participaram dos protestos. Mais de um terço das faculdades e universidades do país suspenderam as aulas. Trinta prédios do ROTC — Corpo de Treinamento de Oficiais da Reserva — foram incendiados ou atacados com bombas em uma semana. Protestos e confrontos violentos se espalharam em mais de setecentas universidades.

Kissinger descreveu Washington como "uma cidade sitiada" com "a própria estrutura do governo se desintegrando".

Em 30 de abril de 1970, numa entrevista coletiva, Nixon anunciando a invasão do Camboja. A decisão do presidente incitou a revolta nas universidades de todo o país e provocou uma impressionante onda de protestos.

A guerra aérea se intensificou. "Mandem tudo que possa voar para lá e os arrebentem", Nixon disse, em 1970. Parecendo mais um gângster do que um político, Kissinger transmitiu a ordem de bombardear "qualquer coisa que voa ou qualquer coisa que se move"; palavras que poderiam ter sido ditas por um acusado no banco dos réus, em Nuremberg.

Quando Nixon, após a renúncia, foi confrontado com sua violação da lei, respondeu: "Se o presidente faz, isso significa que não é ilegal." Naquela altura, o Camboja tinha estado sujeito a cinco anos de bombardeio aéreo brutal e a uma guerra civil em expansão que deixou centenas de milhares de cambojanos mortos, muitos deles, civis.

A campanha de bombardeio do Camboja continuou até agosto de 1973, quando o Congresso cortou o financiamento para a guerra. Os aviões norte-americanos atingiram mais de cem mil alvos. Com a economia devastada, os refugiados invadiram Phnom Penh, a capital do país.

O Khmer Vermelho, organização comunista, utilizou essas atrocidades para recrutar, da zona rural, camponeses furiosos, o que o fez crescer exponencialmente durante os bombardeios. Por fim, em 1975, tomou o poder, derrubando uma ditatura militar corrupta apoiada pelos Estados Unidos e, em seguida, pôs em ação novos horrores contra seu próprio povo. Além do meio milhão de cambojanos mortos na fase norte-americana da guerra, mais 1,5 milhão perderam a vida durante o regime monstruoso de Pol Pot. Calcula-se que 25% da população do Camboja tenha morrido nesse período.

Enquanto isso, no Vietnã, muitos soldados vinham tomando decisões individuais sobre se deveriam entrar em combate. Em 1971, numa confissão fora do comum, o *Armed Forces Journal* revelou que a desmoralização das tropas no Vietnã só era superada pela revolta do exército francês e pelo colapso do exército russo em 1917.

No entanto, Nixon persistiu. Enquanto bombardeava o Camboja e prosseguia o bombardeio secreto do minúsculo Laos, que começara em 1964, Nixon ordenou o bombardeio das cidades norte-vietnamitas pela primeira vez desde 1968. As baixas entre os civis subiram vertiginosamente.

Em 1972, depois de uma vitória eleitoral esmagadora contra George McGovern, candidato antiguerra, Nixon ordenou o "bombardeio de Natal" do norte, com duração de 12 dias, o mais pesado da guerra até aquele momento. O protesto mundial foi ensurdecedor. Um acordo de paz foi concluído no mês seguinte, em Paris. Basicamente, era o mesmo acordo que fora oferecido a Lyndon Johnson, em 1968, e que Richard Nixon solapara secretamente para ganhar a eleição.

Os Estados Unidos concordavam em pagar 3,25 bilhões de dólares em reparações, mas, depois, voltaram atrás. Eleições foram prometidas rapidamente, mas o Vietnã do Sul hesitou e adiou pelo próximo um ano e meio.

Em março de 1973, Nixon trouxe de volta as últimas tropas de combate norte-americanas. Como faria décadas depois, no Iraque e no Afeganistão, os Estados Unidos investiram enormes somas de dinheiro no treinamento e no equipamento do aliado corrupto sul-vietnamita, para que ele lutasse sozinho.

Não funcionou, assim como a tese do louco de Nixon. Em abril de 1973, tentando ganhar tempo para o exército sul-vietnamita, Nixon

O Vietnã do Norte começou sua ofensiva final em março de 1975. Sem a ajuda do exército norte-americano, o exército sul-vietnamita simplesmente ruiu. Imagens de soldados sul-vietnamitas abrindo caminho a bala para embarcar em aviões e fuzileiros navais norte-americanos batendo em sul-vietnamitas desesperados tentando escapar nos últimos helicópteros que decolavam do telhado da embaixada permaneceriam indelevelmente gravadas na psique norte-americana nas décadas seguintes.

ordenou o bombardeio mais intenso de toda a guerra do sul e do norte do Vietnã. Mas, subjugado pelas revelações de Watergate, foi forçado a cancelar a ordem.

A guerra se arrastou por mais dois anos, até o exército sul-vietnamita simplesmente entrar em colapso e fugir. As forças norte-vietnamitas invadiram Saigon em abril de 1975. Imagens chocantes de civis em fuga, de soldados sul-vietnamitas desertando com seus oficiais um passo à frente, de fuzileiros navais da embaixada norte-americana espancando sul-vietnamitas ligados aos norte-americanos tentando escapar nos últimos helicópteros que decolavam do telhado da embaixada permanecem indelevelmente gravadas na psique norte-americana. Também colocaram lenha na fogueira nas reclamações dos já furiosos defensores da guerra, como Nixon, que sustentavam que a mídia vendera o Vietnã.

Enquanto isso, Nixon, capturado numa teia de crimes conhecidos como escândalo de Watergate, paranoico em relação aos seus inimigos domésticos e a outras revelações que exporiam suas ilegalidades em diversas frentes, ficava cada vez mais inconstante. Seu secretário da Defesa instruiu os líderes militares a não responder às ordens de Nixon. De fato, o sistema começava a rachar. Com a erosão do seu apoio, Nixon apresentou sua renúncia.

Dessa maneira, Nixon evitou o *impeachment*, mas mais de quarenta pessoas da sua equipe foram declaradas culpadas de crimes; diversas delas foram para a cadeia. Nixon foi perdoado por Gerald Ford, seu vice-presidente recém-nomeado, que o substituíra. Quanto à guerra, Johnson e Richard Nixon desapareceram das telas de TV norte-americanas, uma vez que a confiança entre a presidência e os norte-americanos fora traída.

Kissinger, naquele momento na função de secretário de Estado, escapou ileso. Em 1973, ele e Le Duc Tho, do Vietnã do Norte, ganharam o Prêmio Nobel da Paz. Kissinger ganhou aclamação internacional como força motora lúcida no naufrágio do governo Nixon. Sabendo que a paz ainda não tinha sido alcançada, Le Duc Tho teve a dignidade de recusar o prêmio.

Os Estados Unidos recuperaram-se do seu fracasso, mas poucos membros do poder refletiram sobre o significado mais profundo do ocorrido. A teoria do dominó de Eisenhower verificou-se um mito. O vírus temido não se disseminou. Tailândia, Malásia, Cingapura, Indonésia, Taiwan, Filipinas e, acima de tudo, Japão prosperaram e permaneceram firmemente no campo ocidental.

Preocupados com a perda de prestígio norte-americana na Ásia e sem haver entendido as repercussões do apoio a ditaduras, Nixon e Kissinger lançaram um olhar novo para a América Latina, para reafirmar o poder norte-americano.

O Chile sobrevivera como modelo de democracia desde 1932. Não sobreviveria a Nixon e Kissinger.

Quando o socialista Salvador Allende ganhou a eleição de 1970, prometendo nacionalizar as empresas norte-americanas, como a IT&T, que, basicamente, controlavam a economia chilena, Nixon disse ao chefe da CIA: "Faça a economia berrar." Todas as instituições internacionais, incluindo o Banco Mundial, comandado por Robert McNamara, conspiraram para derrubar o regime. A CIA financiou partidos de oposição, promoveu propaganda e desinformação, ofereceu subornos e organizou manifestações e greves violentas contra o governo. E, finalmente, tolerou o assassinato de Rene Schneider, o general chileno mais poderoso que prometera defender a democracia.

Em dezembro de 1972, quando Salvador Allende levou sua causa contra os Estados Unidos a uma abarrotada Assembleia Geral das Nações Unidas, foi saudado com grande entusiasmo, mas pode ter assinado sua sentença de morte: "Estamos confrontados por forças que atuam nas sombras, sem uma bandeira, com armas poderosas, a partir de posições de grande influência. Somos países ricos em potencial, mas ainda vivemos na pobreza. Vamos aqui e ali, pedindo créditos e ajuda, mas somos grandes exportadores de capital. É um paradoxo clássico do sistema econômico capitalista."

A CIA incitou seus agentes chilenos à ação. Os líderes militares, comandados pelo general Augusto Pinochet, promoveram seu golpe de estado em 11 de setembro de 1973. Com os militares se aproximando, Allende fez um discurso final pelo rádio, no palácio presidencial: "Não renunciarei. O capital estrangeiro — o imperialismo unido com reação — criou o clima para o exército quebrar sua tradição. Vida longa ao Chile! Vida longa ao povo! São as minhas últimas palavras. Tenho certeza de que o meu sacrifício não será em vão. Tenho certeza de que será ao menos uma lição moral e uma reprovação ao crime, à covardia e à traição."

Allende se suicidou com uma arma dada por Fidel Castro. Pinochet tomou o poder. Entre mortos e desaparecidos pela junta militar, foram mais de 3,2 mil oposicionistas. Além disso, dezenas de milhares de outras pessoas foram presas e torturadas, num reino de terror liderado pela Caravana da Morte. Para os chilenos, 11 de setembro tem um significado muito mais trágico que o 11 de setembro norte-americano, pois marcou o fim do seu governo nas mãos dos Estados Unidos. A

Em 24 de outubro de 1970, Salvador Allende do lado de fora de sua casa, após saber que fora eleito presidente do Chile. O novo presidente tomou posse em 3 de novembro. Dois dias depois, Nixon exigiu sua derrubada.

Argentina seguiria o exemplo, com uma terrível "Guerra Suja" contra os militantes de esquerda, que duraria de 1976 a 1983, incluindo a morte e o desaparecimento de 9 a 30 mil pessoas.

No Chile, o novo regime de Pinochet foi reconhecido e recebeu ajuda rapidamente, se mantendo no poder até 1998. O serviço de inteligência chileno, treinado pelos norte-americanos, foi organizado pelo coronel Manuel Contreras, que se tornou agente pago da CIA. Ele organizou esquadrões da morte que perseguiram e capturaram opositores políticos na América Latina, na Europa e nos Estados Unidos. Sua polícia secreta até enviou agentes a Washington para explodir o carro de um ex-diplomata chileno crítico do regime. Denominada Operação Condor, a aliança para assassinatos incluiu os governos de direita do Chile, da Argentina, do Uruguai, da Bolívia, do Paraguai e do Brasil. Os esquadrões da morte capturaram e mataram mais de treze mil dissidentes fora dos seus países de origem. Centenas de milhares de outros adversários foram presos em campos de

Augusto Pinochet cumprimentando Kissinger, em junho de 1976. Após a derrubada de Allende, num golpe auxiliado pela CIA e ordenado pelo próprio Nixon, Pinochet tomou o poder e assassinou mais de 3,2 mil opositores e prendeu e torturou dezenas de milhares de outras pessoas. Kissinger assegurou que os Estados Unidos rapidamente reconhecessem e ajudassem o regime sanguinário.

concentração. No mínimo, os Estados Unidos facilitaram a troca de informações entre esses chefes de serviços de inteligência.

Uma história interna da CIA, que deixou de ser secreta em 2007, revelou que sob a liderança de James Jesus Angleton, chefe da contrainteligência, que estava obcecado com a ideia da União Soviética infiltrando-se em sua organização e se apoderando da maior parte do mundo, a CIA esteve envolvida ativamente na criação e no uso de forças policiais estrangeiras e unidades de contraterrorismo e, também, no treinamento de oitocentos mil militares e policiais de 25 países, incluindo líderes de polícias secretas e esquadrões da morte.

Após uma década deplorável, marcada pelo Vietnã, por Watergate e pelas investigações iniciais do Congresso das atividades da CIA, os norte-americanos se sentiam confusos. Que tipo de país os Estados Unidos eram? A resposta era perturbadora. Apesar da profunda divisão entre esquerda e direita e jovens e adultos, os norte-americanos vinham desfrutando de elevados padrões de vida e de um relaxamento dos estritos códigos sexual, moral e de gênero. Havia até um vacilante progresso nas relações raciais.

Nenhum imposto de guerra foi criado, e os soldados foram, finalmente, desmobilizados. De modo geral, aqueles que puderam bancar uma educação superior não foram ao Vietnã. A classe trabalhadora foi.

A maioria dos norte-americanos colheu os frutos da expansão econômica dos anos 1960; uma expansão impulsionada, em parte, pelo complexo militar-industrial, com suas imensas vendas de armas. Por exemplo, os Estados Unidos perderam e precisaram repor mais de cinco dos seus doze mil helicópteros, no Vietnã.

Entre 1951 e 1965, só o estado da Califórnia recebeu 67 bilhões de dólares em contratos de defesa, o que ajudou a revitalizar o vazio oeste norte-americano, empregando um vasto número de pessoas em novas cidades. Isso, por sua vez, redistribuiu o poder no Congresso, com diversos congressistas tornando-se dependentes da indústria bélica por suas posições no governo.

E, como faria tempos depois no Iraque e no Afeganistão, o governo pagou a guerra imprimindo mais dólares, forçando sua capacidade de converter dólares em ouro, inflacionando a moeda e ajudando a criar um déficit que cresceu de três bilhões de dólares, no início de 1960, para descomunais 25 bilhões de dólares, em 1968. A especulação floresceu; os paraísos fiscais foram procurados; os reinvestimentos produtivos foram adiados.

A corrupção também existiu em abundância no Vietnã, para cuja zona de guerra os Estados Unidos enviaram quantidades imensas de mercadorias. Enormes acampamentos-base, com gigantescos centros de vendas denominados PX, floresceram numa paisagem primitiva, como mini-Las Vegas, alimentando sonhos de consumo. Os mercados negros prosperaram, enquanto carros, geladeiras, aparelhos de TV, alimentos e bebidas distorciam uma economia do Terceiro Mundo. Armas letais desapareceram, roubadas por gente do crime organizado

— tanto soldados como civis norte-americanos — que as vendia de maneira gananciosa para sul-vietnamitas e norte-vietnamitas. Os escândalos financeiros, como na maioria das guerras, foram enterrados no meio das ruínas e do caos.

Na economia norte-americana, sinais agourentos começaram a emergir. As fábricas fugiram para países em desenvolvimento ou para o sul menos sindicalizado dos Estados Unidos, enquanto as cidades industriais mais antigas do norte começaram a decair por causa do desemprego, das moradias, das escolas insatisfatórias e das drogas. Os salários reais não só estagnaram, mas, na realidade, declinariam pelos próximos trinta anos, enquanto o padrão de vida das classes média e trabalhadora se desgastou gradualmente.

Em 1971, Nixon afastou os Estados Unidos do padrão ouro de 35 dólares a onça e revogou o Acordo de Breton Woods, que governara a aliança econômica do pós-guerra.

Naquele momento, a OPEP, organização dos países produtores de petróleo, quase todos do Oriente Médio, sentiu-se bastante poderosa para punir os Estados Unidos pelo apoio a Israel na guerra de 1973. Os preços do petróleo quadruplicaram no ano seguinte. Os Estados Unidos, que antes da década de 1950 produziam o petróleo de que precisavam, estavam, então, importando um terço de suas necessidades.

O país sofreria ciclos intensos de inflação e recessão, com Wall Street lucrando a partir da crescente volatilidade e insegurança de uma economia de bolha especulativa que alcançou seu ponto mais baixo na grande recessão de 2008.

De fato, a Guerra do Vietnã resultaria no fim do último período significativo de reforma social e política que os Estados Unidos viram.

Naquele momento, o país era um "tigre de papel", vivendo de dinheiro emprestado e além da conta? A pergunta assombraria a imaginação nacional durante a década de 1970 e, até mesmos, as de 1980 e 1990, quando, com a queda da União Soviética, a noção de dominação norte-americana tornou a emergir.

A mitologia admitida na época era de que os Estados Unidos perderam a guerra no Vietnã. No entanto, o linguista, historiador e filósofo Noam Chomsky observou: "Foi chamada de perda, derrota, pois não alcançou os objetivos máximos; os objetivos máximos seriam a conversão em algo como as Filipinas. Eles não conseguiram isso... não alcançaram os objetivos máximos. Era possível destruir o Vietnã e ir embora." Em outro texto, ele escreveu: "O Vietnã do Sul tinha sido praticamente destruído e as chances de que o Vietnã seria alguma vez um modelo para alguma coisa tinham basicamente desaparecido."

Em 1995, quando mais velho e mais sensato voltou ao Vietnã, Robert McNamara admitiu, um tanto espantado, que apesar das estimativas oficiais norte-americanas de dois milhões de vietnamitas mortos, na realidade, 3,8 milhões tinham morrido; o equivalente a 27 milhões de norte-americanos. Em comparação, 58 mil norte-americanos morreram em combate e duzentos mil ficaram feridos. Os Estados Unidos tinham destruído 9 dos 15 mil vilarejos sul-vietnamitas. No norte, devastaram todas as seis cidades industriais, 28 das trinta cidades provinciais, e 96 das 116 cidades distritais. Materiais bélicos não detonados ainda cobriam a zona rural. 72 milhões de litros de herbicidas envenenaram o meio ambiente e destruíram quase todas as antigas florestas vietnamitas.

Os efeitos da guerra química persistem por gerações e podem ser vistos até hoje nos hospitais do sul do Vietnã, onde o agente laranja foi utilizado — fetos mortos guardados em potes, crianças sobreviventes que vieram ao mundo com deformidades e doenças horríveis de nascença e índices de câncer muito maiores que no norte.

E, mesmo assim, durante muitos anos, a questão principal nos Estados Unidos foi a busca pelos 1,3 mil soldados desaparecidos em ação — algumas centenas deles, supostamente, aprisionados pelos norte-vietnamitas. Alguns filmes de ação de grande bilheteria foram produzidos como resultado disso.

Nenhuma desculpa norte-americana oficial foi dada alguma vez e não houve nenhum reconhecimento do sofrimento dos vietnamitas. Em 1995, o presidente Bill Clinton, finalmente, reconheceu o Vietnã; ou seja, vinte anos depois.

Desde a guerra, os conservadores norte-americanos se esforçaram para subjugar a "síndrome do Vietnã" que se tornou uma expressão típica para a relutância norte-americana em enviar tropas ao exterior.

Para uma guerra que magnetizou e definiu toda uma geração é surpreendente que os jovens norte-americanos de hoje saibam tão pouco sobre o Vietnã. Isso não é acidental. Houve um esforço consciente e sistemático de apagar o Vietnã da consciência histórica, como quando Ronald Reagan afirmou: "É o momento de reconhecermos que a nossa causa era, na realidade, uma causa nobre. Afrontamos a memória de cinquenta mil jovens norte-americanos que morreram naquela causa quando sucumbimos a sentimentos de culpa, como se tivéssemos feito algo vergonhoso."

Não foram só os conservadores que camuflaram a história. Bill Clinton se juntou ao coro dos falsificadores quando afirmou: "Seja o que for que pensemos das decisões políticas da época do Vietnã, os corajosos norte-americanos que lutaram e morreram ali tinham motivos nobres. Eles lutaram pela liberdade e independência dos vietnamitas." Não surpreende que em 2014 espantosos 51% dos jovens de 18 a 29 anos tenham dito aos pesquisadores de opinião que a Guerra do Vietnã fora digna de luta.

As mentiras esterilizadas ocultaram o resultado. Em Washington, o Monumento aos Veteranos da Guerra do Vietnã, inaugurado em novembro de 1982, contém os nomes dos 58.280 norte-americanos mortos ou desaparecidos. A mensagem é clara: a tragédia é a morte daqueles norte-americanos. No entanto, imaginemos se os nomes dos 3,8 milhões de vietnamitas e dos milhões de cambojanos e laosianos também fossem incluídos. O muro, que tem 150 metros de comprimento, teria quase 13 quilômetros.

A suposta vergonha relativa ao Vietnã seria finalmente vingada por Ronald Reagan, os dois Bush e até, em certo grau, por Barack Obama, nas décadas seguintes. A ironia é que a Guerra do Vietnã representou um clímax melancólico para a geração da Segunda Guerra Mundial, da qual Johnson, Nixon, Reagan, George H. W. Bush e todos os generais e o alto-comando provinham; aqueles aclamados pela grande mídia, no final da década de 1990, como a "maior geração". No entanto, a mesma mídia ignorou a arrogância de uma geração que, confiante em excesso após a Segunda Guerra Mundial, desprezou o Vietnã como uma potência de quarta categoria que poderia ser facilmente derrotada. Daquilo que os antigos gregos chamavam de húbris, ou arrogância, vem a queda.

Além disso, a partir dessa guerra, inicialmente obscura, resultou uma grande distorção da vida econômica, social e moral dos Estados Unidos — uma guerra civil que polariza o país até hoje —, com muita coisa negada, pouca coisa lembrada, nenhum arrependimento e, talvez, nenhum aprendizado. A história deve ser lembrada ou será repetida até que os significados fiquem claros.

John Adams, segundo presidente dos Estados Unidos, afirmou certa vez: "O poder sempre acha que possui uma grande alma e que está fazendo o serviço de Deus, mas, na verdade, está violando todas as suas leis", tornando os detalhes da história na direção contrária, um banho de sangue melancólico e inevitável, que se repete sem cessar, pois os Estados Unidos, com muita frequência, ficaram do lado dos opressores.

Apoiando aliados com ajuda financeira e militar, programas de guerra contra as drogas, treinamento de polícias e serviços de segurança, exercícios militares conjuntos, bases militares no exterior e ocasionais intervenções militares diretas, os Estados Unidos fortaleceram uma série de tiranos amigáveis com investidores estrangeiros, que podiam explorar a mão de obra barata e os recursos nativos em termos favoráveis para o império.

Era o estilo britânico e francês e seria o estilo norte-americano. Sem estupros nem pilhagens, mas, em vez disso, banqueiros e executivos de corporações, educados nas melhores universidades, afáveis e portando pastas executivas, que saqueariam as economias locais em nome da modernidade, da democracia e da civilização, em benefício dos Estados Unidos e dos seus aliados.

Na Guerra Fria, os políticos e a mídia evitaram a discussão sobre a moralidade básica da política externa norte-americana, expressando chavões relativos à benevolência dos Estados Unidos e insistindo que táticas duras ou, até mesmo, sujas eram necessárias para respostas na mesma moeda. Os Kissingers do mundo chamaram isso de *realpolitik*.

Contudo, mesmo com o colapso da União Soviética, no início da década de 1990, a política norte-americana não mudou. Repetidas vezes, os Estados Unidos apoiaram as classes bem estabelecidas ou os militares contra aqueles de classes menos favorecidas que buscavam mudanças. Era a guerra norte-americana contra os pobres do mundo — os mais facilmente mortos — o dano colateral.

No entanto, isso era, de fato, uma questão de combater o comunismo ou era um jeito de disfarçar a motivação real dos estrategistas políticos?

George Kennan, um dos primeiros e principais estrategistas norte-americanos da Guerra Fria, foi ao ponto principal num memorando de 1948. Ele escreveu que com "50% da riqueza mundial, mas apenas 6,3% da sua população... não podemos deixar de ser objeto da inveja e do ressentimento. Nossa tarefa real é planejar um padrão de relacionamento que nos permitirá manter essa posição de disparidade. Para isso, teremos de prescindir de todo sentimentalismo e devaneios. Devemos parar de falar de objetivos vagos e irreais como direitos humanos, aumento dos padrões de vida e democratização... teremos de lidar com conceitos puros de poder. Quanto menos nos desviarmos por causa de *slogans* idealistas, melhor."

No entanto, George Kennan, que morreu em 2005 com 101 anos, era um intelectual que jamais procurou a política. Nunca, em seus sonhos mais desvairados, poderia ter imaginado as proporções bárbaras da vindoura presidência de Ronald Reagan.

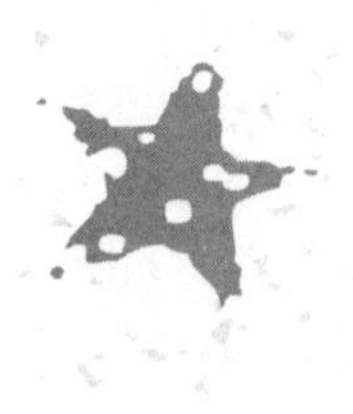

CAPÍTULO 10

EM 1970, o procurador-geral John Mitchell regozijou-se: "Este país está indo tanto para a direita que não vamos sequer reconhecê-lo." Mas quanto mais à direita os Estados Unidos poderiam ir? Em 1970, estavam presentes o Vietnã, o Camboja, o Laos, as ameaças nucleares, a vigilância, a sabotagem, as trapaças, as mentiras oficiais, a polarização racial e o crime, e, ainda por vir, a guerra contra as drogas, o Chile e Watergate. No entanto, em comparação com o mundo que Ronald Reagan e George W. Bush conduziriam, poderíamos quase rememorar com nostalgia a época de Nixon.

As forças de direita sempre atuaram livre e abertamente nas fendas da vida norte-americana, onde o racismo, o imperialismo e a devoção cega à iniciativa privada envenenavam o espírito. O fanatismo gerou grupos tão diferentes quanto a Ku Klux Klan, o Partido Nazista norte-americano, a Liberty League, o America First Committee, a John Birch Society, os macarthistas e o Tea Party, que exalavam ódio, intolerância ou ignorância da história.

Começando com o galanteio de Nixon ao novo sul republicano e o sucesso de George Wallace como candidato de terceira via, essas forças migraram das franjas da política norte-americana para um novo lar no Partido Republicano que aos poucos baniu suas alas moderadas e liberais outrora florescentes.

Certa vez, Nixon afirmara que a política doméstica interessava-lhe tanto quanto "construir privadas externas em Peoria". No entanto, a sua espreita, quer ele gostasse quer não, os jovens de 18 anos ganharam direito ao voto, a censura declinou e os gays e as lésbicas emergiram das sombras. Ele criou a EPA — *Environmental Protection Agency* [agência de proteção ambiental], apoiou a *Equal Rights Amendment* [emenda de igualdade de direitos] e novas regulamentações de proteção à saúde dos trabalhadores e até reforçou a *Voting Rights Act* [lei de direito de voto]. Nixon aprovou, até mesmo, uma renda anual garantida para todos os norte-americanos.

Seus antigos aliados de direita admitiam, tardiamente, que aquele não era o Richard Nixon anticomunista da década de 1950 que conheceram. Ainda que estivesse reduzindo a pó o sudeste asiático, ele horrorizou a direita quando, procurando reduzir as tensões da guerra terrestre norte-americana na Ásia, reconheceu a China em 1972. E, ainda por cima, foi à União Soviética e assinou o histórico Tratado SALT I, impondo limites em relação a sistemas de mísseis e antimísseis.

Quando Nixon afastou o país do padrão ouro e impôs controles de salários e preços em 1971 e, em seguida, retirou todas as tropas norte-americanas restantes do Vietnã, em 1973, deu a impressão de que perdera o juízo e traíra totalmente sua base.

Na época de Watergate, Nixon fizera muitos inimigos na esquerda e na direita; uma quantidade maior do que ele podia se permitir. Diante de um provável *impeachment*, renunciou em 9 de agosto de 1974. Naquele momento, a presidência ficou nas mãos do afável Gerald Ford, homem sobre quem Lyndon Johnson disse que não podia soltar um pum e mascar chiclete ao mesmo tempo. Ford anunciou que "nosso longo pesadelo nacional acabou", mas, enviando todos os sinais trocados, perdoou Nixon. Ainda mais preocupante para o futuro, a queda de Nixon pôs para fora os impulsos mais profundos de raiva e vingança do núcleo do novo Partido Republicano de Nixon. A lendária raiva dele transferiu-se para esse núcleo, mas, naquele momento, direcionada contra o próprio governo. Revigorados pela fúria contra a, assim chamada, mídia liberal, que, na mente deles, tinha desempenhado um papel tóxico, dizendo falsidades sobre o Vietnã e tirando Nixon da presidência, uma rede de *think tanks* [grupos de pensadores] conservadores e de fundações abastadas investiram

Em agosto de 1974, Gerald Ford presta juramento de posse como presidente, após a renúncia de Nixon.

grandes somas de dinheiro para impor suas agendas. Entre elas, incluía-se o retorno radical do conceito de privatização, que fora, na mente deles, destruído pelo *New Deal* odiado de Roosevelt. Os antigos inimigos de Roosevelt — a classe do dinheiro — estavam de volta.

Essa florescente rede de direita enxergava pouca utilidade em um moderado como Gerald Ford e ansiava colocar um direitista de verdade como Ronald Reagan, ex-governador da Califórnia, na Casa Branca. Curvando-se à pressão, Ford e Donald Rumsfeld, jovem congressista que adquiriu renome atacando os soviéticos na década de 1960, executaram uma importante reformulação ministerial conhecida como o "Massacre de Halloween", em outubro de 1975. Rumsfeld, a quem Nixon chamara de "o pequeno desgraçado sem escrúpulos", assumiu o Departamento de Defesa. Kissinger, permanecendo no Departamento de Estado, perdeu seu cargo de conselheiro da Segurança Nacional para o general Brent Scowcroft. George H. W. Bush assumiu a CIA e Dick Cheney, protegido de Rumsfeld, substituiu-o como chefe do estado-maior. Em 1976, o vice-presidente Nelson

Procurando aplacar as críticas da direita, Ford e Donald Rumsfeld, chefe do estado-maior, executaram uma importante reformulação ministerial, conhecida como o "Massacre de Halloween", em outubro de 1975. Entre outras mudanças, Rumsfeld assumiu o Departamento de Defesa, no lugar de James Schlesinger. Muitos viram Rumsfeld, a quem Nixon chamara de "o pequeno desgraçado sem escrúpulos", por trás da reformulação. Do seu novo cargo no Pentágono, Rumsfeld começou advertindo que os soviéticos ameaçavam superar os Estados Unidos em poder militar e que a *détente* não era do interesse norte-americano.

Rockefeller, relativo moderado, foi forçado a deixar de ser o companheiro de chapa de Ford. Rumsfeld ajudou a bloquear um novo Tratado SALT e Ford baniu o termo *détente* da Casa Branca, associado, naquele momento, a Henry Kissinger.

No entanto, os norte-americanos queriam mudanças e em 1976 confiaram a presidência ao governador Jimmy Carter, ex-plantador de amendoim e professor de longa data da escola bíblica dominical de Plains, na Geórgia, que derrotou Ford por pequena margem de votos.

Carter era tudo, menos um candidato típico. Ele procurou acabar com a corrida armamentista, reviver a *détente*, restaurar a reputação moral norte-americana e aprender a partir do Vietnã, afirmando:

À ESQUERDA: Ford com Henry Kissinger. Desde o início, Ford enviou todos os sinais errados. Entre eles, anunciou que Kissinger permaneceria como secretário de Estado e conselheiro da Segurança Nacional.

ABAIXO: Henry Kissinger falando ao telefone no gabinete de Brent Scowcroft, vice-conselheiro da Segurança Nacional, durante a queda do Vietnã do Sul. No início do governo Ford, Kissinger estava se sentindo desanimado a respeito do Império Americano. Ele declarou a James Reston, do *The New York Times*: "Como historiador, você tem de ter consciência do fato de que toda civilização que já existiu acabou desaparecendo. A história é uma narrativa de esforços que fracassaram, de aspirações que não se realizaram, de desejos que foram satisfeitos e, depois, acabaram se revelando diferentes do esperado. Assim, como historiador, deve-se viver com uma noção de inevitabilidade da tragédia."

À ESQUERDA: Jimmy Carter deixa uma igreja durante a campanha eleitoral, em Jacksonville, na Flórida.

À DIREITA: Um partidário de Carter ergue um cartaz de campanha na Convenção Nacional Democrata de 1976, na cidade de Nova Iorque. Milionário plantador de amendoim e professor de longa data da escola bíblica dominical de Plains, na Geórgia, Carter derrotou Ford por pequena margem de votos. Concorrendo como populista e *outsider*, apelando aos negros, fazendeiros e jovens insatisfeitos, Carter prometeu restaurar a confiança no governo e curar as feridas das divisões resultantes de Watergate, da Guerra do Vietnã e dos anos de conflitos geracionais, raciais e de gênero.

"Nunca mais nosso país deve se envolver militarmente nos assuntos internos de outros países, a menos que exista uma ameaça direta e evidente à segurança dos Estados Unidos ou ao seu povo." Ele prometeu jamais repetir as "declarações falsas e as mentiras completas" que seus antecessores utilizaram para justificar a invasão do Vietnã. Nas Nações Unidas, afirmou que os Estados Unidos cortariam seu arsenal nuclear em 50% se os soviéticos fizessem o mesmo.

Seguindo sua intuição, Carter obteve alguns sucessos iniciais significativos. Em 1978, ajudou a assegurar os Acordos de Paz de Camp David, que levou à retirada israelense do território egípcio capturado na guerra de 1967 e ao estabelecimento de relações diplomáticas entre os dois países. Negociou o Tratado SALT II com os soviéticos, decretando uma redução de mísseis e bombardeiros nucleares.

No entanto, Carter sabia pouco de política externa e fora muito influenciado pelas ideias de Zbigniew Brzezinski, seu conselheiro de Segurança Nacional. Escritor, professor e ferrenho anticomunista, Brzezinski aproveitou a ascensão do ainda pouco conhecido Carter favorecendo os membros da Comissão Trilateral, grupo criado por David Rockefeller, presidente do Chase Manhattan Bank, em 1973, para sustentar a ordem capitalista mundial.

Em geral, seus 180 membros da elite, em escritórios dos três continentes, rejeitavam a rigidez do anticomunismo de direita. No entanto, Brzezinski, como Kissinger antes dele, marginalizou o secretário de Estado mais liberal e executou um retorno à ortodoxia da Guerra Fria. Ele se vangloriou de ser o primeiro polonês, em trezentos anos, numa posição de realmente se impor aos russos.

Vendas maciças de armas ao Irã, correspondentes à metade das vendas mundiais norte-americanas, tinham mantido o impopular xá no poder e, apesar do histórico deplorável do xá em relação aos direitos humanos, os Carter participaram de uma luxuosa festa de ano-novo, em 31 de dezembro de 1977, em Teerã. Jimmy Carter disse: "Não há líder com quem eu tenha uma sensação mais profunda de gratidão pessoal e amizade pessoal." Dentro de um ano, o xá imporia a lei marcial e suas tropas matariam a tiros centenas de pessoas nas ruas.

Temendo que os soviéticos ocupassem os campos de petróleo iranianos naquele caos, Brzezinski advertiu Carter de que os Estados Unidos, naquele momento, enfrentavam "a maior derrota desde o início da Guerra Fria, eclipsando em suas consequências reais o revés no Vietnã".

Em janeiro de 1979, o xá fugiu do Irã. Ao voltar do exílio, o aiatolá Khomeini exigiu o retorno do xá para enfrentar um julgamento. Carter, sob pressão de Brzezinski, Kissinger e David Rockefeller, permitiu a vinda do xá aos Estados Unidos para tratamento médico contra um câncer, o que enfureceu os iranianos. Em novembro, estudantes invadiram a embaixada dos Estados Unidos em Teerã e fizeram 52 reféns

Carter e Leonid Brezhnev, líder soviético, assinam o Tratado SALT II. Apesar do alarde do tratado, foi apenas um sucesso moderado. Os dois lados podiam realmente continuar sua escalada nuclear numa taxa reduzida.

norte-americanos, que mantiveram por 444 dias, destruindo eficazmente a presidência de Carter.

As crises pareciam estar acontecendo por toda parte. A América Central, após sofrer décadas de pobreza, violência e corrupção sob as ditaduras de direita apoiadas pelos Estados Unidos, estava pronta para explodir no final dos anos 1970.

Na Nicarágua, em julho de 1979, os sandinistas tomaram o poder — a primeira revolução latino-americana bem-sucedida desde a cubana de vinte anos antes — e começaram um ambicioso programa de reforma agrária, educacional e de saúde. Brzezinski defendeu uma intervenção militar, temendo que o fermento revolucionário incentivasse as forças dos vizinhos Guatemala, Honduras e El Salvador, onde quarenta famílias tinham governado o país por mais de um século. Os assassinatos e as torturas por esquadrões da morte de direita aumentaram e Oscar Romero, arcebispo progressista salvadorenho, foi assassinado em 1980. Mais tarde naquele ano, os insurgentes da FMLN estavam à beira de

Carter com Zbigniew Brzezinski, cuja escolha como conselheiro da Segurança Nacional ajudaria a condenar a agenda progressista de Carter. Filho linha-dura de um diplomata polonês e anticomunista obcecado, Brzezinski começou deliberada e sistematicamente a moldar o pensamento de Carter no concernente à política externa. Subjugando o presidente com a ortodoxia da Guerra Fria, Brzezinski acabou vencendo o presidente pela persistência e o conquistou para uma visão linha-dura.

outra revolução bem-sucedida quando Carter, pressionado por Brzezinski, restabeleceu a ajuda militar ao governo salvadorenho.

Outra tempestade estava começando no Afeganistão, remanescente empobrecido do Império Britânico, cuja expectativa de vida era de quarenta anos. Apenas um em cada dez habitantes sabia ler e a maioria vivia como nômades ou agricultores em aldeias lamacentas, pouco diferente de quando Alexandre, o Grande, passara por ali dois mil anos antes. Em julho de 1979, Brzezinski fez Carter assinar uma diretiva pouco conhecida de ajuda secreta aos adversários fundamentalistas islâmicos do regime pró-soviético de Cabul. Naquele dia, Brzezinski, orgulhosamente, observou que "essa ajuda iria induzir uma intervenção militar soviética". Sua intenção era arrastá-los para seu próprio Vietnã.

ACIMA: Apesar do histórico deplorável do xá em relação aos direitos humanos, o presidente Carter jamais deixou de apoiá-lo, indignando a maioria dos iranianos. Numa luxuosa festa de ano-novo com o xá, em Teerã, em 31 de dezembro de 1977, enquanto os manifestantes protestavam nas capitais dos dois países, Carter ofereceu ao seu anfitrião este brinde adulatório: "Nossas conversas foram inestimáveis, nossa amizade é insubstituível e minha gratidão vai ao xá que, em sua sabedoria e com sua experiência, foi tão generoso comigo, um novo líder. Não há líder com quem eu tenha uma sensação mais profunda de gratidão e amizade pessoais." Os protestos irromperam logo depois da partida dos Carter. Em janeiro de 1979, o xá fugiu do Irã.

ABAIXO: Protesto contra o xá durante a Revolução Iraniana.

Para Brzezinski, os soviéticos temiam que a insurgência afegã desencadeasse um levante de 40 milhões de muçulmanos na Ásia Central soviética. Ele até comparou isso, em seu efeito sobre os Estados Unidos, a uma insurgência comunista no México. Os soviéticos concluíram corretamente que os norte-americanos estavam instigando a insurgência, talvez com a ajuda da China. No entanto, eles ainda hesitaram em intervir. Gromiko, o veterano ministro das Relações Exteriores, sabia que "estaríamos jogando fora em grande medida o que alcançamos com muita dificuldade, especialmente a *détente*, as negociações do SALT II."

Com sua economia desequilibrada e burocraticamente fossilizada estagnando, os soviéticos consideravam o controle de armas como sua chance de finalmente escapar do trabalho monótono do tempo de guerra.

No entanto, a provocação funcionou. O presidente Brezhnev, líder soviético impassível e sem imaginação, insistindo que a guerra acabaria em três ou quatro semanas, lançou uma invasão maciça contra o Afeganistão no dia de Natal de 1979, incluindo oitenta mil soldados.

O inexperiente Carter qualificou exageradamente a invasão de a maior ameaça à paz mundial desde a Segunda Guerra Mundial. Um colunista do *The New York Times* achou instigante lembrá-lo do bloqueio de Berlim, da Guerra da Coreia, da crise do Canal de Suez, da crise dos mísseis de Cuba e da invasão norte-americana ao Vietnã.

Carter retirou o embaixador norte-americano e excluiu da mesa de negociação o SALT II. Cortou o comércio entre os dois países, proibiu a participação dos atletas norte-americanos nos Jogos Olímpicos de Moscou e enviou seu secretário de Defesa para sondar os líderes chineses sobre alianças militares.

De maneira efetiva, Carter estendeu a Doutrina Truman para a região adjacente do Golfo Pérsico, incluindo o Irã, que seria, naquele momento, considerado de interesse vital para os Estados Unidos.

Os países muçulmanos condenaram a agressão soviética. A Arábia Saudita enviou dinheiro e milhares de jovens muçulmanos de todo o Oriente Médio começaram a ir ao Afeganistão para participar da *jihad*, a guerra santa contra os infiéis soviéticos.

Brzezinski viajou para se encontrar com os ditadores do Paquistão e da Arábia Saudita, para chegar a um acordo referente à ajuda financeira e militar aos guerreiros sagrados que estavam descontentes com as reformas do governo apoiado pelos soviéticos para emancipar e educar as mulheres afegãs. Repetidas vezes, Brzezinski negou ter algum arrependimento por alimentar o fundamentalismo islâmico que atacaria os Estados Unidos em 11 de setembro e atormentaria o país nos anos vindouros. Ele perguntou: "O que é mais importante para a história mundial? O Talibã ou o colapso do Império Soviético? Alguns muçulmanos agitados ou a libertação da Europa Central e o fim da Guerra Fria?"

Mas a que preço? Na tentativa de destruir o Império Soviético, Brzezinski destruiu a presidência de Jimmy Carter. Carter nunca cumpriu a promessa de reduzir os gastos em defesa, na verdade, aumentou-os de 115 bilhões para 180 bilhões de dólares. Carter mais do que dobrou a quantidade de ogivas nucleares apontadas para a União Soviética. Até repudiou sua crítica anterior da Guerra do Vietnã. Os veteranos do Vietnã se tornaram combatentes da liberdade que "foram ao Vietnã sem nenhum desejo de capturar território ou de impor a vontade norte-americana a outro povo".

Ironicamente, a política de Carter, no final das contas, estabeleceu a base para os enfoques ainda mais extremos que Ronald Reagan traria para a Casa Branca. Nunca houve um presidente como Ronald Reagan, com seu charme, humor, aparência elegante e compulsão vigorosa para transformar os Estados Unidos numa fortaleza conservadora.

Ator simples, popular, convertido em garoto-propaganda da General Electric, Reagan foi governador da Califórnia durante oito anos. Era subestimado por muitos e considerado um ator de segunda linha em Hollywood. Ele deu o título de *Where's the Rest of Me?* [onde está o resto de mim?] à sua primeira autobiografia, com base em uma fala do seu filme *Em cada coração um pecado*, de 1942, clássico sobre uma pequena cidade norte-americana. No filme, suas pernas são amputadas pelo pai cirurgião de sua namorada, sádico e talvez castrador. O filme marcou a transição de Reagan de liberal do *New Deal* a conservador da Guerra Fria. Mais tarde, ele descobriu sua metade perdida na luta contra o comunismo; uma luta que, como presidente do *Screen Actors Guild* [sindicato dos atores], transformou-o num cruzado muito conhecido contra a Ameaça Vermelha e também num informante secreto do FBI que denunciava colegas como comunistas.

Roger Ailes, consultor político que tempos depois criou a Fox News, inspirando-se em táticas que desenvolveu com Richard Nixon, lembrou a Reagan, de 73 anos, que ele se elegera sobre temas — e não detalhes — de pensamentos felizes, como *Morning in America* ou a crença puritana de que a América era a cidade iluminada sobre uma colina. Os críticos de Reagan eram derrotistas que "culpariam a América primeiro".

Ou existiam temas ficcionais sombrios, tais como "Estamos em perigo maior hoje do que estávamos no dia seguinte a Pearl Harbor. Nossas forças armadas são absolutamente incapazes de defender este país."

Os fatos jamais importavam muito se havia um bom *slogan* ou uma boa piada. Reagan gostava de contar a história da rainha da previdência social de Chicago com oitenta nomes, trinta endereços e doze cartões do seguro social, que tinha uma renda anual de 150 mil dólares isenta de impostos, embora os números mudassem para combinar com a credulidade do público.

Reagan preferia filmes à leitura e seus assessores preparavam recursos visuais sobre questões como a ameaça soviética ou o problema do Oriente Médio.

Nas reuniões, mesmo com poucas pessoas na sala, Reagan lia suas falas como um ator, a partir de fichas. Em uma reunião com altos funcionários da indústria automobilística norte-americana, ele leu, demoradamente, fichas erradas, até que, ao perceber o constrangimento dos executivos, entendeu, enfim, a situação. Ele gostava de ir para casa, para sua amada esposa, Nancy, pontualmente, antes do anoitecer, exercitar-se, jantar de pijama, ver TV e dormir cedo.

Em junho de 1987, Reagan foi a Berlim e desafiou Mikhail Gorbachev, líder soviético: "Secretário-Geral Gorbachev, se o senhor procura a paz, se o senhor procura a prosperidade para a União Soviética e a

Europa Oriental, se o senhor procura a liberalização: venha aqui para esse portão! Senhor Gorbachev, abra esse portão! Senhor Gorbachev, derrube esse muro!"

Menos de dois anos e meio depois, o muro realmente caiu, e, em 1991, o Império Soviético desmoronou. A Guerra Fria terminara. Muitas pessoas creditam a Reagan essa conquista. Os admiradores o veneram como o maior presidente desde a Segunda Guerra Mundial; um dos maiores da história. No entanto, a história real é muito mais complexa. Reagan deixou para trás uma trilha sangrenta de mortes e destruição, mas, também, chegou muito perto de alcançar grandeza duradoura.

O estilo desembaraçado de Reagan e sua falta de experiência em política externa deixaram um vazio que os falcões anticomunistas do governo lutaram para preencher.

William Casey estava na liderança do grupo. O cinema não seria capaz de inventar um personagem como Casey: cavaleiro templário católico que frequentava a missa diariamente e indicava o cristianismo para qualquer pessoa que pedisse seu conselho. Estátuas da Virgem Maria enchiam sua mansão de Long Island. Ele fora presidente da *Securities and Exchange Commission* [comissão de valores mobiliários norte-americana] e, antes disso, trabalhara na OSS — *Office of Strategic Services*, a precursora da CIA. De acordo com Robert Gates, vice-diretor da CIA na época de Casey, "Os partidários de Reagan viram a chegada deles como uma encampação hostil". Casey lera *The Terror Network*, livro apócrifo de Claire Sterling, e se convenceu de que a União Soviética estava por trás do terrorismo internacional, incluindo a recente tentativa de assassinato do papa polonês, um companheiro católico.

Melvin Goodman, chefe do escritório da CIA de análise soviética, afirmou que grande parte dos indícios de Sterling se baseava em "propaganda negra", ou seja, alegações anticomunistas que a própria CIA plantara na imprensa europeia. No entanto, Casey disse aos analistas que aprendera mais com Sterling do que com todos eles. Al Haig, o duro secretário de Estado, concordou e alegou que os soviéticos tinham tentado assassiná-lo quando ele era comandante da OTAN. Os

Ronald Reagan foi um dos homens menos intelectualmente curiosos que já ocuparam a Casa Branca. Anthony Quainton, coordenador de contraterrorismo, recorda-se de ser chamado à Casa Branca no início do novo governo: "Apresentei o dossiê ao presidente, que estava acompanhado do vice-presidente, do diretor da CIA, do chefe do FBI e de diversos membros do Conselho da Segurança Nacional. Depois de comer algumas jujubas, o presidente cochilou. Foi bastante desanimador."

especialistas sabiam que Sterling exagerara o apoio soviético aos grupos terroristas niilistas da Europa Ocidental. No entanto, Casey e Gates expurgaram os analistas que se recusaram a ceder, debilitando a CIA de tal maneira que quando a União Soviética se desintegrou mais à frente nessa década a agência foi incapaz de prever esse fato.

Em sua primeira entrevista coletiva, utilizando a linguagem de John Foster Dulles e James Forrestal, Reagan rapidamente reverteu quase duas décadas de progresso de alívio das tensões da Guerra Fria, quando declarou: "A única moralidade que os soviéticos reconhecem é aquela que fomentará sua causa, significando que reservam para si o direito de cometer qualquer crime, de mentir e de trapacear a fim de alcançar seus objetivos, e isso é moral, não imoral para eles, e nós trabalhamos de acordo com um conjunto distinto de padrões." A

Reagan e William Casey, diretor da CIA, advogado milionário de Wall Street e católico irlandês devoto, que chegou à CIA, de acordo com seu vice, Robert Gates, "para fazer a guerra contra a União Soviética". Sob a direção de Casey, a CIA apresentou um quadro de uma URSS hostil e expansionista; uma imagem em desacordo com os fatos.

moralidade norte-americana, Reagan insistiu, era superior: "Sempre achei que a partir de nossas ações fica claro para qualquer um que os norte-americanos são um povo moral, que sempre usou o poder somente como uma força do bem para o mundo."

Na realidade, a eleição de Reagan encorajou impulsos direitistas em todo o Terceiro Mundo, estimulando extremistas a recuperar perdas inferidas de território, poder ou governo, resultantes da liderança hesitante norte-americana desde o Vietnã. Os métodos seriam cruéis. Principalmente na América Latina, esquadrões da morte, massacres, desaparecimentos, estupros e torturas seguiram-se após a mudança ideológica norte-americana em 1980.

Em El Salvador, o coronel que chefiava a equipe consultiva norte-americana afirmou: "As técnicas reais de contrainsurgência são um passo rumo ao primitivo"; uma descrição apropriada das iniciativas dos líderes norte-americanos de testar suas novas doutrinas de contrainsurgência do pós-Vietnã e derrotar insurreições sem grandes comprometimentos das forças armadas norte-americanas. Diversos oficiais dos exércitos de El Salvador, Honduras e Guatemala foram treinados na Escola das Américas do Departamento de Defesa norte-americano no Panamá e depois de 1984 em Fort Benning, na Geórgia. A ênfase sobre técnicas de contrainsurgência aprimoradas no Vietnã foi expandida.

Em 1982, ao visitar Honduras, Reagan se reuniu com o general Efraín Ríos Montt, presidente da Guatemala, cristão evangélico recém-convertido, que tomara o poder recentemente por meio de um golpe. Reagan se queixou de que Montt recebera uma "acusação injusta" e o chamou de "um homem de grande integridade pessoal". No governo Montt, o exército guatemalteco mataria certa de cem mil camponeses maias que viviam na região da insurgência esquerdista entre 1981 e 1983.

Na fronteira entre Nicarágua e Honduras, ex-membros da violenta guarda nacional de Somoza se reuniram e, com a ajuda de Casey, tramaram um retorno ao poder. Deram-se o nome de contrarrevolucionários ou "contras".

A guerra começou em março de 1982. Na ocasião, o Congresso norte-americano proibiu o uso de recursos financeiros governamentais para derrubar o governo sandinista. No entanto, Casey e Oliver North, funcionário do Conselho da Segurança Nacional, tramaram um plano saído da época da OSS na Segunda Guerra Mundial. Numa esmerada operação ilegal, com o auxílio de vendedores de armas israelenses, os Estados Unidos venderam mísseis aos seus inimigos no Irã por preços exorbitantes e utilizaram os lucros para financiar os contras, com traficantes de drogas latino-americanos muitas vezes atuando como intermediários e, por sua vez, recebendo acesso facilitado ao mercado norte-americano. O exército de quinze mil contras, empregando sequestro, tortura, estupro e assassinato, visou postos de saúde, escolas, cooperativas agrícolas, pontes e centrais elétricas.

Reagan e Casey mentiram para o Congresso acerca do que a CIA vinha tramando. De acordo com Gates, seu vice-diretor, "Casey era culpado de desacato ao Congresso desde o dia em que prestou juramento".

Reagan com o tenente-coronel Oliver North e o líder nicaraguense dos contra Adolfo Calero, no gabinete de Robert McFarlane, conselheiro da Segurança Nacional. McFarlane e North, um fuzileiro naval entusiasmado, mas instável, com ilusões de grandeza e um dom para o embelezamento, foram os principais articuladores do plano ilegal de vender armas ao governo iraniano para financiar os contras.

Em 1984, Reagan defendeu a guerra secreta, afirmando: "Os nicaraguenses estão presos numa masmorra totalitária, presos numa ditadura militar tornada ainda mais perigosa pela presença indesejável de milhares de colaboradores cubanos, soviéticos e árabes radicais." Ele chegou mesmo a considerar os contras "o equivalente moral dos Pais Fundadores dos Estados Unidos e dos corajosos homens e mulheres da resistência francesa". Esses "equivalentes morais" foram responsáveis pela maioria das mortes de 20 a 30 mil civis nicaraguenses durante a guerra.

Atrocidades similares aconteceram no vizinho El Salvador, onde tropas treinadas pelos Estados Unidos esfaquearam, estupraram e metralharam 767 civis, no vilarejo de El Mozote, no final de 1981, incluindo 358 crianças com menos de treze anos.

Ecoando Reagan, que considerou os contras "o equivalente moral dos Pais Fundadores dos Estados Unidos", o *College Republicans* distribuiu esse folheto pedindo apoio aos "combatentes da liberdade nicaraguenses". Esses "combatentes da liberdade" eram famosos por torturar, mutilar e assassinar civis.

O Congresso acabou canalizando quase seis bilhões de dólares para esse país minúsculo, tornando-o o maior beneficiário de ajuda estrangeira norte-americana *per capita* do mundo. Ricos latifundiários mantinham os esquadrões da morte de direita, que assassinaram milhares de presumidos esquerdistas. O número de mortos pela guerra alcançou setenta mil pessoas. A população salvadorenha nos Estados Unidos cresceu cinco vezes e alcançou meio milhão de pessoas em 1990, incluindo inúmeros imigrantes ilegais. Ainda mais nicaraguenses, supostamente fugindo da opressão comunista, ou mesmo da guerra dos contras, tiveram permissão para entrar nos Estados Unidos. Muitos salvadorenhos foram repatriados.

Preso em prolongadas guerras por procuração na Nicarágua e El Salvador e perseguido pela memória da derrota no Vietnã, que ele qualificou de uma "causa nobre", Reagan desejava uma vitória fácil para recuperar a autoconfiança dos norte-americanos.

Em 1983, um carro-bomba poderoso foi explodido pelo Hezbollah, organização política anti-israelense, que, frequentemente, recorria a táticas terroristas. A Al-Qaeda da sua época, o Hezbollah

ACIMA: No final de 1983, os Estados Unidos utilizaram a instabilidade em Granada como pretexto para invadir a ilhota e derrubar o governo revolucionário de Maurice Bishop. Numa operação logisticamente atrapalhada, dezenove soldados norte-americanos morreram e mais de cem ficaram feridos. Nove helicópteros foram perdidos. A maioria das tropas foi rapidamente retirada.

ABAIXO: Estudantes de medicina esperam para ser evacuados durante a invasão norte-americana de Granada. Para Reagan, a invasão era necessária para resgatar os estudantes em perigo, mas, na realidade, eles estavam pouco ameaçados. Quando consultados pelo diretor da escola de medicina, 90% afirmaram que queriam ficar.

explodiu o quartel dos fuzileiros navais norte-americanos no Líbano, deixando 241 mortos e desferindo outro golpe devastador contra o orgulho norte-americano. Dois dias depois, as tropas norte-americanas invadiram não o Líbano, mas Granada, minúscula ilha caribenha com cem mil habitantes. Reagan afirmou que era "uma colônia soviético--cubana, que estava sendo preparada como baluarte militar importante para exportar o terror e solapar a democracia". Como em um dos seus antigos filmes de faroeste, ele enviou soldados norte-americanos para a batalha. Com a proibição da presença da mídia, supostamente para sua própria segurança, foram oferecidas filmagens do governo. Toda a operação foi uma bagunça desde o começo. Dezenove soldados morreram e mais de cem ficaram feridos diante da resistência de uma pequena força constituída, sobretudo, por operários cubanos da construção civil, deficientemente armados. Nove helicópteros foram perdidos. Do ponto de vista militar, a invasão foi uma farsa, com o exército concedendo quase 275 medalhas por heroísmo para sete mil soldados, dos quais apenas 2,5 mil viram uma limitada forma de combate.

Orgulhosamente, Reagan anunciou: "Nossos dias de fraqueza terminaram. Nossas forças militares estão de volta com altivez."

Do outro lado do mundo, Reagan e Casey transformaram o apoio limitado de Carter aos insurgentes afegãos na maior operação secreta da CIA até hoje, totalizando mais de três bilhões de dólares. Eles direcionaram a ajuda por meio do general Zia, ditador corrupto do Paquistão, que canalizou as armas e o dinheiro para a facção islâmica afegã mais radical, sob o comando de Gulbuddin Hekmatyar, homem de lendária crueldade, cujas forças, segundo rumores, patrulhavam os bazares de Cabul jogando ácido nos rostos das mulheres sem burcas e eram especializadas em esfolar prisioneiros vivos. A CIA forneceu aos insurgentes entre 2 e 2,5 mil mísseis Stinger de fabricação norte-americana.

Os Estados Unidos ajudaram os dois lados na sangrenta Guerra Irã-Iraque. Em 1983, Reagan mandou o enviado especial Donald Rumsfeld para Bagdá para tranquilizar Saddam Hussein quanto ao apoio norte-americano. Com autorização do Comitê de Comércio do Senado, as empresas norte-americanas enviaram diversas variedades

Um combatente afegão demonstra o posicionamento de um míssil terra-ar portátil. Para impedir Gorbachev de retirar as tropas soviéticas do Afeganistão, Reagan e Casey transformaram o apoio temporário de Carter aos *mujahidin* na maior operação secreta da CIA até hoje, totalizando mais de três bilhões de dólares.

de antrax, posteriormente utilizados no programa iraquiano de armas biológicas e de inseticidas para guerra química.

Enquanto presidente, Reagan persistiu na conversa do medo, rotulando os soviéticos de "o império do mal" e os considerando como "o foco do mal do mundo moderno".

No final de 1982, embora os Estados Unidos estivessem à frente em qualquer categoria significativa, Reagan afirmou: "Hoje, em quase todo indicador de poder militar, a União Soviética desfruta de uma vantagem decisiva". Então, ele ampliou os gastos em defesa, que, em 1985, tinham crescido 35% em relação aos de 1980.

Naquele momento, o arsenal norte-americano continha 11,2 mil ogivas estratégicas contra 9,9 mil dos soviéticos. Armas novas e atualizadas saíam das linhas de montagem, incluindo o programa MX, bastante atrasado e muito caro, que movia os mísseis em espiral, ocultando sua localização precisa e os tornando invulneráveis a um primeiro ataque soviético. Apesar dos pesados protestos em toda a Europa, os

Estados Unidos distribuíram mísseis de cruzeiro de lançamento terrestre para os britânicos e mísseis Pershing II para os alemães ocidentais, em novembro de 1983. Alguns militares soviéticos estavam convencidos de que o ataque norte-americano era iminente, enquanto as relações alcançavam o ponto mais baixo em mais de duas décadas.

Para financiar isso, Reagan cortou o apoio federal para programas discricionários, transferindo setenta bilhões de dólares de programas domésticos para as forças armadas. Ele iniciou uma guerra contra os trabalhadores e os pobres, demitindo todos os empregados sindicalizados do sindicato dos controladores de tráfego aéreo, enquanto dava festas elegantes na Casa Branca para seus amigos milionários. Uma sensação da Era Dourada da década de 1890 — "os Quatrocentos" da sociedade norte-americana — retornou a Washington.

Em junho de 1982, quase um milhão de pessoas se reuniram contra as armas nucleares no Central Park, em Nova Iorque. Entre elas estava um jovem universitário de Columbia chamado Barack Obama. O movimento enervou Reagan que considerou aquilo uma séria ameaça a sua reeleição.

Apesar de toda a sua fanfarrice, Reagan também temia a possibilidade da guerra nuclear que ele associava ao Armagedom bíblico. Em 1983, após assistir ao filme *The Day After*, produção da rede de TV ABC que teve enorme audiência, Reagan escreveu em seu diário que aquilo o deixou muito deprimido.

Influenciado por sua mulher ou pelo astrólogo de Nancy, não sabemos, mas preocupado com a animosidade gerada por ele, Reagan começou a repensar sua aproximação com a União Soviética. Posteriormente, ele escreveu em sua autobiografia: "Três anos me ensinaram algo surpreendente acerca dos russos. Muitas pessoas no topo da hierarquia soviética sentiam medo genuíno da América e dos americanos." Inacreditavelmente, se esse diário deve ser aceito como verdadeiro, jamais ficou claro para o presidente Reagan que os soviéticos podiam, de fato, temer um primeiro ataque norte-americano.

Em março de 1983, possivelmente esperando aplacar o crescente sentimento antinuclear, Reagan propôs a IDE — Iniciativa de Defesa

Estratégica —, um escudo de defesa espacial em volta dos Estados Unidos. Ou como seus críticos denominaram: "Guerra nas Estrelas."

A fantasia de Guerra nas Estrelas tornou-se um sistema de mísseis antibalísticos extremamente oneroso. Na década de 1970, o Pentágono começara a pesquisa, para reagir a um suposto avanço soviético em armas de feixe de energia, apesar do fato de não existir nenhum projeto soviético desse tipo.

Em março de 1985, um acontecimento extraordinário mudou o curso da história. Com 54 anos, Mikhail Gorbachev chegou ao poder na União Soviética. Como Henry Wallace anos antes, ele era um especialista em agricultura. Como Khrushchev, exibia um grau raro de honestidade e, ao mesmo tempo, usava a diplomacia e a sorte para navegar num campo minado de ineficiências e mentiras. Gorbachev viajara muito pelo Ocidente e, como Khrushchev, procurava, acima de tudo, melhorar a vida do seu povo.

Gorbachev enxergou o problema com clareza: para alcançar a igualdade com os Estados Unidos, os soviéticos vinham gastando quase um quarto do seu produto interno bruto em defesa. Alguns estimavam um valor ainda maior. A produção de defesa consumia imensa proporção do orçamento soviético. Sua economia planejada, que estagnara desde o final dos anos 1970, era dirigida por uma comunidade militar-industrial-acadêmica distante da realidade. Para revitalizar a sociedade, Gorbachev sabia que teria de cortar o gasto militar.

Gorbachev resolveu terminar a corrida armamentista e redistribuir os recursos. Também tomou providência para acabar com a guerra no Afeganistão, conflito que considerou desde o início como um "erro fatal" e uma "ferida hemorrágica".

Quando jovem, Gorbachev testemunhara os horrores da guerra e, numa série de cartas notáveis para Reagan, propôs, como Henry Wallace quarenta anos antes, amizade e competição pacífica.

Reagan reagiu de modo animador. Em novembro de 1985, em Genebra, os dois líderes se encontraram pela primeira vez, ligando-se num nível humano ou, até mesmo, num nível político. Ao longo de 1986, Gorbachev continuou escrevendo cartas, propondo a eliminação de todas as armas nucleares até 2000.

ACIMA: Reagan faz um pronunciamento em cadeia nacional de TV para explicar a IDE — Iniciativa de Defesa Estratégica. Apelidada de "Guerra nas Estrelas", esse plano absurdo de um escudo de defesa antimísseis se revelaria um fator impeditivo nas negociações de Reagan com o líder soviético Mikhail Gorbachev.

ABAIXO: Em 1985, Reagan e Gorbachev apertam as mãos numa sessão plenária durante a reunião de cúpula de Genebra.

Isso não mudou a intenção de Reagan. Os Estados Unidos anunciaram planos para uma nova série de testes nucleares e aumentaram o apoio para os *mujahidin* afegãos.

Em outubro de 1986, Reagan e Gorbachev se encontraram em Reykjavik, na Islândia. Os dois líderes chegariam perto de mudar a história para sempre.

Gorbachev ofereceu um conjunto impressionantemente corajoso de propostas de desarmamento. Mesmo Paul Nitze, que fizera tanto para prejudicar as relações entre os dois países, observou que a proposta soviética era "a melhor que recebemos em 25 anos". Nitze e o secretário de Estado George Shultz encorajaram Reagan a aceitar um acordo de controle de armas abrangente. Reagan dirigiu-se ao ideólogo Richard Perle, que temia que aquele acordo viesse a fortalecer a economia soviética. Perle advertiu que o acordo liquidaria com o plano de Guerra nas Estrelas de Reagan. Perle e outros assessores sabiam que a visão de Reagan da IDE era uma ideia impraticável, uma fantasia, e muito cara. Só Reagan acreditava que funcionaria.

Quando as negociações chegaram a um impasse, Gorbachev encorajou Reagan a agir com coragem.

A resposta de Reagan espantou os observadores. "Seria ótimo se eliminássemos todas as armas nucleares", ele disse. Shultz concordou: "Façamos isso." Gorbachev afirmou que estava pronto para eliminar as armas nucleares se Reagan limitasse a IDE a testes laboratoriais por dez anos. Gorbachev e os cientistas soviéticos sabiam que a IDE não conseguiria proteger os Estados Unidos de um ataque maciço soviético, mas temiam os movimentos norte-americanos para militarizar o espaço e recuaram ante a ideia de abandonar o Tratado de Mísseis Antibalísticos, uma das poucas restrições tangíveis sobre a corrida armamentista nuclear.

Shultz e até Paul Nitze tentaram fazer Reagan mudar de ideia; tragicamente, não conseguiram. Para Reagan, limitar aqueles testes ao laboratório o prejudicaria politicamente nos Estados Unidos, sobretudo em relação à sua base de direita. Eles tinham chegado a um impasse. O encontro terminou.

Reagan e Gorbachev se encontram numa reunião em Reykjavik. Pegando Reagan completamente desprevenido, Gorbachev apresentou um conjunto impressionantemente corajoso de propostas de desarmamento.

Quando iam deixando o prédio, Gorbachev tentou uma última vez. "Senhor presidente, estou disposto a voltar para dentro agora mesmo e assinar os documentos acordados se o senhor contiver os planos de militarizar o espaço." Reagan respondeu: "Sinto muito." As duas superpotências tinham chegado perto de iniciar o processo de eliminação das armas nucleares, prejudicado pela fantasia do Guerra nas Estrelas, que dificilmente ingressaria em laboratório em 1986. Gorbachev ficou furioso e responsabilizou o fracasso ao plano de Reagan de exaurir a União Soviética economicamente através da corrida armamentista. Ele explicou ao Politburo que estava lidando não só com o "inimigo de classe" — o país capitalista Estados Unidos —, mas, também, com o presidente Reagan, "que mostrou primitivismo extremo, uma mentalidade de homem das cavernas e impotência intelectual". Subsequentemente, os Estados Unidos gastariam bem mais que cem bilhões de dólares na IDE, com os custos finais projetados para superar um trilhão de dólares. Com o problema de diversas armadilhas subjugando o

Decepcionados, Reagan e Gorbachev partem de Reykjavik. Os dois líderes tinham chegado bastante perto de eliminar por completo as armas nucleares, mas a recusa de Reagan de abandonar a IDE quebrou a perspectiva de desarmamento nuclear total.

sistema, juntamente com outras questões, a criação de uma Iniciativa de Defesa Estratégica eficaz, até hoje, continua bastante incerta.

Os dois lados esperavam restabelecer conversações. No entanto, antes que pudessem acontecer, um escândalo naquele mesmo mês abalou o governo Reagan. Em outubro de 1986, um avião cargueiro foi abatido sobre a Nicarágua. O único sobrevivente admitiu que era uma operação da CIA. Audiências no Congresso revelaram um governo enfiado até o pescoço na ilegalidade, na corrupção, em erros graves e em subterfúgios, envolvendo reféns norte-americanos no Líbano, vendas de armas para o Iraque e o Irã, tentativas malsucedidas de cultivar "moderados" inexistentes em Teerã e colaboração com diversos personagens repugnantes, incluindo Manuel Noriega, no Panamá.

Além da flagrante violação da proibição do Congresso de apoio para a derrubada do governo nicaraguense, os norte-americanos também ficaram sabendo que a CIA minou os portos nicaraguenses, o que levou o senador Barry Goldwater, ícone conservador, a repreender Bill

Casey. "Estou furioso", ele escreveu. "Esse é um ato de violação da lei internacional. É um ato de guerra."

Detalhes daquela operação nebulosa e intricada consumiram muito dos últimos dois anos de Reagan. De maneira patética ele afirmou, numa entrevista coletiva, que não estava plenamente informado da política iraniana. Era evidente que Reagan tinha pouco conhecimento e controle do que seus subordinados estavam tramando. O presidente dirigiu-se ao país, afirmando: "Há alguns meses, eu disse aos americanos que não negociava armas em troca de reféns. Meu coração e as minhas melhores intenções me dizem que isso é verdade. Mas os fatos e os indícios me dizem que não é." Como desculpa, não teria funcionado para Nixon. Mas Ronald Reagan tinha aura para se defender e para escapar da prisão. Além disso, aparentemente, o *establishment* de Washington concluiu que o país não conseguiria suportar outro *impeachment* ou renúncia forçada e, portanto, permitiu que Reagan concluísse seu mandato. Ao deixar a presidência, ele era um velho perplexo.

Seus subordinados não tiveram a mesma sorte. Entre aqueles condenados por crimes incluíam-se dois conselheiros da Segurança Nacional, um dos quais tentou suicídio; além de Oliver North e o secretário de Estado adjunto Elliott Abrams, que voltaria a emergir no segundo governo Bush. O secretário de Defesa Caspar Weinberger, Abrams e diversos outros foram condenados ou acusados, mas perdoados pelo próximo presidente. O diretor da CIA iludiu seu destino, morrendo por causa de um tumor cerebral no dia seguinte do início das audiências. O vice-presidente George H. W. Bush conseguiu evitar o processo. Ele insistiu que estava "fora do circuito, sem nenhuma função operacional". No entanto, em seu diário particular, que ele nunca achou que fosse forçado a revelar, admitiu, antes de o escândalo começar a irromper: "Sou uma das poucas pessoas que conhecem todos os detalhes." Como resultado, o relatório final do conselho independente observou que a investigação criminal de Bush ficou lamentavelmente incompleta.

No meio daquele caso sórdido, Gorbachev, querendo salvar alguma coisa, veio a Washington, em dezembro de 1987, assinar o Tratado de Forças Nucleares de Alcance Intermediário, um marco importante. Foi o primeiro acordo da história para destruir toda uma classe de armas nucleares, uma em que a União Soviética tinha superioridade.

No Afeganistão, a retirada soviética começou em maio de 1988. Quando os soviéticos sondaram os norte-americanos sobre uma colaboração para reprimir o extremismo islâmico, os Estados Unidos, tendo alcançado seus objetivos, lavaram as mãos em relação aos problemas que ajudaram a criar. Cerca de vinte mil árabes afluíram ao Paquistão para se unir à *jihad* contra os infiéis soviéticos, entre eles, um jovem saudita, rico herdeiro do setor de construção civil capaz de sustentar um exército de voluntários: Osama Bin Laden. Milhares de outros afluíram para as madrassas paquistanesas, onde eram doutrinados no islamismo radical e recrutados para a *jihad*, muitas vezes com livros desenvolvidos na Universidade de Nebraska, no Centro de Estudos do Afeganistão, em Omaha, com financiamento da Usaid — Agência dos Estados Unidos para o Desenvolvimento Internacional — e distribuição pela CIA. Na década de 1980, os sauditas gastaram 75 bilhões de dólares para difundir o extremismo wahhabista.

Um milhão de afegãos perderam a vida na guerra. Cinco milhões — um terço da população — fugiram para o Paquistão e Irã. No final dos anos 1980, os islamistas ligados ao serviço de inteligência paquistanesa tomaram o controle do Afeganistão. Cheryl Benard, especialista da Rand Corporation, cujo marido, Zalmay Khalilzad, atuou como embaixador norte-americano no Afeganistão, afirmou: "Fizemos uma escolha deliberada de lançar os piores malucos contra os soviéticos. Sabíamos exatamente quem eram essas pessoas e como eram suas organizações. Mas não nos importamos. O motivo pelo qual não temos líderes moderados no Afeganistão, hoje, é porque deixamos os loucos matarem todos." Entre as vítimas desses fanáticos armados e treinados pelos norte-americanos incluíam-se as mulheres afegãs, que foram empurradas de volta para a Idade das Trevas. Bill Casey, advertido diversas vezes de que o fanatismo que ele estava desatrelando ameaçaria os interesses norte-americanos, afirmou que a parceria entre o cristianismo e o islamismo persistiria, e, na primavera de 1985, até apoiou os *mujahidin* em invasões ao território da União Soviética, na esperança de incitar a revolta dos muçulmanos soviéticos.

Embora Reagan tenha deixado a presidência em quase desgraça, os conservadores o sagraram como um dos grandes presidentes do país, creditando-lhe a restauração da fé norte-americana em si após as presidências fracassadas de Johnson, Nixon, Ford e Carter.

No entanto, qual é o verdadeiro legado de Reagan? Outrora um democrata partidário de Roosevelt, ele desenvolveu um desprezo lendário pelo governo forte. No entanto, investiu imensa quantidade de dinheiro nas forças armadas e, ao mesmo tempo, cortou programas sociais para os pobres. Reduziu os impostos dos ricos, dobrou tanto o orçamento militar como a dívida nacional, e, numa mudança revolucionária, transformou os Estados Unidos de maior credor mundial, em 1981, em maior devedor mundial, em 1985.

Reagan desregulamentou diversos setores da economia, erodiu as normas ambientais, arrancou de propósito as placas solares que Jimmy Carter colocara no telhado da Casa Branca, enfraqueceu a classe média, opôs-se aos sindicatos, incrementou as divisões raciais, aumentou a diferença entre ricos e pobres e estimulou empresas a exportar os empregos industriais. Desregulamentou instituições de poupanças e empréstimos, levando ao primeiro resgate financeiro pelo governo de bancos "muito grandes para quebrar". Em 1995, isso custaria 87 bilhões de dólares aos pagadores de impostos.

Sob o pretexto da privatização e com o apoio da exaltação de Reagan em favor das forças do mercado, Wall Street entrou numa enorme farra de pilhagem do tipo "a ganância é uma coisa boa", o que resultou, em outubro de 1987, no pior colapso da Bolsa de Valores desde a Grande Depressão.

Num presente de despedida para os futuros conservadores, em 1987, a FCC — *Federal Communications Commission* [comissão federal de comunicações], com a ajuda de Reagan, revogou a *Fairness Doctrine* [princípio da imparcialidade], que exigira que as emissoras de rádio e TV, desde a década de 1940, oferecessem cobertura adequada e imparcial para pontos de vista antagônicos sobre questões de importância pública. Como resultado, o programa de rádio de Rush Limbaugh, comentarista político de direita, e outros programas similares ganharam a cena, encontrando uma imensa audiência.

Além disso, em 1996, o afrouxamento gradual das limitações sobre a quantidade de estações que uma empresa podia possuir permitiu o crescimento de impérios midiáticos de direita. A partir daí, surgiram diversos *think tanks* conservadores, entrelaçados e bastante capitalizados, que ajudaram a moldar uma nova identidade de grupo em Washington.

Enfatizando medos, ressentimentos e aversão ao governo, no final dos anos 1990, o Clear Channel, a Fox News, de Rupert Murdoch, a Talk Radio Network, a Salem Radio, a USA Radio Network e a Radio America e, também, uma proliferação de redes de TV a cabo criaram um movimento que reduziria muito o nível do discurso político norte-americano e condenaria as perspectivas de uma mudança progressista.

A Hoover Institution, da Universidade Stanford, meca conservadora respeitada, descreveu Reagan como um homem cujo "espírito parece andar a passos largos sobre o país, observando-nos como uma alma cordial e amigável". Mesmo presidentes democratas como Clinton e Obama, quer agradando indevidamente forças conservadoras, quer sofrendo de amnésia histórica, submeter-se-iam à pressão de exibir sua religiosidade, enaltecer as virtudes do livre mercado capitalista, perpetuar o mito da classe média universal e apregoar a noção da excepcionalidade norte-americana. Eles alimentariam o apetite insaciável do complexo militar-industrial, expandiriam a busca por inimigos ameaçadores nos Estados Unidos e no exterior, e moveriam céu e terras para manter o império resultante.

Mesmo na Nicarágua, ainda que de forma renhida, Reagan venceu a longa guerra, arruinando a economia daquele país e exaurindo a população local, que logo perderia a fé na capacidade dos sandinistas de trazerem progresso ao país. Em 1990, o candidato religioso e pró-Washington, ajudado pelo dinheiro norte-americano e também por seu embargo, triunfou numa eleição democrática, permitida pelos, supostamente, comunistas sandinistas que se retiraram pacificamente.

Quanto ao papel muito alardeado de Reagan em vencer a Guerra Fria, a maior parte do crédito vai para Mikhail Gorbachev; um verdadeiro visionário e, no fim das contas, o real democrata. Se Reagan tivesse se envolvido na parceria sincera oferecida por Gorbachev, como Roosevelt fizera com Stálin na Segunda Guerra Mundial, o mundo teria sido transformado.

No entanto, Ronald Reagan, no mínimo, deixou a chance de livrar o mundo das armas nucleares escapar através de seus dedos, pois não quis desistir da fantasia espacial.

Ao avaliar a iniciativa extraordinária de Gorbachev, um importante especialista soviético dos Estados Unidos advertiu seus colegas norte-americanos: "Faremos a coisa mais terrível para vocês: vamos deixá-los sem um inimigo."

Infelizmente, ele estava errado.

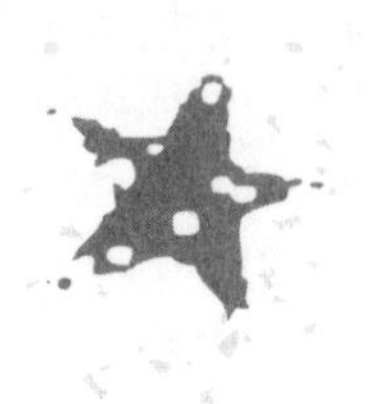

CAPÍTULO 11

NO FINAL DA DÉCADA DE 1980, num momento glorioso, o mundo era um lugar promissor, até mesmo jubiloso. Guerras sangrentas e prolongadas estavam chegando ao fim no Afeganistão, em Angola, no Camboja, na Nicarágua e entre o Irã e o Iraque. Yasser Arafat, líder da OLP, sob a pressão de Moscou, renunciou ao terrorismo e reconheceu implicitamente o direito de existência de Israel.

Em dezembro de 1988, discursando nas Nações Unidas, Mikhail Gorbachev fez outra proposta radical para mudar o curso da história. Unilateralmente, declarou que a Guerra Fria havia terminado: "O uso ou a ameaça do uso de força não pode mais ser um instrumento de política externa. Isso se aplica, sobretudo, a armas nucleares. Quero me concentrar no assunto principal — o desarmamento —, sem o qual nenhum dos problemas do século vindouro poderá ser solucionado. A União Soviética tomou a decisão de reduzir suas forças armadas em quinhentos mil homens. Decidimos retirar, em 1991, seis divisões de tanques da Alemanha Oriental, da Tchecoslováquia e da Hungria e extingui-las. As forças soviéticas baseadas nesses países serão reduzidas em cinquenta mil homens e seus armamentos, em cinco mil tanques. Todas as divisões soviéticas restantes se tornarão claramente defensivas."

Gorbachev prometeu revelar os planos soviéticos da "transição de uma economia de armamentos para uma economia de desarmamento" e apelou que outras potências militares fizessem o mesmo através das Nações Unidas. Ele propôs uma redução de 50% das armas estratégicas ofensivas, pediu ação conjunta para eliminar "a ameaça ao meio ambiente mundial", recomendou a proibição de armas no espaço exterior e exigiu o fim da exploração do Terceiro Mundo, incluindo uma "moratória de até cem anos do serviço da dívida para os países menos desenvolvidos".

Mas Gorbachev não terminara. Ele recomendou um cessar-fogo no Afeganistão, intermediado pelas Nações Unidas, a partir de 1º de janeiro. Em nove anos de guerra, os soviéticos não conseguiram derrotar os insurgentes afegãos, apesar de ter mobilizado cem mil soldados, ter trabalhado de perto com os afegãos locais e desenvolvido o Exército e a polícia afegãos. Gorbachev propôs uma conferência internacional sobre a neutralidade e desmilitarização do Afeganistão e fez um gesto de boa vontade com o governo entrante de George H. W. Bush, oferecendo uma "iniciativa conjunta para pôr fim a uma era de guerras, confrontos e conflitos regionais, de agressões contra a natureza, do terror, da fome e da pobreza, e do terrorismo político. É o nosso objetivo comum e só podemos alcançá-lo juntos".

O *The New York Times* proclamou que, desde a Carta do Atlântico de Roosevelt e Churchill, nenhum líder mundial demonstrara uma visão como a de Gorbachev: "De tirar o fôlego. Arriscada. Corajosa. Simples. Heroica. Suas ideias merecem — de fato, obrigam — a resposta mais séria do presidente eleito Bush e de outros líderes." Para o *The Washington Post*, foi "um dos discursos mais notáveis da história das Nações Unidas".

George H. W. Bush ainda não havia se mudado para a Casa Branca após derrotar Michael Dukakis, governador de Massachusetts, na eleição de 1988. Tirando uma vantagem de 17 pontos em favor de Dukakis, no início da campanha, Bush se esforçara para superar o assim chamado fator maricas.

Era estranho que o beneficiário da condecoração militar *Distinguished Flying Cross*, que participara de 58 missões de combate como piloto da marinha na Segunda Guerra Mundial e fora derrubado no Pacífico, fosse ridicularizado, sendo chamado de "Maricas". "Protestante conservador." "Banana". "Primeiro marido de toda mulher." "Conformista insípido."

Reagan e Bush se encontram com Gorbachev na Governors Island, na visita de Gorbachev a Nova Iorque para o discurso na ONU. Gorbachev buscou a ajuda de ambos no tocante ao controle de armas e da retirada de tropas, mas os conselheiros de Bush permaneceram céticos e a CIA, devastada por "reformistas" de direita, interpretou de maneira completamente errada as mudanças que ocorriam na União Soviética.

No entanto, por causa de sua voz fanhosa, criação superprotegida, educação em Yale e passado associado ao dinheiro do petróleo, parecia ser o candidato supremo do *establishment*.

A maioria dos seus cargos políticos tinham sido nomeações: embaixador nas Nações Unidas e na China e diretor da CIA. Mas nada do carisma de Ronald Reagan fora transmitido a Bush. Reagan não o quis como candidato.

Procurando melhorar suas chances, Bush seguiu o conselho de, entre outros, seu irmão mais velho, George W., adotando uma estratégia mais agressiva contra o reservado e impassível Dukakis, que tinha raízes gregas e não quis contra-atacar.

Bush questionou o patriotismo de Dukakis e usou abertamente a cartada racial num anúncio de campanha envolvendo um criminoso negro. Como Nixon, Bush apelou para o racismo e medo dos eleitores.

A estratégia mudou as coisas e Bush tomou posse em janeiro de 1989, o que colocou o destino da maior parte da humanidade nas mãos de dois homens que tinham testemunhado pessoalmente a devastação da guerra: Bush como um vencedor; Gorbachev como jovem testemunha da destruição brutal da URSS pela Alemanha.

Na década de 1990, com os Estados Unidos buscando um novo papel num mundo em rápida mudança, os meios de comunicação de massa começaram a elevar a geração da Segunda Guerra Mundial a dimensões especialmente heroicas. Em 1994, no 50º aniversário do Dia D, a "Maior Geração" foi consagrada. Passou a ser um conceito nostálgico e as vendas de livros, filmes e programas de TV dispararam. O Dia D tornou-se a batalha culminante da Segunda Guerra Mundial. Até Pearl Harbor, em glorioso tecnicolor, converteu-se numa vitória.

De modo conveniente, a mídia ignorou ou desconsiderou o fato de que norte-americanos influentes, contrários ao *New Deal* de Roosevelt, tinham ajudado e apoiado o Terceiro Reich após a verdadeira natureza do regime sanguinário e antissemita de Hitler se tornar conhecida. O motivo, quer ódio ao comunismo, simpatias pelo fascismo ou simplesmente cobiça, era raras vezes discutido abertamente.

Entre esses homens, incluía-se Prescott Bush, pai do presidente Bush. Fritz Thyssen, magnata do carvão e do aço alemão, fora um dos primeiros financiadores de Hitler, e grande parte de sua riqueza estava protegida no exterior pela empresa de investimentos Brothers Harriman, através da *holding* Union Banking Corporation, numa conta administrada por Prescott Bush.

Em 1942, o governo norte-americano confiscou a Union Banking Corporation, juntamente com outras quatro contas ligadas a Thyssen administradas por Bush. Depois da guerra, as ações foram devolvidas para os acionistas norte-americanos, incluindo Bush, que não estava sozinho em seus negócios com os nazistas. Ford, GM, Standard Oil, Alcoa, ITT, General Electric, Du Pont, Eastman Kodak, Westinghouse, Pratt & Whitney, Douglass Aircraft, United Fruit, Singer e International Harvester continuaram a negociar com a Alemanha até 1941 e diversas das suas subsidiárias levaram adiante operações durante a guerra, das quais as empresas, posteriormente, colheriam os lucros.

Portanto, em janeiro de 1989, quase cinquenta anos depois do começo da Segunda Guerra Mundial, o passado mais uma vez ecoava o presente. George, o filho de Prescott Bush, como John Kennedy, repudiaria o passado sombrio do pai e se associaria com o comunista Gorbachev para mudar o mundo?

Talvez Bush tenha refletido sobre suas opções, mas ele não era um pensador profundo nem destemido. Diversas vezes desprezara uma visão política de longo prazo, desconfiando do pensamento individualista. Como Harry Truman após a Segunda Guerra Mundial, cercou-se de conservadores que odiavam comunistas.

Entre eles incluía-se Dick Cheney, anticomunista ferrenho e seu secretário da Defesa, e Robert Gates, vice-conselheiro da Segurança Nacional. Eles concordaram que estender a mão para Gorbachev enfraqueceria o poder do Ocidente.

Enquanto Gorbachev pedia a eliminação das armas nucleares táticas na Europa, uma oferta que a maioria dos europeus aplaudiu, os Estados Unidos propuseram que a União Soviética retirasse 325 mil soldados, em troca de um corte norte-americano de apenas trinta mil.

Bush desconsiderou buscar um progresso real com a União Soviética, mas quando centenas de manifestantes pró-democracia foram mortos em Pequim, na Praça da Paz Celestial, pelo Exército de Libertação Popular, ele acalmou os líderes chineses, condenando a atitude publicamente e banindo laços militares; mas, nos bastidores, deixou claro que aquilo não prejudicaria as relações entre China e Estados Unidos.

Gorbachev perseguia a reforma do sistema soviético, rejeitando a visão consagrada de que o controle da Europa Oriental era necessário para a segurança soviética. Em 1989 e 1990, em poucos meses extraordinários, todos os governos comunistas da Europa Oriental e Central caíram, um por um, enquanto o mundo assistia com espanto. Possivelmente, foi a revolução popular mais pacífica já realizada na história registrada: Polônia, Estônia, Lituânia, Letônia, Hungria, Tchecoslováquia, Alemanha Oriental e Romênia mudaram seus governos sem medo.

Em 9 de novembro de 1989, pessoas comemoram no alto do Muro de Berlim. Gorbachev considerou o colapso do comunismo soviético como um novo começo, mas diversos estrategistas políticos norte-americanos o saudaram como a vingança final.

Em 9 de novembro de 1989, os berlinenses orientais e ocidentais, em conjunto, derrubaram o Muro de Berlim, profanando o símbolo mais vilipendiado da Guerra Fria. Foi um grande momento, indício de um novo começo. No entanto, muitos norte-americanos saudaram aquelas ações como a vingança final do Ocidente capitalista após décadas de Guerra Fria. Francis Fukuyama, planejador de políticas do Departamento de Estado, criou uma reputação para si mesmo declarando que "era o fim da história", proclamando a democracia liberal ocidental como a forma final de governo humano.

Em Ialta, no início de 1945, nas vésperas da rendição alemã, Roosevelt, Stálin e Churchill percorreram um longo caminho para dividir a Europa e a Ásia em esferas de influência ocidental e soviética. Basicamente, essa estrutura perdurou por 45 anos ao longo das guerras por procuração, das conflagrações quase nucleares, da intensa propaganda e das atividades de espionagem.

Naquele momento, aquilo tudo estava mudando, e rapidamente. Gorbachev esperava que uma nova confiança pudesse conduzir à dissolução da OTAN e do Pacto de Varsóvia. E, surpreendentemente, estava disposto a permitir a unificação da Alemanha Oriental e da Alemanha Ocidental, com base no entendimento de que a OTAN não se expandiria para o leste. Bush o levou a acreditar nisso, mas deixaria o poder em 1993.

E Gorbachev pagaria o preço por confiar nos Estados Unidos, pois os governos de Clinton e de Bush filho expandiram a OTAN quase até a fronteira russa.

Os russos se sentiram completamente traídos e, embora os funcionários norte-americanos insistissem ao longo dos anos na inexistência de qualquer promessa, documentos recém-liberados do embaixador norte-americano na União Soviética na época e documentos britânicos e alemães ocidentais previamente secretos confirmam as declarações russas sobre a existência de um compromisso claro.

Também estava ficando claro, para alguns, que os Estados Unidos não estavam mudando suas cores para celebrar aquela nova atmosfera de paz. Pouco mais de um mês após a queda do Muro de Berlim, em dezembro de 1989, com palavras de louvor em favor da contenção de Gorbachev na Europa Oriental ainda frescas, Bush lançou uma invasão ao Panamá.

Manuel Noriega, ditador panamenho, fora durante muito tempo um dos meninos de recados dos Estados Unidos na América Central. Na folha de pagamento da CIA desde a década de 1960, corrupto e inescrupuloso, Noriega lucrava ajudando o cartel de drogas de Medellín, na Colômbia. Na Nicarágua, sua ajuda aos contras garantiu-lhe a proteção de altos funcionários de Reagan, incluindo Casey e Oliver North.

No entanto, uma acusação judicial norte-americana de 1988 contra Noriega de narcotráfico e seu comportamento na eleição presidencial de 1989 no Panamá convenceram Bush de que ele era mais ônus do que bônus. Assim, Bush agiu. A "Operação Causa Justa", como o presidente norte-americano a denominou, envolveu o envio de quinze mil militares para ajudar os doze mil já presentes no país, que destruíram o bairro pobre de El Chorillo, na Cidade do Panamá, que abrigava o quartel-general do exército panamenho, matando centenas de civis.

Agentes da DEA — *Drug Enforcement Administration* —, órgão norte-americano de controle e combate das drogas, escoltam o general Manuel Noriega no interior de um avião norte-americano.

Justificou-se a ação como parte da "guerra contra as drogas" declarada por Nixon, em 1971, que, naquele momento, vinha sofrendo mudanças, para combater a produção na origem, o que significava, entre outras coisas, mirar países estrangeiros, se necessário fosse, em termos de ação militar. Noriega foi enviado para a prisão nos Estados Unidos por tráfico de drogas.

Para boa parte do mundo, a invasão foi chocante e ilegal, mas para a maioria dos norte-americanos, doutrinados com a ideia da guerra às drogas, isso era rotina no quintal dos Estados Unidos.

O Congresso não cumpriu a obrigação de contestar a flagrante violação da *War Powers Act* [lei de guerra], de 1973. A nova mensagem era clara.

Colin Powell, presidente do Estado-Maior Conjunto declarou: "Temos de pôr uma placa do lado de fora da nossa porta dizendo 'O superpoder mora aqui', independentemente do que os soviéticos façam." Os linhas-duras soviéticos, preocupados com as reformas de

Gorbachev, entenderam que suas concessões não refreariam a belicosidade ou o comportamento predatório norte-americano. De fato, elas talvez incentivassem os norte-americanos a agir de forma mais temerária. Eles agiram. Quatorze meses depois, Bush mostrou mais uma vez como podia ser durão. Daquela vez, no Oriente Médio.

O governo Reagan tentara granjear a amizade de Saddam Hussein durante a guerra Irã-Iraque, fazendo vista grossa para seu uso frequente de armas químicas, às vezes contra seu próprio povo, executado em parte a partir de produtos químicos fornecidos pelos Estados Unidos. Quando as tensões cresceram entre o Iraque e o Kuwait, país rico em petróleo, April Glaspie, embaixadora norte-americana, assegurou pessoalmente a Saddam que Bush "queria relações melhores e mais intensas" e "não tinha opinião" formada da disputa fronteiriça entre os dois países.

Hussein considerou aquilo uma permissão de Bush e, na semana seguinte, usando 250 mil soldados e 1,5 mil tanques, ocupou o Kuwait enfrentando pouca resistência. Numa declaração ao *The New York Times*, Glaspie confirmou que orientara Hussein e afirmou: "Eu não achava — e ninguém achava — que os iraquianos invadiriam o Kuwait."

Há muito tempo desejando uma presença militar mais forte no Oriente Médio, o secretário da Defesa Cheney, o general Powell e o general Norman Schwarzkopf foram à Arábia Saudita para se reunir com o rei Fahd, para convencê-lo a aceitar uma maior força militar norte-americana como proteção.

Quando mostraram ao rei as fotos das tropas e dos tanques iraquianos na fronteira saudita e, até mesmo, do outro lado dela, o rei, perturbado, reagiu e pediu ajuda. No entanto, as fotos norte-americanas foram adulteradas para mostrar forças iraquianas fazendo fortificações e cavando trincheiras perto da fronteira. Não há indícios de que Hussein tenha pretendido alguma vez invadir a Arábia Saudita.

A fraude foi exposta quando um jornal japonês obteve fotos tiradas por um satélite soviético que não mostravam nenhuma atividade militar perto da fronteira saudita. A *Newsweek* chamou isso de "O caso da presença militar 'ausente'".

O secretário da Defesa Dick Cheney se encontra com o príncipe herdeiro saudita e seu ministro da Defesa. Após April Glaspie, embaixadora norte-americana, reunir-se com Saddam Hussein, em Bagdá, em 25 de julho de 1990, assegurando-lhe que Bush "queria relações melhores e mais intensas" e "não tinha opinião" formada da disputa fronteiriça com o Kuwait, Cheney e os generais Colin Powell e Norman Schwarzkopf viajaram para se encontrar com os sauditas. Fotos adulteradas de uma suposta concentração de tropas iraquianas na fronteira com a Arábia Saudita foram mostradas ao rei Fahd. Depois de convencer o rei a permitir uma maior presença militar norte-americana em território saudita, os Estados Unidos conquistaram sua base há muito tempo buscada na região.

No entanto, a pressão cresceu rapidamente. Se Hussein ocupasse a Arábia Saudita, teria o controle de pelo menos um quinto da oferta mundial de petróleo. A imprensa israelense encabeçou a pressão, denunciando, nas palavras do editorial de um jornal, "a impotência e a fraqueza de Bush, que se assemelha à de Chamberlain em sua conhecida capitulação a Hitler".

O sempre adaptável Bush se excitou com essa desgastada analogia, comparando repetidas vezes Saddam com Hitler. Preocupado com o fato de que a Arábia Saudita pudesse propor uma solução alternativa para a crise, ele logo anunciou que tropas norte-americanas estavam sendo enviadas para o Golfo Pérsico. Enquanto isso, funcionários do Kuwait contrataram a Hill & Knowlton, maior firma de relações públicas do mundo, para coordenar a maior iniciativa financiada por capital estrangeiro já empreendida para manipular a opinião pública norte-americana.

Em outubro de 1990, numa convenção política organizada pela Hill & Knowlton, uma garota kuwaitiana de 15 anos declarou que trabalhava como voluntária numa maternidade do Kuwait quando soldados iraquianos entraram de repente. Ela disse com os olhos marejados: "Eles tiraram os bebês das incubadoras. Levaram as incubadoras e deixaram as crianças morrerem no chão frio."

Foi um desempenho magistral. Bush citava a história repetidas vezes para defender a ideia da guerra. Ele afirmou: "Embrulha o estômago escutar as histórias daqueles que escaparam da brutalidade de Saddam, o invasor. Enforcamentos em massa, bebês arrancados de incubadoras e espalhados como lenha pelo chão."

Posteriormente, descobriu-se que a jovem testemunha jamais estivera na maternidade e que era filha do embaixador do Kuwait nos Estados Unidos e membro da família real. No momento em que a fraude foi revelada, o bombardeio de Bagdá pelos Estados Unidos já tinha começado.

Não obstante, a sociedade norte-americana ficou dividida. Os líderes da Arábia Saudita e, sobretudo, do repugnante regime antissemita do Kuwait eram déspotas cruéis, nada enamorados da democracia para seu próprio povo. Nem eram interesses norte-americanos cruciais em risco, pois o petróleo do Iraque e do Kuwait, juntos, constituíam menos de 10% das importações norte-americanas.

No final de novembro, Cheney advertiu que o Iraque poderia obter um artefato nuclear em um ano e o utilizaria, provavelmente. Era uma carta que Cheney tornaria a jogar nos anos vindouros. Brent Scowcroft, conselheiro da Segurança Nacional, adicionou uma ameaça terrorista como um extra.

Atormentado com as críticas por sua invasão ilegal do Panamá, Bush tomou providências em relação ao Congresso e, embora os manifestantes antiguerra tomassem as ruas, o Congresso, por margem estreita, aprovou a resolução em janeiro de 1991. Naquele momento, mais de 560 mil soldados norte-americanos estavam na região. O total alcançaria setecentos mil soldados.

Schwarzkopf afirmou que os Estados Unidos estavam encarando uma força terrestre iraquiana com um milhão de homens, com tanques soviéticos de alta qualidade e que estava disposta a utilizar armas químicas.

A Operação Tempestade no Deserto, que teve início em 17 de janeiro de 1991 ao enviar abertamente tropas de combate em grande quantidade para um país do Oriente Médio, marcou o início de uma nova era na geopolítica norte-americana. E levaria o país mais fundo a uma situação em que jamais estivera antes.

Durante cinco semanas, por meio de armas novas, impressionantes, amigáveis ao televisionamento e de alta tecnologia, incluindo mísseis de cruzeiro e mísseis Tomahawk, os ataques norte-americanos pulverizaram a infraestrutura de comunicações, militar e industrial iraquiana. Na TV, a população norte-americana nunca vira poder de fogo como aquele. Ali estava o início da era do videogame — foi estonteante ver o Iraque ser reduzido, de acordo com as Nações Unidas, a uma idade pré-industrial quase apocalíptica. A invasão terrestre durou cem horas, com as tropas norte-americanas e sauditas expulsando do Kuwait tropas iraquianas desmoralizadas e deficientemente treinadas. As forças norte-americanas mataram soldados iraquianos em fuga no que ficou conhecida como a "estrada da morte". Uma nova categoria de armas feita de urânio empobrecido tinha nascido. Sua radioatividade e toxicidade química produziriam cânceres e defeitos de nascença. As vítimas incluiriam soldados norte-americanos que sofreram misteriosamente durante anos do que ficou conhecido como síndrome da Guerra do Golfo.

Uma parte suficiente da Guarda Republicana escapou, assegurando que Saddam se manteria no poder. Bush e seus assessores decidiram não avançar até Bagdá para derrubar o regime, pois esse movimento reforçaria o Irã, inimigo do Iraque, e poderia antagonizar os aliados árabes dos Estados Unidos.

À DIREITA: Protestos antiguerra ocuparam as ruas em janeiro de 1991.

ABAIXO (DA ESQUERDA PARA A DIREITA): General Colin Powell, General Norman Schwarzkopf e Paul Wolfowitz escutam Dick Cheney (não retratado), numa entrevista coletiva durante a operação Tempestade no Deserto. O uso pelos Estados Unidos de uma gigantesca força de setecentos mil combatentes durante a guerra foi justificado pelas estimativas maciças de tropas iraquianas feitas por Powell, Cheney e Schwarzkopf, que previram quinhentos mil homens, um milhão e um milhão, respectivamente.

A operação Tempestade no Deserto começou em 17 de janeiro de 1991. Os Estados Unidos atacaram as instalações iraquianas durante cinco semanas com suas novas armas de alta tecnologia. Após destruir a infraestrutura militar e de comunicações iraquiana, as forças norte-americanas e sauditas atacaram tropas iraquianas exaustas, desmoralizadas e em inferioridade numérica no Kuwait, que impuseram pouca ou nenhuma resistência. As forças norte-americanas mataram os iraquianos em fuga no que ficou conhecida como à "estrada da morte".

No entanto, os funcionários norte-americanos incitaram os iraquianos a se rebelar e derrubar Hussein por si mesmos. Quando os curdos e os xiitas iraquianos responderam maciçamente ao apelo, os Estados Unidos não fizeram nada para ajudar, enquanto o governo iraquiano esmagava os levantes por meio de gás venenoso e helicópteros equipados com metralhadoras. Apesar da carnificina, Bush exultou: "Os fantasmas do Vietnã foram enterrados sob as areias do deserto árabe." Ele chamou isso de a Nova Ordem Mundial.

No entanto, entre aqueles que não se deixaram iludir por aquilo que ele considerou como uma "erupção de triunfalismo" estava George Will, colunista do *The Washington Post* e conservador notoriamente rabugento, que escreveu: "Se essa guerra, em que os Estados

Unidos e uma coalização em grande medida arrendada esmagaram um país com o PIB de Kentuchy, fez a América se sentir 'bem sobre si mesma', então, a América não deve se sentir bem sobre si mesma."

Mais de duzentos mil iraquianos morreram na guerra e em sua sequência imediata, cerca de metade deles civis. O número de mortos norte-americanos foi de menos de duzentos.

"Por Deus, nós nos livramos da síndrome do Vietnã de uma vez por todas!", Bush exultou. No entanto, em particular, em seu diário, ele foi mais cauteloso, admitindo que não estava com "nenhuma sensação de euforia... nenhuma rendição no encouraçado *Missouri* para tornar isso parecido com a Segunda Guerra Mundial, para separar o Kuwait da Coreia e do Vietnã". Algo estava claramente ausente. Os lauréis da vitória e de uma paz de verdade seriam desperdiçados, não nas areias do Kuwait, mas na falta de visão de Bush de não conseguir um aliado de verdade na União Soviética. Apenas poucas semanas após assinar o Tratado START I, quando preparava uma ação para dar maior autonomia às repúblicas soviéticas, Gorbachev foi colocado sob prisão domiciliar pelos linhas-duras comunistas, em agosto de 1991.

Bóris Yéltsin, presidente da República Russa, liderou um levante popular que recolocou Gorbachev no poder, mas o tempo estava acabando. Para o povo, foram muitas mudanças e muito rápidas, sem ordem suficiente.

Condenado e rejeitado, no dia de Natal de 1991, Gorbachev, um dos líderes mais visionários e transformadores do século XX, renunciou, rejeitado pelos russos que não tinham ideia do que estava reservado para eles.

Nem George Bush. Seu índice de aprovação de 91% no final da Guerra do Golfo Pérsico cegou as principais lideranças democratas em relação à vulnerabilidade eleitoral de Bush, abrindo caminho para Bill Clinton, o pouco conhecido governador de Arkansas, concorrer como um "novo tipo de democrata".

Homem encantador e compassivo, que desejava ser tudo o que as pessoas queriam, Clinton desafiou as desvantagens e derrotou George Bush. Sua vitória foi auxiliada por Ross Perot, empresário conservador e candidato independente, que atraiu 19% dos votos.

Bush e Gorbachev assinam o Tratado START I, no Krêmlin, em Moscou. O tratado limitava o arsenal dos dois países a seis mil ogivas nucleares estratégicas e 1,6 mil sistemas de lançamento. Gorbachev também pressionou pela eliminação das armas nucleares táticas; proposição endossada por um estudo solicitado por Colin Powell, presidente do Estado-Maior Conjunto. No entanto, a proposição foi rejeitada pelo Pentágono. Apesar dos reveses, os dois países fizeram cortes unilaterais significativos em seus arsenais nucleares, que reduziram, mas não eliminaram, o perigo do holocausto nuclear.

Pareceu um momento excelente. Os Estados Unidos tinham culpado a reviravolta social e política na União Soviética pelos 46 anos anteriores. Naquele momento, com um democrata na Casa Branca, como os Estados Unidos poderiam justificar o orçamento militar inflado que durante décadas desviara recursos, como na União Soviética, do desenvolvimento necessário? Existiriam, finalmente, os celebrados dividendos da paz?

A euforia em relação a Clinton teve vida curta. Os republicanos golpearam Clinton desde o início, bloqueando seus planos de admissão de gays nas forças armadas e também questionando sua fuga do serviço militar durante a Guerra do Vietnã. De modo ainda mais prejudicial, os republicanos e seus aliados empresariais travaram uma guerra de propagandas para assustar e confundir o público e derrotar o ambicioso plano de saúde pública de Clinton que teria dado cobertura a dezenas de milhões de cidadãos sem seguro-saúde. Richard Armey, futuro líder do Tea Party, presidente da *House Republican Conference*, chamou aquilo de "a batalha da resistência contra o liberalismo do governo forte".

Entre os países industrializados avançados, apenas os Estados Unidos careciam de um sistema nacional de saúde pública. Com a mídia conservadora trombeteando essa vitória republicana e exagerando sua importância, um "renascimento" republicano ganhou ímpeto. Nas eleições de meio de mandato de 1994, os republicanos ganharam o controle das duas casas do Congresso pela primeira vez em quarenta anos. Surpreendentemente, no momento em que não havia nenhuma crise internacional, os dois partidos se inclinaram ainda mais para a direita.

Clinton, sem muito mais tempo de mandato e vulnerável, extinguiu o programa *Aid to Families with Dependent Children* [ajuda às famílias com filhos dependentes], que ajudava famílias pobres desde a Grande Depressão. Ele apoiou a guerra contra as drogas e a legislação de endurecimento contra crimes. A população carcerária norte-americana teve um crescimento explosivo, passando de meio milhão de presos em 1980 para dois milhões em 2000, muitos do quais eram condenados por crimes sem vítimas associados a drogas.

Enquanto isso, a Rússia pós-soviética se movia drasticamente para a direita. Yéltsin pediu a ajuda de Jeffrey Sachs, economista de Harvard, e de outros especialistas, como Lawrence Summers, subsecretário do Tesouro, para a privatização da economia. Junto com eles, chegaram o G7, o Fundo Monetário Internacional e o Banco Mundial, defendendo uma forma de "terapia de choque" econômica, ainda desconhecida dos russos.

O flerte com o capitalismo livre e selvagem provou-se surreal e desastroso. Yéltsin desregulamentou a economia rapidamente, privatizou empresas e recursos estatais, eliminou o controle de preços e os subsídios desesperadamente necessários e estabeleceu monopólios privados.

Os russos denominaram esse processo de a "grande pilhagem", pois as fábricas e os recursos do país foram vendidos por uma ninharia para investidores privados oportunistas, incluindo ex-funcionários comunistas que viraram multimilionários de um dia para o outro.

Enquanto uma geração mais jovem e mais endinheirada celebrava suas novas liberdades, as poupanças da maioria dos russos se evaporavam por causa da hiperinflação e dezenas de milhões de pessoas perderam seus empregos. A expectativa de vida dos homens caiu de 67 para 57 anos, e das mulheres, de 76 para 70. A economia russa se contraiu para o tamanho da economia holandesa.

A ajuda ocidental e o alívio da dívida que Sachs prometera nunca se materializaram. Mais tarde, Sachs culpou Cheney e Paul Wolfowitz pela busca do "domínio militar norte-americano de longo prazo sobre a Rússia". Gorbachev, em sua recente autobiografia *Alone with Myself*, afirmou que Yéltsin era preferido pelo círculo íntimo de Bush e, no final das contas, pelo próprio Bush, pois "seus objetivos — desmembrar e liquidar a URSS — correspondiam aos objetivos da liderança norte-americana". A ideia era que uma "Rússia enfraquecida sob Yéltsin estava mais de acordo com os interesses norte-americanos do que a perspectiva de uma URSS renovada, pela qual Gorbachev vinha lutando".

O antiamericanismo voltou a ficar na moda. Os russos se enfureceram quando Clinton forçou o envolvimento norte-americano na região do Mar Cáspio, rica em petróleo, e expandiu a OTAN, incluindo Hungria, Polônia e República Tcheca. George Kennan, arquiteto da Guerra Fria, aos 92 anos, considerou isso "um erro estratégico histórico imenso".

Muitos russos começaram a acreditar que os Estados Unidos estavam impondo "uma Cortina de Ferro invertida" nas fronteiras russas. Embora Clinton se declarasse amigo de Yéltsin, as pesquisas indicavam que 77% dos russos preferiam a ordem, contra 9% que escolheram aquela forma de "democracia", com muitos desejando os "velhos e bons tempos" de Stálin.

Percebendo o cada vez mais impopular Yéltsin como um bêbado, os russos lamentaram o fechamento ilegal do parlamento eleito. Ele suspendeu a constituição e governou por decreto pelo resto da década de 1990.

Com índices de aprovação de um dígito, Yéltsin renunciou na véspera do novo século e foi substituído por Vladimir Putin, ex-agente da

O presidente Clinton e o líder russo Bóris Yéltsin dão risada durante uma entrevista coletiva na casa de Franklin Roosevelt, em Hyde Park, Nova Iorque, em outubro de 1995. Embora Clinton exaltasse Yéltsin como o arquiteto da democracia, os russos lamentaram o fechamento ilegal do parlamento eleito, as guerras sangrentas contra a república separatista da Chechênia em 1994 e 1999 e a administração da economia em colapso. Gorbachev denunciou Yéltsin como um "mentiroso" que tinha mais privilégios que os czares russos.

KGB, que tirou a Rússia da beira do abismo, restaurando um poder forte, tirânico e centralizado, ao antigo estilo russo.

Na década de 1990, o governo Clinton, sempre ávido para tirar vantagens econômicas, pressionou pela construção de oleodutos para conduzir grandes reservas de gás e petróleo, avaliadas entre 3 a 6 trilhões de dólares, a partir das ex-repúblicas soviéticas da Ásia Central e ao longo de rotas que contornavam o Irã e a Rússia.

Enquanto isso, o Talibã, movimento fundamentalista islâmico, tomou o poder no Afeganistão e acolheu de volta o rico jihadista saudita Osama bin Laden, que criou ali a Al-Qaeda [a base]. Embora bin Laden fizesse parte do mundo subterrâneo da CIA na década de 1980, ele, naquele momento, estava totalmente concentrado em expulsar os norte-americanos e seus aliados do mundo muçulmano, condenando, sobretudo, a presença de tropas norte-americanas na Arábia Saudita, a terra mais sagrada do Islã. Também apontando o apoio cego norte-americano a Israel, em 1992, bin Laden emitiu sua primeira *fatwa* religiosa. Na sequência, na Arábia Saudita, ocorreram duas explosões misteriosas, matando mais de vinte militares norte-americanos.

Bin Laden negou o envolvimento da Al-Qaeda e o governo saudita, com laços muito próximos da muito rica família bin Laden, dirigiu a investigação do FBI para o Irã, inimigo declarado dos Estados Unidos.

Em 1998, as embaixadas norte-americanas no Quênia e na Tanzânia foram atacadas com bombas, matando mais de duzentas pessoas. Em 2000, bin Laden assumiu a responsabilidade pelo ataque da Al-Qaeda ao *Cole*, navio da marinha norte-americana, matando 17 marinheiros.

Desde a Guerra do Golfo, os inspetores de armas das Nações Unidas vinham supervisionando a aniquilação de armas de destruição em massa (ADM) iraquianas, enquanto os Estados Unidos e a Grã-Bretanha impunham zonas de exclusão aérea e sanções duras da ONU, o que provocou imenso sofrimento. De maneira hipócrita, o governo Clinton responsabilizou o ditador Saddam Hussein pela morte de cerca de meio milhão de crianças por doenças e desnutrição.

Numa entrevista ao programa de TV *60 Minutes*, o correspondente Lesley Stahl confrontou a secretária de Estado Madeleine Albright. "Soubemos que meio milhão de crianças morreram. São mais crianças do que em Hiroshima. Vale o preço?", Stahl quis saber. Albraight respondeu: "Considero uma escolha muito difícil, mas acho que vale o preço."

Albright insistiu que o uso de ADM por Hussein era uma grande ameaça à segurança norte-americana. Em outra ocasião, ela afirmou com bastante franqueza: "Se temos de usar a força, é porque somos a América; somos o país indispensável. Somos corajosos e orgulhosos e enxergamos o futuro melhor que os outros países."

Embora os Estados Unidos não encarassem nenhuma ameaça clara de países hostis, o governo Clinton se mostrou ainda mais determinado em questões de defesa do que seus adversários republicanos, gastando os prometidos dividendos da paz numa nova onda de dispêndios militares.

Em janeiro de 2000, seu governo adicionou 115 bilhões de dólares ao plano quinquenal de defesa do Pentágono além do previsto.

Clinton continuou gastando muito em defesa com mísseis. Ele também se recusou a assinar o Tratado de Ottawa concernente a minas terrestres e, em 1997, supervisionou um aumento significativo de vendas de armas norte-americanas para quase 60% do mercado mundial; a maior parte indo para países com históricos deploráveis em direitos humanos.

Em 2004, o cientista político Chalmers Johnson resumiu aqueles anos: "Na primeira década pós-Guerra Fria, organizamos diversas ações para perpetuar e estender nosso poder global, incluindo guerras e intervenções 'humanitárias' no Panamá, no Golfo Pérsico, na Somália, no Haiti, na Bósnia, na Colômbia e na Sérvia, e, ao mesmo tempo, mantendo inalterados nossos posicionamentos estratégicos da Guerra Fria na Ásia Oriental e no Pacífico."

Aparentemente, essa emergente política externa bipartidária se tornou uma verdade absoluta. Não houve nenhuma discussão. Clinton via as ações norte-americanas no exterior não como aquelas de um império agressivo e sedento por recursos, mas, sim, como uma força necessária em favor da estabilidade da nova ordem mundial baseada nos conceitos norte-americanos de democracia e livres mercados. No final das contas, ele não fez nada para desafiar as estruturas básicas daquele império.

Embora seus últimos dois anos de mandato fossem muito prejudicados por um escândalo sexual com uma estagiária e por um julgamento embaraçoso de *impeachment* que mais uma vez cegou a mídia sensacionalista em relação a acontecimentos mais significativos, *Slick Willie* [Willie Escorregadio], como alguns denominavam Clinton, com seu jeito inimitável, evitou maiores desastres. Beneficiando-se de uma economia mundial ressurgente, que favoreceu os mercados e as finanças norte-americanos, Clinton deixou para trás um país temporariamente próspero com um imenso superávit. Esperando se beneficiar do seu legado, o Partido Democrata indicou o vice-presidente Al Gore, em 2000. Homem experiente, cada vez mais progressista, que advertia sem cessar a respeito de um avultante desastre ecológico mundial causado pela mudança climática que precisava de controle, Gore se afastaria dessa questão de maneira considerável na campanha final, com o aqui e o agora sendo de maior importância para o eleitor médio.

Os republicanos reagiram com um autoproclamado "conservador compassivo", o governador do Texas George W. Bush, filho de George H. W. e neto de Prescott.

Os debates entre os candidatos enganaram completamente os eleitores sobre as políticas que Bush realmente praticaria na presidência.

Apresentador: — Bem-vindos ao segundo debate da eleição de 2000 entre o candidato republicano a presidente, o governador do Texas George W. Bush, e o candidato democrata, o vice-presidente Al Gore.

Apresentador: — As pessoas que estão nos assistindo hoje à noite querem basear seus votos nas diferenças entre vocês dois na presidência. Existe alguma diferença?

Gore: — Veja, Jim, esse é um período absolutamente único na história mundial e temos uma escolha fundamental a fazer: devemos assumir as responsabilidades como nação da mesma maneira que fizemos após a Segunda Guerra Mundial, a maneira que a geração de heróis disse: tudo bem, os Estados Unidos vão ser o país líder. E o mundo se beneficiou imensamente da coragem mostrada por eles naqueles anos do pós-guerra. Acho que, na sequência da Guerra Fria, é o momento de fazermos algo muito parecido, assumirmos as responsabilidades, provermos a liderança; a liderança sobre o meio ambiente, a liderança para assegurar que a economia mundial continue se movendo na direção correta. Isso significa não gerar grandes déficits nem dissipar nossos superávits, significa tomar decisões inteligentes, que mantenham a continuidade da nossa prosperidade e encaminhem essa força econômica, de modo que possamos prover aquele papel de liderança.

Bush: — Não tenho certeza de que o papel dos Estados Unidos seja o de se deslocar ao redor do mundo e dizer: esse é o jeito que deve ser. Podemos ajudar e talvez essa seja simplesmente nossa diferença no governo, a maneira pela qual vemos o governo. Sabe, quero dar poder às pessoas, quero ajudar as pessoas a se ajudarem. Não quero que o governo diga para as pessoas o que fazer. Não acho que seja o papel dos Estados Unidos ir até um país e dizer: "Fazemos desse jeito. Façam assim também." Não sei exatamente de onde o vice-presidente está vindo, mas acho que o que precisamos fazer é convencer as pessoas que vivem nesses lugares a construir suas nações. Talvez eu não esteja entendendo alguma coisa nesse caso. Quer dizer, vamos ter um tipo de organização americana de construção de nações? Com certeza, não. Nossas forças armadas têm o objetivo de travar guerras e vencê-las. Esse é o propósito e quando se estende além dos limites usuais, o moral cai. Mas quero ser criterioso quanto a como utilizar as forças armadas. Precisa ser de nosso interesse vital, a missão deve ser clara e a estratégia de saída tem de ser evidente.

Ao se envolver em um dos períodos mais ambiciosos dos Estados Unidos de construção de nações, Bush, realmente, fez mais em oito anos de mandato do que qualquer outro presidente para enterrar o mito da Segunda Guerra Mundial de um poder norte-americano moderado pela equidade. Em retrospecto, foi sua capacidade de ocultar suas intenções reacionárias que, anos depois, confundiu e chocou muitos norte-americanos.

Começou com a própria eleição de 2000 — a mais escandalosa da história norte-americana —, ferindo, talvez mortalmente, a legitimidade do processo político dos Estados Unidos. Vindo como veio no início de um novo século, deu a impressão para muitos de um oráculo agourento.

Al Gore venceu a eleição popular com uma vantagem de mais de 540 mil votos, mas perdeu na Flórida, onde mais de 10% dos eleitores afro-americanos foram desqualificados por um sistema de votação estadual antiquado e fiscalizado pelo governador da Flórida, Jeb Bush, irmão mais novo de George, e pela secretária de Estado da Flórida, Katherine Harris, administradora da campanha de Bush no estado.

Imitando as traquinagens de uma república das bananas, a Suprema Corte dos Estados Unidos interveio surpreendentemente no processo eleitoral da Flórida e, depois de cinco votos a favor e quatro contra por parte dos juízes, interrompeu a recontagem dos votos, dando a vitória a Bush. A maioria dos juízes fora indicada nos governos em que Bush pai foi presidente ou vice-presidente.

Se isso tivesse acontecido em outro país, teria sido denunciado pelos Estados Unidos como um golpe.

Os juízes discordantes escreveram: "Embora talvez nunca venhamos a saber com inteira certeza a identidade do vencedor da eleição presidencial deste ano, a identidade do perdedor é perfeitamente clara. É a confiança do país no juiz como guardião imparcial do Estado de Direito."

Num dia de garoa de janeiro de 2001, George W. Bush, o quadragésimo terceiro presidente dos Estados Unidos, fez o juramento de posse. Seu empossamento indicou a falta de prestação de contas que caracterizaria seu governo. Milhares de manifestantes foram isolados em zonas fora do alcance das câmeras. Numa maneira condizente com um imperador romano, cercado por um séquito de crentes, Bush daria menos entrevistas coletivas que qualquer outro presidente da história.

A compaixão seria ofertada de maneira limitada, pois a maioria dos seus principais nomeados vinha de um grupo pouco conhecido chamado PNAC — Project for the New American Century, encabeçado por William Kristol e Robert Kagan, que fora organizado em 1997 para reavivar a visão neoconservadora da hegemonia norte-americana incontestada.

O grupo incluía o secretário da Defesa, Donald Rumsfeld; seu vice, Paul Wolfowitz; e o vice-presidente, Dick Cheney. Eles lamentavam o fato de que os Estados Unidos tinham perdido o rumo no governo Clinton e preconizavam um retorno à limpidez moral e a força militar associada a Ronald Reagan. Exigiam maiores gastos em defesa, dominação completa do espaço, implantação de um sistema de defesa de mísseis abrangente e a capacidade de "travar e ganhar decisivamente guerras múltiplas e simultâneas" e policiar "regiões críticas", sobretudo o Oriente Médio rico em petróleo. A primeira missão era derrubar Saddam Hussein, do Iraque, contornando o Conselho de Segurança da ONU, se necessário.

Dick Cheney, soturno e patologicamente reticente, dominaria o governo num grau que nenhum outro vice-presidente dominara antes na história e deixou claro que, com os republicanos controlando as duas casas do Congresso, os Estados Unidos estavam disputando um jogo por meio de um conjunto de regras muito mais duras.

Bush pai e Bill Clinton tinham tomado iniciativas diplomáticas e construído coalizões, mas Bush filho, com sua noção de oposição ao pai, veio a parecer mais um herdeiro degenerado de um imperador romano admirado.

Na mente de Bush, tanto seu pai como o sexualmente indisciplinado Bill Clinton eram fracos. Ronald Reagan era sua ideia de "força" e de um pai superior. Afinal, Bush e os neoconservadores acreditavam que Reagan derrotara os russos.

Ironicamente, no início de 2001, *Gladiador* venceu o Oscar de melhor filme de 2000: um sucesso mundial, celebrando o militarismo implacável de Roma e descrevendo uma liderança pervertida que explicava a queda do Império Romano.

O desprezo dos neoconservadores pelas Nações Unidas sempre fora do conhecimento geral, mas, naquele momento, a impressão era de que eles estavam se isolando quase inteiramente da comunidade mundial. Os Estados Unidos não ratificaram o Tratado do Tribunal Penal Internacional que Clinton e praticamente todos os outros líderes democráticos ocidentais negociaram.

O governo rejeitou o Tratado para a Proibição Completa dos Testes Nucleares que 150 países firmaram. Bush repudiou o Protocolo de Kyoto sobre aquecimento global e, para espanto dos russos, revogou o crucial Tratado de Mísseis Antibalísticos de 1972 para expandir o Programa de Defesa dos Mísseis. A mídia fez poucas perguntas relativas a essas reversões abruptas de posição.

Bush suspendeu as conversações com a Coreia do Norte sobre seu programa de mísseis de longo alcance e repudiou o processo de paz do Oriente Médio. No entanto, isso não refletiu desinteresse pelo Oriente Médio. Ao contrário, como Ralph Nader afirmou, o governo Bush estava "marinado em petróleo". Cheney criou uma força-tarefa altamente secreta para elaborar planos de controle do suprimento mundial de petróleo.

Em 1999, Cheney deixou claras suas intenções para os executivos do setor de petróleo ao afirmar: "O Oriente Médio, com dois terços das reservas mundiais de petróleo e seu baixo custo de extração, ainda é, em última análise, onde está o prêmio."

No verão de 2001, sinais de um ataque iminente aos Estados Unidos abundavam. Mensagens interceptadas da Al-Qaeda diziam que "algo espetacular" estava prestes a acontecer. Richard Clarke, chefe do setor de contraterrorismo, testemunhou que George Tenet, diretor da CIA, circulava em Washington com os "cabelos em pé", tentando chamar a atenção da conselheira da Segurança Nacional Condoleezza Rice e do presidente Bush.

No entanto, o secretário da Defesa Rumsfeld e Rice, ex-integrante do conselho da Chevron, com um navio petroleiro de casco duplo batizado com seu nome, estavam preocupados com o programa de defesa de mísseis balísticos e a reforma do Pentágono. As agências de inteligência emitiam relatórios de alerta com títulos como "Ameaças de bin Laden são reais" ou "Bin Laden determinado a atacar os EUA". No entanto, Bush não conseguia concentrar sua atenção, pois passava mais tempo longe de Washington do que qualquer presidente recente, muitas vezes em seu rancho, em Crawford, no Texas, cortando madeira. Ele não gostava de andar a cavalo, ao contrário de seu herói Reagan.

Em 6 de agosto, em seu *briefing* presidencial diário, em que a ameaça de sequestro de aviões por membros da Al-Qaeda foi discutida, Bush disse de modo desdenhoso ao porta-voz da CIA: "Tudo bem. Agora você tirou o seu da reta." No entanto, em abril de 2004, com total desfaçatez, Bush afirmou numa entrevista coletiva: "Se em algum momento eu suspeitasse que pessoas jogariam aviões contra prédios, teria movido céu e terras para salvar o país."

Rice também foi insincera: "Acho que ninguém poderia ter previsto que eles tentariam usar um avião como um míssil, um avião sequestrado como um míssil"; embora o FBI estivesse emitindo relatórios de indivíduos que vinham aprendendo a pilotar aviões, mas que não estavam interessados em saber como pousá-los.

Quando a insatisfação estava crescendo em relação ao governo incompetente de Bush, os terroristas atacaram os Estados Unidos de uma maneira altamente engenhosa e dramática. O nome pelo qual o ataque ficou conhecido: 11 de setembro. Os sequestradores jogaram os aviões contra os símbolos principais do poder imperial norte-americano: Wall Street e Pentágono. Mais de três mil pessoas perderam suas vidas. Em Nova Iorque, mais de 2,7 mil pessoas morreram, incluindo quinhentas nativas de 91 países diferentes.

O país assistiu horrorizado quando as Torres Gêmeas do World Trade Center foram engolfadas pelas chamas e, em seguida, desmoronaram de modo espetacular. Como aquilo podia acontecer aos Estados Unidos? Quem ousaria atacar o país no coração de seu império, de uma maneira tão simples e tão pouco tecnológica? Onde estava a Nova Ordem Mundial? Os Estados Unidos não tinham entendido bem? Os Estados Unidos não eram bons o suficiente? Os Estados Unidos não haviam contido o mal por sessenta anos desde a Segunda Guerra Mundial? Os Estados Unidos não tinham se refreado a partir do uso da bomba em Hiroshima e Nagasáki?

Naquele momento, para alguns líderes norte-americanos muito poderosos, foi como se os forasteiros do império, aqueles terroristas, tivessem jogado Hiroshima sobre o país, ou, no mínimo, outro Pearl Harbor. Os neoconservadores exigiram uma guerra total.

Naquele dia, uma raiva imensa foi desatrelada sobre o mundo. Uma enorme Caixa de Pandora de energia sombria e medo reprimido do caos recordatório da Revolução Francesa do fim do século XVIII reuniram-se num sentimento de superioridade moral que geraria uma cruzada não só contra bin Laden e seus seguidores, mas, também, contra todo o "mal" do mundo.

Para Bush, não só era seu destino ser um presidente da guerra, mas também era um Grande Despertar, em escala global. Do alto das ruínas do World Trade Center, Bush proclamou: "Nossa responsabilidade perante a história já é clara: responder a esses ataques e libertar o mundo do mal."

Os escombros fumegantes dos edifícios do World Trade Center, em Nova Iorque, dois dias depois dos ataques da Al-Qaeda de 11 de setembro de 2001.

O mundo, na maior parte, reagiu com grande simpatia em relação aos Estados Unidos. O russo Vladimir Putin foi um dos primeiros a oferecer ajuda. As principais personalidades islâmicas denunciaram os ataques como crime contra a humanidade e Osama bin Laden, como um impostor, uma pessoa que não tinha o direito de emitir editos religiosos e oferecer educação religiosa.

Chris Hedges, veterano jornalista especializado em Oriente Médio, escreveu alguns anos depois: "A tragédia foi que, se tivéssemos a coragem de ser vulneráveis, se tivéssemos ampliado aquela simpatia, estaríamos muito mais seguros e protegidos hoje do que estamos. Respondemos exatamente como aquelas organizações terroristas queriam que respondêssemos. Elas queriam que expressássemos a linguagem da violência."

No passado recente, os líderes norte-americanos, sobretudo Harry Truman, no final da Segunda Guerra Mundial, Lyndon Johnson, Richard Nixon e Ronald Reagan, reagiram perigosamente de forma exagerada à aparência de vulnerabilidade — Johnson, de maneira mais drástica, sacrificando a Grande Sociedade por causa do seu medo de fracasso no Vietnã. Talvez esse seja o calcanhar de aquiles do processo político norte-americano. A compaixão ou a empatia é escassa e facilmente descartada como ingenuidade ou fraqueza. No entanto, foi a compaixão pelo outro que, no fim, distinguiu os maiores líderes norte-americanos, sejam eles Washington, Jefferson, Lincoln, Roosevelt, ou, em outras frentes, pessoas como Martin Luther King Jr.

Se Al Gore estivesse no poder, em vez de ser ridicularizado pela mídia como um sabichão maçante, ele não teria se ligado emocionalmente com um mundo calejado em seu ódio contra as políticas norte-americanas? Ele não teria agido de modo mais humilde e perseguido os terroristas com as estruturas tradicionais da diplomacia, dos serviços de inteligência e da ação militar localizada? Os mesmos resultados não teriam sido alcançados sem criar novos inimigos, que podem ser percebidos como mártires por uma geração jovem de radicais emergentes? Gore teria iniciado uma Terceira Guerra Mundial verdadeiramente virtual?

Em vez disso, George Bush advertiu o mundo: "Agora, todos os países, em todas as regiões, têm uma decisão a tomar. Ou vocês estão conosco ou estão com os terroristas." Ele chamou isso de uma luta monumental entre o bem e o mal. Bush se dirigiu aos cidadãos do mundo: "Vocês estão conosco ou contra nós", e muitos reagiram com repugnância e raiva.

Chalmers Johnson escreveu que "os norte-americanos gostam de dizer que o mundo mudou como consequência do 11 de setembro", mas era mais exato dizer que os Estados Unidos estavam se tornando "uma nova Roma, o maior colosso da história não mais preso à lei internacional, às preocupações dos aliados ou a quaisquer restrições sobre o uso de força militar. ... Os norte-americanos ainda estavam em grande medida no escuro acerca do motivo pelo qual foram atacados ou por que seu Departamento de Estado começou a adverti-los contra o turismo numa lista sempre crescente de países estrangeiros. ... No entanto, um número cada vez maior de norte-americanos começou finalmente a entender o que a maioria de não norte-americanos já sabia e tinha experimentado no meio século anterior — que os Estados Unidos eram algo diferente do que declaravam ser; eram, de fato, uma potência militar decidida a dominar o mundo".

Em vez de explicar os motivos reais para os ataques — a oposição ferrenha da Al-Qaeda à presença de tropas norte-americanas na Arábia Saudita e o apoio norte-americano a Israel em sua luta contra os palestinos —, Bush expressou trivialidade: "Por que nos odeiam?" Ele mesmo respondeu: "Odeiam nossas liberdades: nossa liberdade de religião, nossa liberdade de expressão, nossa liberdade para votar, de nos reunirmos e discordarmos mutuamente."

Que ironia Bush pai ter realmente desperdiçado a paz mundial, desatrelando no Panamá e no primeiro ataque ao Iraque as fúrias da guerra, e seu filho, atacando às cegas e quase levando à falência seu país, exatamente como bin Laden esperava que ele fizesse, ter, naquele momento, encontrado seu destino nos genes ancestrais do seu pai como "Presidente Americano da Guerra"; numa guerra que, pelo cálculo de Dick Cheney, poderia "durar para sempre".

CAPÍTULO 12

PARA A MAIORIA dos norte-americanos, o 11 de setembro foi uma tragédia terrível. Para George Bush e Dick Cheney, foi algo a mais: a oportunidade de implantar a agenda que seus aliados neoconservadores vinham desenvolvendo havia décadas. Um relatório recente do *Project for the New American Century* [projeto para o novo século americano], intitulado "Reconstruindo as defesas da América", afirmara que "provavelmente, o processo de transformação será longo, não presente algum acontecimento catastrófico e catalisador, como um novo Pearl Harbor". Para eles, a Al-Qaeda tinha lhes dado seu Pearl Harbor. E, poucos minutos depois do ataque, a equipe de Bush começou a agir.

Com Bush na Flórida, o vice-presidente Cheney e seu assessor jurídico, David Addington, assumiram o comando, afirmando que o presidente, como comandante em chefe em tempo de guerra, podia agir praticamente livre de restrições legais.

Em 12 de setembro, já considerando para além do grupo de Osama bin Laden da Al-Qaeda, no Afeganistão, Bush, de volta a Washington, instruiu Richard Clarke, chefe do setor de contraterrorismo: "Veja se Saddam fez isso. Veja se ele está vinculado de alguma maneira."

Clarke recorda-se: "Foi o Iraque, foi Saddam, descubra; retorne para mim." Um entrevistador perguntou: "E a reação que você teve naquele dia do secretário de Defesa, Donald Rumsfeld, e do seu assistente, Paul Wolfowitz?" Clarke respondeu: "Bem, quando falei de

Sob o olhar de Eisenhower, Paul Wolfowitz conversa com Donald Rumsfeld, Colin Powell e Scooter Libby durante uma reunião, em 12 de setembro de 2001.

bombardear a infraestrutura da Al-Qaeda no Afeganistão, Rumsfeld afirmou que não existiam bons alvos no Afeganistão, que devíamos bombardear o Iraque. Disse que o Iraque não tinha nada a ver com aquilo. E isso não deu a impressão de fazer muita diferença."

Em 11 de setembro, Donald Rumsfeld já tinha pedido planos de ataque contra o Iraque. "Maciços. Varrendo tudo. Coisas relacionadas ou não."

Em questão de dias, diante de uma sessão conjunta do Congresso, Bush anunciou que os Estados Unidos estavam iniciando uma guerra global: "Desse dia em diante, qualquer país que continuar a abrigar ou apoiar o terrorismo será considerado pelos Estados Unidos um regime hostil."

No país, 1,2 mil homens foram rapidamente presos, enquanto outros oito mil foram procurados para interrogatório, quase todos muçulmanos. O Congresso aprovou sem demora a *USA Patriot Act* [lei patriótica americana], com 362 páginas, enviada por Bush. Os senadores não tiveram tempo de ler o projeto e muito menos de debatê-lo.

Só o senador Russ Feingold, de Wisconsin, votou contra, sustentando: "Preservar nossa liberdade é um dos principais motivos pelos quais estamos agora engajados nessa nova guerra contra o terrorismo. Perderemos essa guerra sem disparar um tiro se sacrificarmos as liberdades dos norte-americanos."

Bush ocultou as deliberações da Casa Branca num véu sem precedentes de segredos e, em 2002, delegou poderes para a NSA — *National Security Agency* [Agência de Segurança Nacional] realizar grampos telefônicos sem permissão e monitorar e-mails de cidadãos norte-americanos em escala maciça numa violação das normas legais requeridas pela legislação aprovada em 1978, em reação aos abusos dos serviços de inteligência das décadas anteriores.

O governo bombardeava o público com alertas constantes, intensificação da segurança e um sistema de cinco níveis de advertências por meio de código de cores. Às vezes, o sistema era manipulado politicamente por Rumsfeld e pelo procurador-geral John Ashcroft, e, em 2005, Tom Ridge, secretário do novo Departamento de Segurança Interna, decidiu renunciar, em vez de participar daquela fraude.

Os potenciais alvos do terror pularam de 160 locais em 2003 para mais de trezentos mil nos quatro anos seguintes. Surpreendentemente, Indiana liderava entre todos os estados, com 8,6 mil alvos em 2006. O banco de dados nacional incluía zoológicos, lojas de rosquinhas, carrinhos de pipoca, sorveterias e a *Mule Day Parade* [parada do dia das mulas], em Colúmbia, no Tennessee. A fantasia da época continuou a crescer. No início da Segunda Guerra Mundial, Franklin Roosevelt advertiu: "A guerra custa caro. Significa impostos e bônus, e bônus e impostos. Significa cortar luxos e outros itens supérfluos." Em vez disso, Bush cortou impostos dos ricos e disse aos norte-americanos: "Viajem e apreciem os grandes pontos turísticos da América. Levem suas famílias e aproveitem a vida."

Ironicamente, foi o guerreiro-mor da Guerra Fria Zbigniew Brzezinski que, em 2007, censurou os "cinco anos de lavagem cerebral quase contínua de Bush sobre a questão do terror". Ele prosseguiu: "Onde está o líder norte-americano capaz de dizer: 'Basta dessa histeria, pare com essa paranoia?' Mesmo diante de futuros ataques terroristas, uma possibilidade que não pode ser negada, mostremos alguma sensatez. Estejamos em conformidade com nossas tradições."

O terrorismo, Brzezinski enfatizou repetidas vezes, era uma tática, não uma ideologia, e declarar guerra contra uma tática não fazia absolutamente nenhum sentido.

No entanto, o peso real da cruzada global de Bush seria sentido no exterior. Menos de um mês após os ataques terroristas, os Estados Unidos invadiram o Afeganistão, aparentemente, para destruir alguns dos mesmos fanáticos islâmicos que os Estados Unidos tinham ajudado a armar e treinar para derrotar os soviéticos duas décadas antes.

Posteriormente, os críticos da guerra observaram que nenhum afegão estava entre os dezenove sequestradores do 11 de setembro — quinze dos quais eram sauditas — e que os Estados Unidos desastradamente deixaram que Osama bin Laden e outros líderes da Al-Qaeda escapassem para o Paquistão no começo de dezembro.

A CIA capturou milhares de suspeitos no Afeganistão e em outros países. Embora os Estados Unidos tenham sempre considerado seu tratamento humano dos prisioneiros de guerra um sinal de sua superioridade moral, o governo Bush rotulou os detentos como "combatentes inimigos ilegais", evitou os interrogatórios obrigatórios no campo de batalha e colocou os detentos fora das convenções de tratamento impostas pela Convenção de Genebra de 1949. Depois que os governos estrangeiros criticaram o comportamento de Bush, ele recuou em relação aos suspeitos do Talibã, mas recusou mudar sua política em relação aos da Al-Qaeda. Bush afirmou: "Não me importa o que os advogados internacionais dizem. Nós vamos puni-los."

Os Estados Unidos enviaram um número desconhecido de detentos para prisões secretas da CIA em países como Tailândia, Polônia, Romênia e Marrocos, onde a tortura e outras "técnicas duras de interrogatório" foram implantadas. Centenas de outros suspeitos ficaram presos na base naval de Guantánamo, em Cuba. Em seu auge, em maio de 2003, a prisão abrigava cerca de 680 homens com idades entre 13 e 98 anos. 5% dos detentos foram capturados pelas tropas norte-americanas. Mais de 80% foram entregues, frequentemente, mediante

Detentos rezam na prisão norte-americana de Guantánamo, em Cuba. Um especialista em contraterrorismo do FBI declarou que, dos quase oitocentos detentos, cinquenta, no máximo, mereciam continuar presos.

recompensas financeiras por uma combinação de milícias de chefes militares afegãos e caçadores de recompensas afegãos e paquistaneses.

As fontes do governo revelaram que apenas 8% eram combatentes da Al-Qaeda. Seiscentos detentos foram soltos, seis foram condenados e, de acordo com o governo, nove morreram, a maioria por suicídio. Em 2012, 166 homens de mais de vinte países continuavam detidos em Guantánamo.

O governo Bush estimulou a CIA a empregar dez métodos de interrogatório que foram produto de décadas de pesquisa em tortura e foram aperfeiçoados pelos aliados em países estrangeiros. Em fevereiro de 2004, o general de divisão Antonio Taguba relatou que suas investigações tinham revelado diversos casos de "abusos criminais sádicos, flagrantes e desumanos", na prisão de Abu Ghraib, no Iraque. "Não resta mais nenhuma dúvida de que o governo atual cometeu crimes de guerra. A única questão que ainda tem de ser respondida é se aqueles que ordenaram o uso da tortura serão punidos", Taguba

Um cartaz de protesto compara o afogamento simulado durante a Inquisição espanhola com sua prática atual pelos Estados Unidos, em Guantánamo, em Cuba, sob o governo Bush.

afirmou. Arthur Schlesinger Jr., ex-auxiliar de Kennedy, disse que aquela política de tortura era o "desafio mais dramático, prolongado e radical em relação ao primado da lei da história norte-americana. Nenhuma outra postura causou mais danos à reputação norte-americana no mundo. Jamais!".

Embora a situação de segurança afegã piorasse nos sete anos seguintes e a presença norte-americana aumentasse de 2,5 mil para trinta mil soldados, o Afeganistão era uma distração para Bush. Sua atenção se concentrava em derrubar o velho adversário de seu pai: Saddam Hussein. "Indícios das fontes do serviço de inteligência, comunicações secretas e declarações de pessoas agora presas revelam que Saddam Hussein ajuda e protege terroristas, incluindo membros da Al-Qaeda", Bush alegou.

Como Bill Casey fizera na década de 1980 e Lyndon Johnson no Vietnã, Bush utilizou informações falsas para justificar uma invasão: "Não resta dúvida de que o líder iraquiano é um homem do mal. Afinal, ele matou com gás venenoso seu próprio povo. Sabemos que ele está desenvolvendo armas de destruição em massa."

Os inspetores da ONU procuraram em todos os cantos, visitando locais identificados pela CIA, e não acharam nada. Mas Bush insistiu que as ADM estavam ali: "O governo britânico tem informações de que

Saddam Hussein procurou recentemente quantidades de urânio significativas na África."

Nessa época, aproximadamente, Bush declarou a Bob Woodward, do *The Washington Post*: "Não preciso explicar o motivo pelo qual falo certas coisas. Isso é o mais interessante sobre ser presidente. Talvez alguém precise explicar para mim por que diz algo, mas não acho que eu deva uma explicação a alguém."

Eram tempos extraordinários. As palavras adquiriram novos significados, cumprindo as profecias de George Orwell da novilíngua do seu romance *1984*. Primeiro, roubam as palavras, depois, roubam o significado. Expressões como "eixo do mal", "guerra contra o terror", "mudança de regime", "afogamento simulado", "interrogatório avançado", "guerra preventiva". Os civis mortos eram "efeitos colaterais". Os sequestros da CIA eram "capturas fora do normal". E o conceito mais patriótico, "A Terra Natal", floresceu numa nova e gigantesca agência federal, tão labiríntica quanto o Pentágono.

No século XVIII, Voltaire, filósofo francês, observou: "Aqueles que conseguem fazê-lo acreditar em absurdos são capazes de fazê-lo cometer atrocidades." A descida para a irrealidade era vertiginosa. *Falcão Negro em perigo*, filme indicado ao Oscar, apareceu no final de 2001 glorificando o heroísmo e a tecnologia norte-americanos na Somália, na década de 1990.

Por meio da tecnologia, os videogames ficaram cada vez mais reais. E, na TV, *reality shows* crescentemente bizarros e fantasiosos alcançavam elevados índices de audiência.

A mídia norte-americana promovia a guerra de maneira entusiástica. A rede de TV MSNBC, de propriedade da General Electric, cancelou o popular programa de Phil Donahue, veiculado em horário nobre, três semanas antes da invasão. Os executivos da rede temiam que o programa proporcionasse "um espaço para a agenda liberal antiguerra, enquanto nossos concorrentes apoiavam e defendiam a guerra em cada oportunidade".

E eles tinham razão. A CNN, a Fox e a NBC exibiam mais de 75 generais da reserva e outros oficiais; a maioria deles, revelou-se depois, trabalhava diretamente para fornecedores de armamentos. Os oficiais do

Manifestantes antiguerra se reúnem no Monumento a Washington. Quando a invasão do Iraque se aproximou, milhões de manifestantes de todo o mundo se juntaram aos manifestantes norte-americanos, incluindo cerca de três milhões de pessoas em Roma.

Pentágono forneciam temas de discussão para esses "multiplicadores da força da mensagem", retratando o Iraque como uma ameaça urgente.

Alguns deles viriam a se arrepender de ter divulgado mentiras para vender a guerra. O major Robert Bevelacqua, um boina-verde reformado, queixou-se: "Eram eles dizendo: 'Temos de colocar nossas mãos em suas costas e mexer sua boca por você'." O coronel Kenneth Allard, analista militar da NBC, chamou o programa de "operações psicológicas elevadas ao cubo". "Achei que estávamos sendo enganados", ele admitiu.

Os principais jornais e revistas, incluindo o *The New York Times*, promoviam a mesma mensagem. Uma pessoa íntima de Bush disse ao jornalista Ron Suskind que Suskind representava "a comunidade baseada na realidade", mas "não era mais o jeito que o mundo realmente funciona. Somos um império agora, e, quando agimos, criamos a nossa própria realidade".

Quando a França, a Alemanha e a Rússia, e também a maioria dos membros do Conselho de Segurança da ONU, recusaram-se a apoiar a posição norte-americana, Bush ficou furioso e Rumsfeld zombou: "Vocês estão pensando na Europa como Alemanha e França. Eu não. Acho que essa é a velha Europa." Na lanchonete do Congresso, *french fries* [batatas fritas] foram renomeadas como *freedom fries* [batatas da liberdade], da mesma forma que chucrute tornou-se "repolho da liberdade" na Primeira Guerra Mundial.

Em junho de 2002, Bush expôs sua nova estratégia num discurso para os cadetes de West Point: "Precisamos levar a batalha ao inimigo, destruir seus planos e confrontar as piores ameaças antes que elas surjam."

Os Estados Unidos agiriam de modo unilateral e preventivo para derrotar qualquer governo considerado uma ameaça à segurança norte-americana. Cheney revelara o raciocínio perigoso do governo: "Se houver 1% de chance de os cientistas paquistaneses estarem ajudando a Al-Qaeda a construir ou desenvolver uma arma nuclear, devemos cuidar disso como a certeza de termos a nossa resposta." "No mundo em que ingressamos, o único caminho para a segurança é o caminho da ação, e esse país vai agir", Bush insistiu.

Bush preconizou uma cruzada moral, afirmando que os Estados Unidos deviam defender a liberdade e a justiça, pois esses princípios são corretos e verdadeiros para os povos de todos os lugares. "A verdade moral", ele afirmou, traindo uma profunda ignorância, "é a mesma em todas as culturas, em todas as épocas, e em todos os lugares". Com base nessa crença, sessenta países entraram na lista de alvos potenciais de Bush.

Era uma declaração corajosa da excepcionalidade norte-americana. Bruce Bartlett, que serviu os governos Reagan e Bush pai, explicou: "Eis por que George W. Bush é tão perspicaz acerca da Al-Qaeda e do inimigo fundamentalista islâmico. Ele os entende porque é exatamente como eles. Ele acredita sinceramente que está envolvido numa missão divina. A coisa toda sobre fé é acreditar naquilo para o que não há evidência empírica."

Bush confidenciou: "Tenho ideia do que é paciência, sabendo que a advertência bíblica 'Seja feita a sua vontade' é um guia de vida."

No início de outubro de 2002, o Congresso autorizou Bush a declarar guerra contra o Iraque sempre que considerasse apropriado e usando quaisquer meios que achasse necessários, incluindo armas nucleares.

A resolução estabeleceu uma conexão direta entre o Iraque e a Al-Qaeda. Entre os que autorizaram, incluíam-se os senadores John Kerry e Hillary Clinton. Isso custou caro aos dois quando, mais adiante, apresentaram suas candidaturas à presidência. Nem todos foram enganados. A congressista Barbara Lee foi uma voz de princípio e razão: "A expansão dessa guerra não produz nada em termos de nossa segurança nacional. Coloca-nos ainda mais em risco. O Iraque não era um refúgio para terroristas, como não é agora. Não existe conexão entre Iraque, Saddam Hussein e a Al-Qaeda e temos de refutar essa ideia para que os norte-americanos saibam a verdade."

Milhões de manifestantes foram às ruas em todo o mundo. Três milhões em Roma, um milhão em Londres, centenas de milhares em Nova Iorque.

A revista *Time* pesquisou centenas de milhares de europeus. 84% achavam que os Estados Unidos eram a maior ameaça à paz; 8% achavam que era o Iraque. Bush enviou o secretário de Estado Colin Powell, o mais respeitado membro do seu governo, às Nações Unidas para justificar a guerra. Ele disse a Powell: "Talvez eles acreditem em você."

Powell discursou durante 75 minutos dizendo ao mundo:

"Meus colegas, todas as declarações que faço hoje se baseiam em fontes, fontes sólidas. Não são alegações. Estamos transmitindo fatos e conclusões baseados em informações sólidas. Temos descrições de fábricas de armas biológicas sobre rodas e trilhos. Sabemos que o Iraque tem pelo menos sete dessas fábricas móveis de agentes biológicos. As instalações móveis de produção podem fabricar antrax e toxina botulínica. De fato, podem produzir diversos agentes biológicos secos num único mês para matar milhares e milhares de pessoas. Nossa estimativa conservadora é de que o Iraque, hoje, possui um estoque de cem toneladas a quinhentas toneladas de armas químicas. [Saddam] continua determinado a adquirir armas nucleares. O que quero trazer à atenção de vocês hoje é o vínculo muito mais sinistro entre o Iraque e a rede terrorista Al-Qaeda."

Foi um desempenho profundamente vergonhoso, promovendo informações falsas, que Powell, posteriormente, considerou como o ponto baixo de sua carreira. No entanto, o discurso, embora malograsse no exterior, teve o impacto desejado sobre a opinião pública norte-americana. O apoio à guerra subiu de 50% para 63%.

O *The Washington Post* considerou "irrefutáveis" os indícios de ADM. Os Estados Unidos, sem uma resolução do Conselho de Segurança da ONU, estavam se movendo inexoravelmente para a guerra. A verdade era ainda mais sombria. Para Bush, o Iraque era apenas o aperitivo. Depois de "devorar" o Iraque, os neoconservadores tinham seus olhos postos sobre o prato principal. Os funcionários do Pentágono previam uma campanha militar de cinco anos com um total de sete países-alvo: Iraque, Síria, Líbano, Líbia, Somália, Sudão e, o maior prêmio de todos, Irã.

Seria uma guerra para refazer o mundo da maneira neoconservadora.

As conversas sobre império abundavam. A capa da revista de domingo do *The New York Times* de 5 de janeiro de 2003 dizia: "Império americano: acostume-se."

Claramente, Bush era um homem ousado. Ele sempre exibira um lado de proscrito na juventude. Naquele momento, ele superaria seu pai indo além das leis do país.

A Guerra do Iraque, com duração de oito anos, tornou-se o fiasco previsto pelos críticos. A sociedade iraquiana se fragmentou. Como o Vietnã, desvirtuou os Estados Unidos, polarizando-o ainda mais, enquanto custos e baixas cresciam por todos os lados. No entanto, notavelmente, Bush ganhou a eleição de 2004 com um apelo cru por ainda mais patriotismo fervoroso.

Em 2008, quando Bush deixou a presidência com os índices de aprovação mais baixos desde Harry Truman, ele não só tinha administrado mal duas guerras e também as iniciativas de ajuda federal para New Orleans após o furacão Katrina, mas, o mais importante aos olhos do público, administrou mal a economia do país que quase entrou em colapso em 2008, o que assegurou a presidência aos democratas.

Seu sucessor, Barack Hussein Obama, filho de pai negro queniano e mãe branca do Kansas, foi criado na Indonésia e no Havaí, tornou-se, aos 47 anos, presidente dos Estados Unidos, evocando grandes esperanças de mudança. Suas palavras e seu comportamento atestavam o outro lado do país: constitucional, humanista, global e ambiental.

Obama denunciara enfaticamente a Guerra do Iraque e, nas primárias, financiado por inúmeros pequenos contribuintes através da Internet, surpreendeu Hillary Clinton, a extremamente favorecida e financiada escolha da máquina do Partido Democrata. Na eleição presidencial, Obama enfrentou o ex-militar e conservador John McCain.

O vento estava a favor de Obama. Talvez desde Roosevelt, no início da década de 1930, não existisse tamanha raiva contra Wall Street e as guerras desnecessárias do império.

Mas então uma coisa inesperada aconteceu: Obama traiu sua promessa anterior e se tornou o primeiro candidato a presidente que rejeitou o financiamento público em favor do financiamento privado sem limites. McCain, que optou pelo financiamento público, estourou o orçamento, gastando duas vezes mais do que arrecadou.

Nessa ocasião, Obama recorreu em silêncio aos financiadores endinheirados de Wall Street, como JP Morgan, Goldman Sachs e Citigroup, e também à General Electric e outros fornecedores do setor de defesa, aos gigantes do setor de informática e ao setor farmacêutico, que, invertendo anos de apoio aos republicanos, deram a Obama três vezes mais recursos que a McCain. Na época, poucos partidários de Obama reclamaram.

A vitória de Obama foi aplaudida em todo o mundo; o novo país emergira. Embora os conservadores denunciassem ridiculamente Obama como socialista, de longe, o grande vencedor da eleição acabou sendo Wall Street. Obama trouxe de volta a mesma equipe econômica — Timothy Geithner, Larry Summers, Peter Orszag, Rahm Emanuel — que, no governo Clinton, tanto fizera para desregulamentar a economia e preparar o terreno para a crise corrente. O *The New York Times* referiu-se a eles como "uma verdadeira constelação

Rubin"; ou seja, seguidores de Robert Rubin, o secretário do Tesouro mais poderoso em décadas.

Após quase arruinarem a economia com inovações espetaculares em alavancagem e especulação, diversos bancos, companhias de seguro e credores hipotecários, prevendo o colapso da economia mundial caso eles afundassem — eram, em outras palavras, "muito grandes para quebrar" —, aceitaram, resolutamente, uma ajuda de emergência de setecentos bilhões de dólares, em condições bastante fáceis. Além disso, o Federal Reserve cortou a taxa de juros para 0% para os bancos. Na ocasião, tornou-se quase antipatriótico questionar a correção desses resgates financeiros. Mas alguns quiseram saber: não seria melhor deixar falir as instituições financeiras mais problemáticas? Aquelas instituições gigantescas não podiam se confrontar com o valor real de mercado dos seus ativos tóxicos?

O público queria vingança. Era um clássico momento de bastidores da Grande Depressão, como ilustrado por Frank Capra no poderoso filme de 1941, *Meu adorável vagabundo*.

Paul Volcker, ex-presidente do Federal Reserve, incitou Obama a agir: "Imediatamente, enquanto você tem a chance e os peitos deles estão nus, você precisa cravar uma lança no coração de todos esses sujeitos de Wall Street, que, durante anos, foram quase todos negociantes de dívidas."

Mas isso não aconteceu. O resgate financeiro foi aprovado por um Congresso em pânico. A mídia aplaudiu. O Departamento de Tesouro não fez exigências imediatas para que os banqueiros tornassem disponível aquele dinheiro em novos empréstimos para empresas ou consumidores, ou, aliás, cortassem sua remuneração pessoal. Não fez exigências para que os acionistas absorvessem nenhuma perda. Os pagadores de impostos financiariam o resgate financeiro sozinhos.

Ao longo do tempo, os maiores perdedores foram trabalhadores, aposentados, idosos com poupanças, proprietários de imóveis, pequenos empresários, estudantes com dívidas de crédito educativo e aqueles, especialmente afro-americanos, que perderam seus empregos. Muitos perderam apenas seu tênue apoio relativo ao proverbial sonho americano de se juntar à "classe média". O mito da mobilidade ascendente foi quebrado. Os banqueiros falaram de comedimentos voluntários, mas receberam pacotes de remuneração recorde nos dois anos seguintes.

Enquanto os CEOs da Grã-Bretanha e do Canadá ganhavam vinte vezes o salário médio do trabalhador em 2010 — e no Japão, onze vezes —, nos Estados Unidos os CEOs ganhavam 343 vezes o salário médio do trabalhador.

O número de bilionários saltou de treze em 1985 para 450 em 2008. Enquanto o salário mínimo estagnou em 5,15 dólares por hora de 1997 a 2007, o índice de pobreza foi maior do que em qualquer outra época desde a década de 1960. O patrimônio líquido de uma família norte-americana média caiu quase 40%, de 126 mil dólares em 2007 para 77 mil dólares em 2010. Em 2011, 1% da população concentrava mais riqueza que os outros 90%.

A raiva popular transbordou no movimento *Occupy Wall Street*, um tipo de protesto não visto desde a década de 1930. A diferença entre ricos e pobres alcançara proporções obscenas. E, como alguns assinalaram, aqueles grandes "malfeitores da riqueza", como Teddy Roosevelt os qualificou, não tinham de violar a lei para pilhar a economia. Eles, por meio de seus advogados, lobistas e legisladores escolhidos a dedo, escreveram as leis preventivamente.

O Tea Party, movimento de direita, expressou um tipo distinto de raiva, alimentado por grupos de interesse, como *Americans for Prosperity*, em grande medida financiados pelos irmãos Koch, bilionários conservadores.

O público norte-americano, confuso, não sabendo a quem responsabilizar pela dificuldade econômica persistente, deu aos republicanos uma vitória ampla nas eleições de meio de mandato de 2010.

No entanto, apenas mais paralisia e confusão impregnavam Washington. Naquele momento, Obama, que chegara ao poder em meio a grande euforia, andava na corda bamba, evitando erros fatais, mas incapaz de oferecer esperança ou mudança. No primeiro dia do mandato, o ex-professor de direito constitucional prometera que "a transparência e o primado da lei serão a pedra de toque dessa presidência".

No entanto, no poder, Obama se recusou a abdicar dos poderes expandidos usurpados pelo governo Bush, enquanto uma população passiva continuava a consentir em ser despida em aeroportos, em permitir a escuta não autorizada de suas comunicações e em pagar por novos e imensos programas de segurança.

Para Obama, não fazia sentido político atenuar aquele estado elevado de alerta, evitando, assim, o risco de um único incidente terrorista resultar numa renovada histeria midiática e numa erupção de críticas dos republicanos que poderiam lhe custar a presidência. A jornalista Diane Sawyer perguntou para Obama: "Alguma vez, no meio de tudo isso, o senhor achou que um mandato era suficiente?" Obama respondeu: "A única coisa clara para mim é que preferiria ser um presidente de um mandato realmente bom do que um presidente de dois mandatos medíocres."

Contudo, em vez de lutar pela transparência, Obama tornou-se muito mais um gestor eficaz do estado de segurança nacional. Como Bush, ele invocava, frequentemente, o privilégio dos segredos de estado em processos judiciais envolvendo tortura, captura fora do normal e escuta ilegal pela *National Security Agency*.

Obama impediu direitos de *habeas corpus* para combatentes inimigos, manteve tribunais militares e autorizou sem o devido processo legal o assassinato, no Iêmen, de um cidadão norte-americano acusado de ter ligações com a Al-Qaeda.

Obama chocou os libertários civis quando aperfeiçoou as investigações da era Bush e começou a processar informantes do governo e jornalistas, usando a *Espionage Act* [lei da espionagem] do tempo da Primeira Guerra Mundial. Apenas três processos tinham sido instaurados em 92 anos. Obama instaurou sete.

Os casos eram de mérito duvidoso, com a maioria dos acusados sustentando que expuseram atividade ilegal do governo.

Os mais proeminentes eram Edward Snowden, analista da NSA, e Chelsea Manning, analista do serviço de inteligência do exército no Iraque, que vazaram mais de 260 mil documentos diplomáticos, relatórios de guerra e vídeos confidenciais distribuídos pelo WikiLeaks, organização de mídia sem fins lucrativos

Essas revelações dos crimes de guerra norte-americanos no Iraque e no Afeganistão e o apoio norte-americano a regimes ditatoriais na região provaram ser um catalisador importante para os levantes da Primavera Árabe no Egito, na Tunísia, no Iêmen, na Líbia e em Bahrein.

Não obstante, o governo Obama prejudicou severamente a operação do WikiLeaks e ameaçou processar um dos seus fundadores. Essas ações enviaram uma mensagem clara para todos os informantes: cometam crimes de guerra como Bush e Cheney e vocês ficam à solta. Exponham esses criminosos e vocês arriscam as carreiras e pagam multas enormes ou, como Manning, apodrecem na prisão.

Um dos principais defensores dos novos padrões de conduta, Jack Goldsmith, ex-chefe do *Office of Legal Counsel* [escritório de assessoria jurídica] de Bush, tranquilizou Cheney e outros neoconservadores apreensivos num artigo, afirmando que Obama era "como Nixon indo à China... as mudanças feitas por ele são destinadas a fortalecer a maior parte do programa de Bush a longo prazo".

Era um novo mundo de sombras. Em 2010, o *The Washington Post* denominou isso de "geografia alternativa dos Estados Unidos, uma América supersecreta, oculta da visão do público". Quase 1,5 milhão de pessoas tinham certificados de segurança para acesso a informações confidenciais. Existiam mais de três mil instituições públicas e privadas de segurança. 1,7 bilhão de e-mails e ligações eram interceptados e armazenados todos os dias pela *National Security Agency*.

Glenn Greenwald, advogado especializado em direito constitucional e comentarista político, descreveu bem esse ataque contra as liberdades civis ao afirmar: "A garantia básica da justiça Ocidental desde a Carta Magna estava codificada nos Estados Unidos pela Quinta Emenda da Constituição: 'Nenhuma pessoa será privada de sua vida, liberdade ou propriedade sem o devido processo legal'."

Greenwald poderia ter acrescentado a Quarta Emenda da Constituição, ou seja, o direito à privacidade e a proteção contra buscas e apreensões arbitrárias. Sem o devido processo legal e o direito à privacidade, cada um de nós está vivendo basicamente à mercê do estado de vigilância. Tudo isso vem sendo feito em nome de deter uma ameaça terrorista bastante fora de proporção.

A política externa de Obama parecia mais razoável que a de Bush, repudiando o unilateralismo e os ataques preventivos que indignaram tanto a opinião pública mundial. No entanto, o objetivo — a adoção da dominação global norte-americana — diferenciou-se pouco e até mesmo os meios, de forma frustrante, eram parecidos. Em 2011, o general Michael Hayden, ex-diretor do NSA e da CIA, sentiu satisfação com a continuidade promovida por um presidente tão diferente de Bush, afirmando que: "Os norte-americanos acharam uma linha central confortável no que aceitam que seu governo faça". Ele chamou isso de "consenso prático".

Com experiência limitada em relações exteriores, Obama cercou-se de conselheiros falcões. Entre eles, incluía-se Robert Gates como secretário da Defesa, um remanescente de Bush e um linha-dura da era Bill Casey/CIA da década de 1980. Hillary Clinton como secretária de Estado, era igualmente linha-dura. Num discurso inicial, Clinton apresentou uma versão da história norte-americana impregnada de triunfalismo sem retoques e amnésia histórica: "Desejo deixar bem claro: os Estados Unidos podem, devem e liderarão esse novo século. A Terceira Guerra Mundial que tantos temiam nunca veio. E milhões de pessoas foram tiradas da pobreza e exerceram seus direitos humanos pela primeira vez. Esses foram os benefícios de uma arquitetura global forjada durante muitos anos por líderes americanos dos dois partidos políticos."

Seria impossível achar e perguntar aos milhões assassinados ao longo de muitas décadas de interferência norte-americana em seus países o que eles pensavam: a gente de Hiroshima e Nagasáki, das Filipinas, da América Central, da Grécia, do Irã, do Brasil, de Cuba, do Congo, da Indonésia, do Vietnã, do Camboja, do Laos, do Chile, do Timor Leste, do Iraque e do Afeganistão, entre outros.

Na Guerra do Afeganistão, Obama, que a chamou de "guerra de necessidade", dobrou a aposta de Bush. No final de 2009, pressionado a enviar mais tropas, ele hesitou. Um conselheiro militar disse a Obama: "Não vejo como o senhor seja capaz de desafiar sua cadeia de comando militar nesse caso"; ou seja, o significado era que o alto-comando poderia renunciar em protesto. Leon Panetta, diretor da

A secretária de Estado Hillary Clinton e o secretário de Defesa Robert Gates conferenciam durante uma reunião ministerial. Remanescente do governo Bush, Gates juntou forças com a linha-dura Clinton para frustrar aqueles que esperavam por uma reavaliação do papel dos Estados Unidos no mundo.

CIA, afirmou para Obama: "Nenhum presidente democrata pode ir contra o conselho dos militares, sobretudo se ele os consultou. Assim, simplesmente, faça. Faça o que eles dizem."

Quando tomou sua decisão, Obama não mostrou a coragem de um John Kennedy. Em dezembro, ele anunciou o envio de mais trinta mil homens, perfazendo um total de quase cem mil soldados norte-americanos no Afeganistão, quase o mesmo número mobilizado pelos soviéticos em sua desastrosa invasão àquele país.

Obama deu essa notícia na academia militar de West Point, recordando aos cadetes que os Estados Unidos invadiram o Afeganistão porque aquele país provera refúgio para a Al-Qaeda. No entanto, ele deixou de mencionar que a maior parte dos preparativos para o 11 de setembro não aconteceu no Afeganistão, mas em apartamentos na Alemanha e na Espanha e em escolas de pilotagem nos Estados Unidos; ou que, naquele momento, apenas de cinquenta a cem dos trezentos membros do quadro de oficiais da Al-Qaeda, estavam no Afeganistão e que a maioria estava no Paquistão, país aliado dos Estados Unidos.

Que o presidente que travava duas guerras recebesse o Prêmio Nobel da Paz naquele mesmo mês era surreal, mas, quando o mundo escutou a defesa de Obama do unilateralismo e dos ataques preventivos, o significado do prêmio foi uma vez mais diminuído, como fora 36 anos antes por Kissinger. Em seu discurso de agradecimento, Obama afirmou: "Acredito que os Estados Unidos da América devam continuar sendo o modelo de conduta na guerra. Isso é o que nos faz diferentes daqueles que combatemos."

Obama temia ficar atolado no Afeganistão, como acontecera com Johnson no Vietnã. O que os atrasados, paupérrimos e analfabetos afegãos precisavam era de ajuda econômica, educação e reforma social, não de guerra. Os Estados Unidos gastaram 110 bilhões de dólares em programas militares no Afeganistão, em 2001, mas apenas dois bilhões de dólares para desenvolvimento sustentável. Com tanto dinheiro norte-americano circulando, como no Vietnã, a corrupção alcançou proporções épicas. A desconfiança entre os supostos aliados da OTAN e afegãos cresceu vertiginosamente. Hamid Karzai, presidente afegão apoiado pelos Estados Unidos, anunciou que apoiaria o Paquistão se fosse à guerra com os Estados Unidos. Em 2012, os soldados e a polícia afegãos matavam soldados norte-americanos com tanta regularidade que as forças tiveram de ser progressivamente separadas.

Enquanto isso, em dezembro de 2011, as forças norte-americanas, desmoralizadas e desarranjadas, deixaram o Iraque. Quase 4,5 mil soldados norte-americanos morreram e mais de 32 mil ficaram feridos, muitos dos quais com gravidade. Estima-se que de 150 mil a mais de um milhão de iraquianos perderam a vida. Dois milhões de iraquianos fugiram do país. A ironia era cruel. Ao depor o sunita Hussein, os Estados Unidos converteram o novo Iraque dominado pelos xiitas num valioso aliado do Irã, que acabou como o grande vencedor da guerra.

Os assessores de Bush estimaram o custo da guerra em algo entre 50 e 60 bilhões de dólares. Rumsfeld tinha considerado conversa fiada algo acima de cem bilhões de dólares. Em 2008, quando Bush deixou o poder, os Estados Unidos tinham gasto cerca de setecentos bilhões

Em março de 2010, Obama e Hamid Karzai, presidente afegão, conversam durante um jantar no palácio presidencial em Cabul. Na melhor das hipóteses um aliado duvidoso dos Estados Unidos, Karzai liderou um governo que se mostrou brutal e corrupto.

de dólares na guerra, sem incluir a assistência de longo prazo aos veteranos. Os economistas projetam custos totais de longo prazo de inacreditáveis quatro trilhões de dólares.

Obama recebeu as tropas que voltaram do Iraque em Fort Bragg, na Carolina do Norte, assegurando que o fim da guerra seria tão desonesto quanto seu começo: "Estamos deixando para trás um Iraque soberano, estável e confiante. Ao contrário dos antigos impérios, não nos sacrificamos por território ou por recursos. Fazemos porque é justo. Nunca se esqueçam de que vocês integram uma linha contínua de heróis que abarcam dois séculos... dos seus avós e pais que confrontaram o fascismo e o comunismo e fizeram justiça em relação àqueles que nos atacaram em 11 de setembro." Assim, Obama confirmou de novo a mentira de Bush acerca da ligação do Iraque com o 11 de setembro.

Pouco depois desse discurso, o Iraque foi assolado por uma nova série de ataques de terroristas suicidas. Até hoje, o Iraque oscila à beira da guerra civil e, recentemente, pode ter ido longe demais.

Entre os críticos mais ferrenhos das duas guerras, incluíam-se os prefeitos dos Estados Unidos, que se reuniram em Baltimore, em junho de 2011, e requereram o uso de 126 bilhões de dólares da economia resultante do fim daquelas guerras para melhorar as cidades do país. O prefeito de Los Angeles observou com pesar: "Construir pontes em Bagdá e Kandahar e não em Baltimore ou Kansas City confunde a cabeça."

Para os norte-americanos, entorpecidos por aquelas guerras, um alento único naquele miasma externo veio em maio de 2011. Um ataque noturno ousado realizado pelos SEALS da Marinha matou Osama bin Laden que vivia confortavelmente nas proximidades da principal academia militar do Paquistão.

Na euforia que o ataque criou nos Estados Unidos, celebrando a habilidade e a competência dos SEALS — que tinham executado bin Laden numa espécie de justiçamento e jogado seu corpo no mar —, um novo perfil foi criado para Obama como, ao contrário de Bush, um eficaz presidente da guerra, que, por qualquer meio necessário, perseguiria o inimigo. De fato, um lobo em pele de cordeiro, Obama informou tranquilamente aos norte-americanos: "Após um combate, mataram Osama bin Laden e se apossaram de seu corpo."

Um filme célebre, *A hora mais escura*, insinuou que a tortura foi eficaz para achar bin Laden, mas, de fato, foi o trabalho policial e de espionagem comum que o localizou depois de quase dez anos. No entanto, a autoestima norte-americana estava de novo em pleno florescimento e não existiram discussões incômodas em relação a trazer um ferido bin Laden para detenção e julgamento, como os Estados Unidos tinham feito em Nuremberg, onde os réus nazistas foram desmascarados e degradados.

No entanto, um julgamento era a última coisa desejada pela maioria dos norte-americanos. Aqueles que aceitaram a tortura podiam tolerar a justiça do justiçamento.

Mas, nesse caso, quem foi o vencedor real? Depois de trilhões de dólares gastos, duas guerras, centenas de milhares de mortos no mundo todo, uma interminável guerra contra o terror, a perda das liberdades civis, uma presidência fracassada e uma extremamente

Obama e sua equipe de Segurança Nacional reunidos na sala do comando de emergência da Casa Branca para receber atualizações da missão para assassinar bin Laden.

maculada e o quase colapso da estrutura financeira do império, podemos dizer que os Estados Unidos tiveram uma vitória de Pirro, em que suas perdas tornaram inútil a vitória.

Bin Laden, com sua visão deformada de um novo califado, estava morto, mas alcançara muito mais do que sonhou alguma vez. Ele incitou o maior e mais poderoso império da história a revelar sua pior natureza, e, como o Mágico de Oz, não pareceu muito notável e eficaz.

Aos olhos dos seus seguidores, o "martírio" de bin Laden firmou seu lugar na história como um catalisador que enfraqueceu e talvez tenha ajudado a destruir a antiga ordem mundial. Alguns podem compará-lo a Aníbal ou Átila para a Roma Antiga, a Robespierre para o antigo regime francês, a Lênin para a Rússia czarista, até a um moderno Hitler para o Império Britânico, que chegou ao seu final no rastro.

Bin Laden se foi. Naquele momento, o que os Estados Unidos fizeram? Ainda atormentados por seus demônios, dirigiram sua atenção para a China, considerando-a uma nova ameaça, e continuaram tratando a

Rússia como uma antiga ameaça, e também vilipendiaram o Irã, a Coreia do Norte e a Venezuela, considerando-os ameaças regionais.

Em 2012, tentando descobrir uma forma de operação militar mais eficiente e mais enxuta, Obama anunciou um corte de 14% na futura arma de infantaria a ser compensada por uma maior ênfase no espaço sideral e no ciberespaço.

O drone, utilizado inicialmente no Vietnã para vigilância, quando equipado com mísseis, estava se tornando a face moderna da guerra e a arma de escolha de Obama. Ele, pessoalmente, começou a selecionar as pessoas na lista de execuções. Antes do 11 de setembro, os Estados Unidos tinham se oposto ao "assassinato seletivo" extrajudicial praticado por outros países, condenando as ações desse tipo de Israel contra os palestinos.

No entanto, em 2012, a força aérea e a CIA estavam pondo em ação uma frota de sete mil drones, utilizados, sobretudo, no Afeganistão, no Iraque e no Paquistão. Em 2009, Obama ampliou seu uso para o Iêmen, onde existiam menos de trezentos combatentes islâmicos. Em meados de 2012, aquele número subiu para mais de mil combatentes, quando um bombardeio constante realizado por drones norte-americanos indignou os cidadãos iemenitas. Em 2012, Obama acrescentou os partidários líbios de Muammar Gaddafi e os rebeldes islâmicos nas Filipinas e na Somália à lista de execuções por drones. As repercussões desse tipo de ação militar ainda estão para ser sentidas.

O número de baixas civis devido a esses ataques é contestado de modo veemente pelo governo norte-americano e diversas organizações de direitos humanos. Quando um juiz perguntou a um cidadão norte-americano nascido no Paquistão conhecido como "Time Square Bomber" como ele era capaz de se arriscar a matar mulheres e crianças inocentes, ele respondeu que os drones norte-americanos vinham matando regularmente mulheres e crianças no Afeganistão e Paquistão. Para os paquistaneses, as vítimas eram seres humanos. Para os operadores dos drones, eram como insetos esmagados na tela do monitor.

Em 2012, mais de cinquenta países, alguns amigos e outros hostis aos Estados Unidos, compraram drones. Israel, Rússia, Índia e Irã declaravam ter dominado a fabricação dos letais, mas o programa

Os drones MQ-1 Predator (no alto) e MQ-9 Reaper (embaixo) vistos em missões de combate no Afeganistão. Os militares norte-americanos elogiam esses aviões não tripulados como instrumentos precisos para o assassinato direcionado de combatentes inimigos, mas seu uso levou a inúmeras mortes de civis e ajudou a iniciar uma era de proliferação de drones em todo o mundo.

mais dinâmico era o da China. Assim como em relação à bomba nuclear, uma nova corrida armamentista começava.

Bush dera continuidade à expansão de bases da OTAN perto da Rússia promovida por Clinton, quebrando a promessa do seu pai a Gorbachev. Obama expandiu a OTAN para a Albânia e para a Croácia. Apesar de abandonar quinhentas bases no Iraque, o governo Obama, segundo as estimativas, além de seis mil bases nos Estados Unidos, mantém cerca de mil bases no exterior que abarcam todo o mundo.

No final de 2007, os Estados Unidos tinham presença militar, de acordo com Chalmers Johnson, em 151 dos 192 países-membros da ONU. Em 2008, o Africom, com base na Alemanha, foi adicionado como um sexto comando responsável pelo aumento da presença militar norte-americana na África.

Em 2010, o Southcom, baseado em Miami, foi reorganizado para aumentar a presença militar norte-americana na América Latina com bases, sistemas de vigilância e programas antidrogas e contrainsurgência, visando manifestações do "populismo radical", como o visto na Venezuela. Em 2008, a Quarta Frota foi reativada pela primeira vez desde a Segunda Guerra Mundial.

Atualmente, a marinha norte-americana possui dez grupos de ataque patrulhando águas internacionais. Em 2001, os Estados Unidos responderam por espantosos 78% das vendas de armas mundiais. Em 2013, forças operacionais especiais de elite foram mobilizadas para 134 países.

Nos anos Bush, os gastos do Pentágono mais que dobraram, alcançando setecentos bilhões de dólares. Em 2010, embora o orçamento real do Pentágono se confunda em funções secretas e diversos departamentos do governo, de acordo com o *National Priorities Project*, os Estados Unidos, segundo as estimativas, realmente gastaram 1,2 trilhão de dólares dos três trilhões do orçamento anual nas forças armadas, nos serviços de inteligência e na segurança nacional — um domínio amplo da terra, do mar, do ar, do espaço e do ciberespaço. Embora esses gastos tenham sido cortados na sequência da Guerra do Iraque e como consequência das batalhas pelo orçamento no Congresso, os gastos militares norte-americanos ainda superam imensamente os dos países rivais.

Em novembro de 2011, a secretária de Estado Clinton desafiou a China, escrevendo: "No momento em que a guerra do Iraque reduz o ritmo e a América começa a retirar suas forças do Afeganistão, os Estados Unidos estão num ponto crucial." Chamando isso de "Século do Pacífico para a América", ela propôs um envolvimento militar consideravelmente maior na região do Pacífico asiático, para conter a China.

Começando com as Guerras do Ópio no século XIX, a China foi humilhada repetidas vezes por inimigos mais fortes, incluindo a Grã-Bretanha, o Japão e a Rússia. No começo dos anos 1950, enfrentou os Estados Unidos até chegar a um impasse na Coreia. A China é um país orgulhoso — a segunda maior economia do mundo. Um híbrido: por um lado, estatal; por outro, capitalista. Na Ásia, substituiu os Estados Unidos como principal parceiro comercial.

No entanto, em 1996, os líderes chineses voltaram a ser humilhados pelos Estados Unidos durante outro confronto envolvendo Taiwan.

Com seus interesses econômicos e suas linhas de navegação para proteger, a China começou a modernizar suas forças armadas. Em 2012, o Pentágono estimou os gastos chineses em 160 bilhões de dólares. No entanto, dado o segredo do sistema chinês, o orçamento real é desconhecido. Embora tenha apenas uma base no exterior, sua linha-dura em relação a ilhas e territórios em litígio e ricos em petróleo, gás e minerais, no Mar da China Meridional e Mar da China Oriental, agravou as tensões com seus vizinhos regionais.

Internamente, o governo, comunista apenas nominalmente, permanece politicamente reacionário, determinado a modernizar o país a qualquer custo e disposto a reprimir com brutalidade as dissidências quando a regra do partido único é questionada. As democracias ocidentais, enquanto realizam negócios com a China, condenaram suas políticas com pouco sucesso. No entanto, de maneira mais preocupante, a China voltou a atrair a ira dos linhas-duras norte-americanos, cuja animosidade remonta à era McCarthy. Um novo confronto direto está a caminho.

Os Estados Unidos retornaram à Ásia, procurando construir novas alianças, reequilibrar sua frota naval e posicionar seus aviões de guerra do tipo *stealth* [invisíveis aos radares] em bases numa distância de ataque contra a China, em 2017. Fortaleceram alianças militares com os vizinhos da China, sobretudo Japão, Coreia do Sul, Taiwan e Filipinas, enviando 2,5 mil fuzileiros navais para a Austrália, o primeiro aumento de tropas de longo prazo na Ásia desde o Vietnã.

Os chineses ficaram furiosíssimos com a nova venda de armas de cerca de doze bilhões de dólares para Taiwan, em 2010 e 2011, pelo governo Obama. Acusaram os Estados Unidos de procurar cercá-los.

O medo norte-americano dos outros não pode ser subestimado. Como Samuel Huntington, falecido cientista político conservador, reconheceu em 1996: "O Ocidente conquistou o mundo não pela superioridade de suas ideias, seus valores ou sua religião, mas sim pela superioridade na aplicação da violência organizada. Frequentemente, os ocidentais se esquecem desse fato; os não ocidentais jamais esquecem."

Especialistas progressistas na China receiam que os Estados Unidos estejam novamente empregando o manual de estratégia de Truman, de 1946, usado em relação à União Soviética, numa tentativa de conter a China. A mesma situação existe mais uma vez com a repulsa ocidental pelas políticas internas chinesas. Mas, dessa vez, com um trilhão de dólares em títulos do Tesouro norte-americano, os chineses podem colocar em perigo a economia norte-americana de uma maneira que os soviéticos jamais puderam.

O historiador Alfred McCoy descreveu os riscos reais: "Já em 2020, o Pentágono espera patrulhar todo o mundo de forma contínua e incessante por meio de um escudo espacial de cobertura tripla entre a estratosfera e a exosfera, incluindo drones armados com mísseis inteligentes. A cobertura tripla deverá ser capaz de cegar todo um exército, neutralizando as comunicações terrestres, a aviônica e a navegação naval."

No entanto, como McCoy adverte, a ilusão da invencibilidade tecnológica e da onisciência das informações desapontou países arrogantes no passado, como testemunham os destinos da Alemanha na Segunda Guerra Mundial e dos Estados Unidos no Vietnã.

Com trágica ironia, McCoy recorda que o "veto à letalidade global" dos Estados Unidos pode ser "um nivelador para qualquer perda adicional de força econômica", e que "o destino norte-americano pode ser determinado pelo que vier primeiro nesse ciclo de um século: o desastre militar a partir da ilusão de domínio tecnológico ou um novo regime tecnológico bastante poderoso para perpetuar a dominação global dos Estados Unidos".

Mas, como a popular série de filmes *Guerra nas estrelas* mostra, um país dominando o mundo com sua tecnologia logo se tornará uma tirania, que será odiada por aqueles que são tiranizados.

A China pode se tornar o primeiro novo império a emergir nesse mundo armado nuclearmente. No entanto, um império modelado sobre as versões norte-americana ou britânica seria um desastre. O chauvinismo da dinastia Han não seria melhor que a excepcionalidade norte-americana. Joseph Nye, ex-funcionário do Departamento de Defesa, observou que o fracasso dos poderes dominantes em integrar os poderes ascendentes da Alemanha e do Japão no sistema global do século XX resultou em duas guerras mundiais catastróficas. A história não deve se repetir.

Os chineses devem evitar o exemplo norte-americano. E os Estados Unidos devem inverter o rumo. Henry Wallace se preocupava com a maneira como os soviéticos tratariam os Estados Unidos, que tratavam os soviéticos tão mal enquanto cresciam econômica e militarmente, quando e se a situação se invertesse. Isso nunca aconteceu, mas essa corrida para o abismo, ele entendia, não teria vencedor.

No momento em que estamos prestes a concluir este livro, devemos perguntar com humildade, rememorando o Século Americano, se os norte-americanos agiram de maneira sensata e humana em suas relações com o resto do mundo — um mundo em que, segundo a Oxfam, as 85 pessoas mais ricas possuem uma riqueza maior que os 3,5 bilhões de pessoas mais pobres.

Os norte-americanos tiveram razão em policiar o mundo? Foram uma força para o bem, para o entendimento, para a paz? Eles devem se olhar no espelho. Talvez em sua autoestima tenham se tornado os anjos do seu próprio desespero. As declarações de vitória na Segunda Guerra Mundial e as justificativas para o uso da bomba atômica contra o Japão, ainda que dirigidas para a União Soviética, foram os mitos fundadores da dominação norte-americana e do estado da segurança nacional, e as elites da nação se beneficiaram disso. A bomba permitiu a vitória por qualquer meio necessário, o que deu razão aos norte-americanos porque eles ganharam. E porque eles têm razão, então, são bons.

Sob essas condições, não há moralidade, a não ser a norte-americana. Como a secretária de Estado Madeleine Albright afirmou: "Se temos de usar a força, é porque somos a América; somos o país indispensável." Como os Estados Unidos podem ameaçar, e ameaçaram, a humanidade com a bomba atômica, os erros são perdoados e as crueldades são justificadas como aberrações motivadas de forma benigna.

No entanto, a dominação não dura. Cinco impérios importantes desmoronaram na vida de uma pessoa nascida antes da Segunda Guerra Mundial: britânico, francês, alemão, japonês e soviético. No século XX, três outros impérios desmoronaram antes: russo, austro-húngaro e otomano. Se a história for um termômetro, a dominação norte-americana também acabará.

Sensatamente, os Estados Unidos resistiram a se tornar um império colonial e a maioria dos norte-americanos negaria todas as pretensões imperiais. Talvez, por isso, os norte-americanos se apeguem tão obstinadamente ao mito da excepcionalidade norte-americana: singularidade, benevolência e generosidade. Quem sabe nessa noção fantasiosa esteja a semente da redenção norte-americana — a esperança de que os Estados Unidos viverão à altura dessa visão que pareceu ao alcance em 1945 quando Wallace quase se tornou presidente, ou, em 1953, quando Stálin morreu com um novo presidente norte-americano no poder, ou com Kennedy e Khrushchev, em 1963, ou Bush e Gorbachev, em 1989, ou Obama, em 2008. A história mostrou que acontecimentos inesperados poderiam ter levado a rumos distintos. Esses momentos voltarão de maneira diferente; os Estados Unidos estarão preparados?

Lembremos de Franklin Roosevelt, no último dia de sua vida, enviando um telegrama para Churchill: "Eu minimizaria os problemas soviéticos o máximo possível, pois esses problemas, de uma forma ou de outra, parecem surgir todos os dias, e a maior parte deles são resolvidos".

Pedir calma nas situações que ocorrem, deixar as coisas acontecerem sem reagir de forma exagerada, ver o mundo através dos olhos dos adversários: essa é a maneira de compartilhar as necessidades dos outros países — com verdadeira empatia e compaixão — confiando na vontade coletiva do mundo de sobreviver ao período futuro, acabando com as ameaças de aniquilação nuclear e aquecimento global.

Os Estados Unidos não conseguem renunciar à sua noção de excepcionalidade e arrogância? Não conseguem desistir da conversa de dominação? Não conseguem parar de apelar para que Deus abençoe a América acima de todos os outros países? Os linhas-duras e os nacionalistas discordarão, mas suas ideias não provaram ser o caminho. Na década de 1970, uma jovem norte-americana disse para mim: "Precisamos feminizar o mundo." Na ocasião, achei isso estranho, mas, agora, percebo que há poder no amor: poder real no amor real.

Os Estados Unidos devem achar um caminho de volta para o respeito da lei, não a da selva, mas a da civilização, pela qual os norte-americanos, inicialmente, se reuniram e puseram de lado suas diferenças, para preservar as coisas que importam. No século v a.C., Heródoto afirmou que a primeira história foi escrita "na esperança de preservar da decadência a recordação do que os homens fizeram".

Por esse motivo, a história humana não é só de sangue e morte, mas também de honra, realização, bondade, memória e civilização. Há um caminho a seguir ao se recordar o passado, e, então, podemos começar, passo a passo, como um recém-nascido a alcançar as estrelas.

Como o presidente Kennedy recordou de modo eloquente mais de meio século atrás, "em última análise, nosso vínculo comum mais básico é que todos nós habitamos este pequeno planeta. Respiramos o mesmo ar. Todos cuidamos do futuro dos nossos filhos. E todos somos mortais".

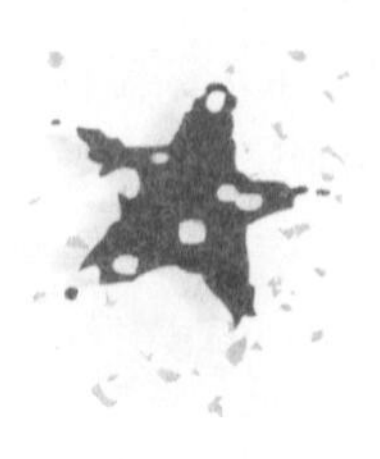

CRÉDITOS DAS IMAGENS:

Benutzer: Fb78 via Wikimedia Commons: página 332

Corbis Images: páginas 254 e 255

Cortesia de Los Alamos National Laboratory: página 141

Cortesia do Departamento de Energia dos EUA: página 129

Federal Bureau of Investigation: página 183

Franklin D. Roosevelt Presidential Library / National Archives: páginas 53, 54, 64, 81, 83, 89 e 121

George Bush Presidential Library and Museum / National Archives: página 310

George W. Bush Presidential Library / National Archives: página 326

Gerald R. Ford Presidential Library: páginas 264, 265 e 266

Arquivo Federal Alemão: páginas 71, 90 e 174

Harry S. Truman / National Archives: página 110

Harry S. Truman Presidential Library: páginas 163, 170 e 181

Harry S. Truman Presidential Library / National Archives: páginas 109, 132, 153 e 155

Informação de New Orleans via Wikimedia Commons: página 307

Jim Kuhn via Wikimedia Commons: página 330

Jimmy Carter Library / National Archives: páginas 270 e 271

John F. Kennedy Presidential Library: páginas 201 e 212

John F. Kennedy Presidential Library / National Archives: páginas 206, 214 e 223

Biblioteca do Congresso dos EUA: páginas 14, 18, 29, 31, 36, 39, 52, 58, 64, 78, 134, 204, 229, 232 e 267

Biblioteca do Congresso dos EUA, Universidade de Minnesota, National Archives: página 120

Biblioteca do Congresso dos EUA, Wikimedia Commons / Domínio público: páginas 126 e 127
Lyndon Baines Johnson Presidential Library: página 228
Lyndon Baines Johnson Presidential Library / National Archives: páginas 236, 240, 242 e 243
Nasser Sadeghi via Wikimedia Commons / Domínio público: página 187
National Archives: páginas 21, 37, 106, 122, 137, 138, 140, 162, 178, 191, 193, 207, 211, 230, 235, 239, 247, 269 e 322
National Archives, Wikimedia Commons / Domínio público: página 140
National Museum of the U.S. Air Force: página 176
Revista New Yorker: página 20
The New York Times: página 94
Fotografia oficial da Casa Branca: páginas 342, 344 e 346
Coleção pessoal de Oliver Stone: página 238
Coleção pessoal de Peter Kuznick: página 238
Fotos da Grande Guerra: World War I Image Archive: página 26
Domínio público: páginas 33, 40, 41, 60 e 280
Richard Nixon Presidential Library / National Archives: páginas 245 e 249
Ronald Reagan Presidential Library: páginas 276, 277, 279, 286 e 288
Ronald Reagan Presidential Library / National Archives: páginas 286, 287 e 297
Sue Ream via Wikimedia Commons: página 300
Força Aérea dos EUA: página 348
Exército dos EUA: páginas 225 e 248
Departamento de Defesa dos EUA: páginas 202, 281, 283, 302, 304, 307 e 308
U.S. Information Agency: páginas 78 e 177
Corpo de Fuzileiros Navais dos EUA: páginas 23, 141, 251 e 281
Marinha dos EUA: página 329
Utilizator:Mihai.1954 via Wikimedia Commons: página 104
Wikimedia Commons / Domínio público: páginas 136 e 271
William J. Clinton Presidential Library / National Archives: página 313

CONHEÇA TAMBÉM:

ARTHUR SCHOPENHAUER

38 estratégias PARA VENCER QUALQUER DEBATE

A arte de ter razão

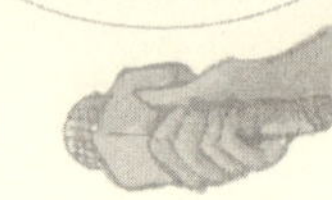